LE LIVRE DES USAIGES

ET

ANCIENNES COUSTUMES

DE LA CONTÉ DE GUYSNES.

SOCIÉTÉ DES ANTIQUAIRES DE LA MORINIE.

LE LIVRE DES USAIGES

ET

ANCIENNES COUSTUMES

DE LA CONTÉ DE GUYSNES,

AVEC UNE INTRODUCTION ET DES NOTES,

PAR M. TAILLIAR, CONSEILLER A LA COUR DE DOUAI,

ET UN APERÇU HISTORIQUE SUR LE COMTÉ DE GUINES,

Par M. Courtois, avocat, Secrétaire-Archiviste de la Société.

SAINT-OMER :
TYPOGRAPHIE DE CHANVIN FILS, RUE DE L'ŒIL, 24.
— 1856 —

Vers la fin de mars 1850, me trouvant à Paris, à la Bibliothèque Impériale (section des manuscrits), pour rechercher, dans cet immense dépôt, les documents relatifs à nos anciennes institutions du Nord de la France, je remarquai parmi les ouvrages de jurisprudence le n° 10,393 contenant un ancien coutumier de Guines, intitulé : « LE LIVRE DES USAIGES ET ANCIENNES COUSTUMES DE LA CONTÉ DE GUYSNES. » Sur le revers de la couverture de ce manuscrit je lus qu'une copie, appartenant à M. Marnier, avait été collationnée par lui en 1847. Je me rendis immédiatement chez cet honorable avocat, déjà connu dans le monde savant par plusieurs publications intéressantes sur notre ancien droit coutumier. Avec la plus gracieuse complaisance et une générosité que je ne saurais trop louer, il m'offrit la communication de sa copie et me dit qu'il consentirait volontiers à la livrer au public, si une société savante du Nord de la France voulait en entreprendre la publication. De retour à Douai, j'écrivis à la Société des Antiquaires de la Morinie qui siège à Saint-Omer et dans la circonscription de laquelle se trouve l'ancien comté de Guînes (1). Cette Société accueillit avec un empressement plein de bienveillance ce projet de publication et, par une délibération qui l'honore, décida, dans sa séance du 4 mai 1850, que l'impression du *Livre des Usaiges et anciennes Coustumes de Guysnes* aurait lieu à ses frais. Des remerciments à M. Marnier furent votés en même temps. Pour diriger cette publication et la rendre plus complète une commission fut désignée (2). Je fus chargé de joindre au texte une introduction et des notes pour lesquelles je sollicite toute l'indulgence du lecteur.

Voici la description du manuscrit n° 10,393 de la Bibliothèque Impériale. Je la dois à l'obligeance de M. Marnier.

« Ce manuscrit porte en titre : « *Ensuit le livre des Usaiges et anciennes Coustumes de la Conté de Guysnes pour le gouvernement de la justice et pays d'icelle Conté.* » Il est de format petit in-4°, sur un

---

(1) Guînes est aujourd'hui un chef-lieu de canton, de l'arrondissement de Boulogne-sur-Mer. Sa population est d'environ 4,000 habitants.

(2) Cette commission prise dans le sein de la Société des Antiquaires de la Morinie se compose de MM. Quenson, Hermand-Legrand et Courtois.

papier ancien de chiffon très-fort; il a vingt centimètres et demi de hauteur sur quatorze centimètres et demi de largeur ; l'écriture embrasse une hauteur de treize centimètres et demi sur sept centimètres et demi de largeur. Les marges n'ont pas été coupées lors de la dernière reliure ; mais elles l'ont été anciennement, ce que prouvent les numéros des folios en encre noire qui se trouvent tout au bas des pages et dont plusieurs ont été emportés par le couteau du relieur. Ce livre est recouvert d'une demi-reliure moderne avec dos de maroquin rouge. Il y a au commencement quatre feuilles de garde dont une est en parchemin ; elle porte une signature difficile à lire et même effacée, et que j'ai lue *Jehan Massyngbords*. Outre le numéro 10,393 qui s'y trouve il y a, au-dessus de ce numéro, une autre indication : G, 39. Sur une feuille de garde en papier, on lit en haut, d'une écriture ancienne : *Vieux Coustumier du Conté de Guines*. Cette feuille porte aussi deux signatures, une qui me parait ancienne, difficile à lire, et que je lis *De Hesdin* ; l'autre plus moderne, facile à lire, et qui est *B. Rossignol*. Vient ensuite la table du livre telle que je l'ai copiée(1). Au haut de la première page on lit *Chasuin de Chastelheraud*. L'écriture est de la seconde moitié du XV⁵ siècle. La table des matières ou plutôt des chapitres qui n'est pas *foliotée* a vingt-deux feuillets.

---

(1) Dans cette édition, la table des matières, complétée par l'indication et le numérotage des rubriques et des titres, a été reportée à la fin du volume.

Le texte du livre a été *folioté* en rouge à l'époque où il a été écrit ; il contient deux cent trente-sept feuillets ; l'écriture est à longues lignes de vingt-quatre à la page, quand il n'y a point de titres dans la page. La minuscule gothique ou bâtarde tire sur la cursive ; elle est cependant très-facile à lire. Les paragraphes sont en encre rouge, les titres en encre noire ; ni les uns ni les autres ne sont numérotés (1). Certaines lettres, presque toujours celles qui commencent les phrases, sont tâchées d'encre jaune imitant l'or. Au commencement de la table, du texte et de certaines divisions, on a laissé une lettre en blanc pour l'enluminer et la dorer comme l'on faisait au moyen-âge et ces lettres n'ayant point été exécutées, et étant restées en blanc, c'est une présomption que ce manuscrit est postérieur à l'invention de l'imprimerie, temps où la multiplicité et la diminution de la valeur des livres a fait négliger de les orner. Il y a, folio 144 verso, une charte datée de 1423 (2). Quoi qu'il en soit, je pense

---

(1) A l'imitation des éditeurs d'ouvrages de ce genre, nous avons cru qu'il était indispensable, pour faciliter les recherches et les citations, de numéroter les rubriques et les titres. Nous avons aussi complété ou suppléé quelques rubriques et quelques titres.

Ainsi qu'on pourra s'en convaincre par l'examen du texte, ce livre comprend deux parties bien distinctes : l'une embrasse l'ancien droit féodal et municipal, les bans et statuts ; la seconde renferme le droit coutumier proprement dit tel qu'il est constaté par la tradition, les enquêtes et les formules. Nous avons cru devoir donner à ces deux parties une division séparée.

(2) V. dans cette édition la rubrique XXV, tit. 304.

que ce manuscrit est la copie d'un plus ancien. A la fin se trouvent douze feuillets blancs en même papier que le texte et deux feuilles de garde modernes. On y voit encore en plusieurs endroits la signature de *Blaise Rossignol.* Sur la dernière des anciennes feuilles on lit : *Je suis à Blaise Rossignol qui me trouvera s'il......* Le reste manque.

TAILLIAR.

APERÇU HISTORIQUE

SUR LE

COMTÉ DE GUINES

ET SES INSTITUTIONS.

I.

FONDATION DU COMTÉ DE GUINES. — GÉNÉALOGIE DE SES COMTES. — FAITS ET ÉVÈNEMENTS DE 964 A 1350.

L'histoire de la fondation du Comté de Guines, telle qu'elle est racontée par Lambert d'Ardres, et, après lui, par Iperius, est pleine d'obscurité.

Les seuls faits qui paraissent constants sont ceux-ci.

Dans le cours du xe siècle, un chef Danois, nommé SIFRID, suivi de quelques aventuriers de sa nation, vint s'établir à Guines, avec l'agrément du comte de Flandre, Arnould-le-Vieux. Il eut d'ELSTRUDE, la fille de ce comte, un fils nommé ARDOLPHE, en faveur duquel Arnould-le-Jeune, fils et successeur d'Arnould-le-Vieux, érigea la terre de Guines en comté et y annexa le Pays de Brédenarde.

SIFRID, ou plutot ARDOLPHE, son fils, mort vers 997, eut pour descendants et successeurs :

1re BRANCHE.

RAOUL, 997-1034. — EUSTACHE, 1034-1060. — BAUDUIN Ier, 1060-1091. — MANASSÈS, 1091-1137.

2e BRANCHE.

ARNOULD de Gand, neveu de Manassès, 1137-1169 : — BAUDUIN II, 1169-1205. — ARNOULD II, 1205-1220. — BAUDUIN III, 1220-1244. — ARNOULD III, 1244-1283. — BAUDUIN IV (1), 1283-1293.

3e BRANCHE.

JEANNE (2), fille de Bauduin IV, mariée à Jean de Brienne, comte d'Eu, 1293-1331. — RAOUL 1er, de Brienne, fils de Jeanne, comte d'Eu et de Guines et connétable de France, 1331-1345. — RAOUL II, de Brienne, comte d'Eu et de Guines et connétable de France, 1345-1350.

Condamné et exécuté comme coupable du crime de haute trahison, l'infortuné RAOUL II ne laissa pas d'enfant ; le comté de Guines fut de nouveau réuni à la couronne de France.

A l'arrivée de SIFRID, la terre de Guines longtemps dévastée par les hordes Normandes, ne comptait

---

(1) BAUDUIN IV ne porta pas le titre de comte de Guines, car son père, Arnould III avait vendu le comté de Guines et ses dépendances au roi de France, Philippe le Hardi, en 1282.

(2) JEANNE, plus heureuse que son père, avait obtenu du roi de France la restitution du comté.

qu'une faible population. La principale industrie de ses habitants consistait à élever des troupeaux, qu'ils menaient paître dans les marais et sur les *rapoys* ou immenses pâtis, entrecoupés de bois, qui couvraient les hauteurs et le penchant des collines (1). C'était là aussi la seule et unique occupation des habitants de Bredenarde et de l'Ardrésis (2).

Mais à peine s'est-il écoulé un siècle et demi, que toute cette contrée a déjà entièrement changé de face. L'agriculture y est partout en voie de progrès ; des landes sont défrichées, les marais coupés de grands canaux, qui facilitent l'écoulement des eaux et l'extraction de la tourbe (3). Le comté comprend

---

(1) Lambert d'Ardres, édition de M. de Godefroy, p. 81 et 43.

R:*poy* en latin *rapeia* ; on donne encore ce nom aux pâtis ou *riez* qui bordent les bois, sur le penchant des collines et où les habitants conduisent leurs troupeaux. Les *rapoys*, dont les habitants des villages n'avaient que l'usage, avant la Révolution, sont devenus des biens communaux.

(2) Ibid., pages 39 et 229.

(3) Les premières chartes de l'abbaye d'Andres nous montrent partout des terres à charrue. Cette abbaye créa une ferme dans la *Wastine* ou *Solitude* de Guines, et sur le mont de Campagne ; il est fait mention dès le XII° siècle de la *Nieuenna*, nouvelle rivière, autrement appelée le *Nieulay*; de la *Led* ou *Gisnenlet*, rivière ou canal de Guines. Bauduin II fit dessécher les marais d'Audruicq : *Ejusdem loci mariscum, multiplicibus Idræ capitibus amputatis, Herculinâ calliditate dessicavit.* — La chronique d'Andres fait mention des tourbes qu'on tirait dans le marais

déjà dès lors quatre petites villes : Guines, Ardres, Tournehem et Audruicq. Ces villes, excepté celle de Guines, sont encore ouvertes et défendues seulement par une forteresse, mais quelques années encore et elles auront aussi leurs fortifications. Des châteaux forts, La Montoire, Montgardin, Rorichove, Sangate, Colwide, protègent les frontières. Des églises s'élèvent partout où le besoin s'en fait sentir ; Bauduin Ier en fait construire même en déhors de son comté (1). Il fonde, en 1084, la célèbre abbaye d'Andres, à une demi-lieue de Guines.

Plusieurs barons suivent son exemple. Robert de Licques donne naissance à l'abbaye de ce nom, Eustache de Fiennes, dit *le Vieil,* à celle de Beaulieu. Oylard de Wimille établit un hospice à Santinghevelt *(Saint-Inglevert)* pour les pauvres pélerins. Guines et Ardres ont chacune leur maladrerie, la première à Espelleque, l'un de ses faubourgs où déjà Manassès et la comtesse Emma, son épouse, avaient fondé l'abbaye de *Saint-Léonard ;* la seconde

---

de cette abbaye. Le seigneur de Hamme n'avait pas d'autre combustible ; il usurpa une partie du bois d'Hottinghem, parce que sa femme, qui n'était pas du pays, ne pouvait pas supporter l'odeur de la tourbe. La même chronique, sous l'année 1134, parle d'une terre qu'on avait fait marner : *Ipsam terram marlare fecit.*

(1) *Plerisque aliis in ecclesiarum constructionibus non tamen in suâ, sed in aliis adjacentibus terris......*

à Leodberne (*Lotsbarne*), sur la chaussée romaine de Thérouanne à Sangatte et à Wissant.

Les comtes de Guînes et leurs barons prennent part à tous les grands évènements de leur temps. Nous les voyons successivement s'enrôler sous la bannière de Guillaume-le-Conquérant, puis sous celles de l'immortel Godefroy de Bouillon, de Louis-le-Jeune et de Philippe-Auguste, pour marcher à la conquête des Saints-Lieux et à la défense de la Croix, et suivre même Louis VIII dans la croisade beaucoup moins sainte et surtout moins patriotique que ce prince alla faire contre les Albigeois.

La ville d'Ardres, construite vers 1069, par Arnould de Selnesse qui y avait fondé à la même époque une collégiale de dix chanoines, ne tarde pas à se poser en rivale de celle de Guines, rivalité que huit siècles n'ont pas encore entièrement éteinte aujourd'hui. Ses seigneurs, après avoir guerroyé contre ceux de Fiennes, ont bientôt une autre guerre bien plus sérieuse à soutenir contre le comte Manassès à qui leur fierté a fait refuser l'hommage de vassalité qui lui est dû. Mais plus tard une fusion entre les deux familles vient mettre un terme à ces sanglantes querelles de voisins à voisins qui entraînent à leur suite le pillage, l'incendie et la dévastation autour des deux villes. Grâce à cette union, si les Guinois et les Ardrésiens ne doivent jamais s'aimer, du moins ils ne se battront plus.

ARDRES, de 1050 à 1173, avait eu pour seigneurs particuliers :

ADÈLE de Selnesse, seule et unique héritière de cette ancienne maison, qui tirait son origine des intendants de la Colonie que l'abbaye de Saint-Bertin possédait à Guînes avant l'érection du comté (1).

ARNOULD de Selnesse, autrement dit l'*Avoué*, sénéchal du Boulonnais, fils d'Adèle et d'Elbodon, frère du châtelain de Bergues ; c'est ce seigneur qui éleva et construisit la motte et le château d'Ardres, avec les débris de son château de Selnesse (1060-1094).

ARNOULD II, dit le *Vieil*, qui suivit Godefroy de Bouillon à la première croisade, prit une part glorieuse au siège d'Antioche, entra avec les princes croisés dans la ville sainte et fut assez heureux pour revenir sain et sauf dans sa seigneurie (1094-1139).

ARNOULD III, dit le *Jeune*, surnommé le *Roux*, l'un des plus beaux hommes-d'armes de son temps. Mais ses airs de hauteur et sa dureté le rendent tellement odieux à ses vassaux et à ses serviteurs que ceux-ci lui tendent un piège où il périt assassiné, dans l'année même où il avait succédé à son père Arnould le *Vieux*.

BAUDUIN, le frère du précédent, mort sans postérité, prend la Croix à la suite de Louis-le-Jeune et périt en chemin à Sathalie dans l'Asie-Mineure (1146).

ARNOULD de Marckene ou de Colwide, l'époux d'Adeline d'Ardres, la sœur et héritière des deux précédents, marie sa fille Chrétienne à Bauduin II, l'héritier présomptif du comte de Guînes. Il meurt, vers 1176, sans autre enfant. Par suite de cette alliance, la seigneurie d'Ardres passe dans la maison de Guînes.

---

(1) Le château de Selnesse, dont il reste encore de nombreux vestiges sous le sol, était situé de l'autre côté du marais d'Ardres, à trois kilomètres de cette ville, près de l'endroit dit le *Vivier*, dans la *Noire Pâture*, non loin du *Vieux-Bac*, sous la ferme de M. Trouille.

Ainsi, c'est Bauduin II qui fit entrer, par son mariage, la seigneurie d'Ardres dans la maison de Guines. Arnould II, son fils, y fit entrer par le sien la châtellenie de Bourbourg et avec elle celle du Pays de Langle qui en fut distraite par la création du comté d'Artois.

La dynastie de Sifrid était parvenue à son apogée. Mais si les dernières années du XIIe siècle avaient marqué l'ère de sa plus haute prospérité, les premières années du XIIIe semblent déjà ouvrir celle de sa décadence. Cinq fois dans le court espace de treize ans (1203-1216), le comté est envahi, pillé, dévasté, livré aux flammes, d'abord par Philippe-Auguste (1203 et 1209), puis par le comte de Flandre, Ferrand de Portugal, et Renaud de Dammartin, comte de Boulogne (1213 et 1214), et en dernier lieu par les Anglais (1216). La plupart de ses forteresses sont détruites, la ville de Guines elle-même est prise et brûlée, son château renversé. Ardres n'échappe au même sort que grâce à la rançon moyennant laquelle son curé, les abbés d'Andre et de La Capelle parviennent à la racheter.

Toutefois Arnould II, et, après lui, Bauduin III, conservèrent l'intégralité de leurs domaines.

Arnould III fut moins heureux. Fait prisonnier dans une sanglante bataille livrée par Gui de Dampierre, comte de Flandre, contre Guillaume de Hollande, roi des Romains, il dut, pour payer sa rançon, emprunter une somme de vingt mille sept cent vingt livres parisis, dont les quatre échevinages de Guines, d'Ardres, d'Audruicq et du Pays de Bredenarde consentirent à se porter cautions, sous la garantie de tous les biens de son domaine, qu'Arnould engagea au paiement de cette dette (1253-1273). Les intérêts de cette somme absorbant la plus grande partie de ses revenus, le comte de Guines ne tarda pas à se trouver dans la plus grande gêne. Il eut d'abord recours à la générosité de ses vassaux. Les ayant réunis dans un plaid général, il obtint d'eux, à titre de don volontaire et gratuit, une somme de douze deniers par chaque mesure de terre tenue en fief, et de six deniers par chaque mesure tenue en coterie (1). Ce fut en reconnaissance de cette libéralité qu'il octroya au comté de Guines la première charte confirmative de ses droits et de ses franchises (1273). Il avait déjà confirmé, l'année précédente (1272), en faveur des habitants de Bredenarde, les coutumes et les institutions particulières à ce pays.

Mais l'impôt volontaire qu'Arnould avait obtenu de l'affection de ses vassaux n'avait fait que reculer sa ruine, sans pouvoir la conjurer. Parmi les sommes qu'il avait empruntées, les unes étaient déjà exigibles, les autres étaient sur le point de le devenir. Effrayé de cette position, le comte de Guines eut alors recours

---

(1) V. cette charte, titre XXVI, n° 305, ci-après.

à un moyen qui fait peu d'honneur à sa loyauté. Il fit un partage anticipé de sa succession, par acte de donation entre-vifs, entre ses enfants. Il espérait par là mettre son domaine à couvert des poursuites de ses créanciers, et échapper à la douleur et à la honte de le voir vendre aux criées. Mais ce moyen n'eut pas l'effet qu'il s'en était promis. Attaqué comme frauduleux pardevant la cour du roi, cet acte de partage fut annulé (1), et Arnould III n'eut plus d'autre ressource que de chercher à vendre amiablement son domaine, pour satisfaire à ses créanciers. Le roi de France, Philippe le Hardi, consentit à s'en rendre acquéreur moyennant le paiement de toutes les dettes du comte et une rente viagère de mille livres. En conséquence, le comté de Guines et ses dépendances lui furent cédés par un acte de vente, en date à Paris du mois de février 1282.

Bauduin IV, fils et successeur d'Arnould III, essaya vainement de revenir sur cette aliénation. Il dut abandonner le titre de comte de Guines et se contenter de ceux de châtelain de Bourbourg et de seigneur d'Ardres, d'Audruicq et de Bredenarde, qui lui étaient restés.

---

(1) Ce fait, qui a échappé à Duchesne et aux autres historiens, est rapporté par Beaumanoir, *Coustumes du Beauvoisis*, édit. du comte Beugnot, t. II, p. 501.

Mais sa fille, Jeanne de Guines, épouse de Jean de Brienne, comte d'Eu, fut plus heureuse ; elle obtint la restitution de l'héritage de ses aïeux, moins toutefois la partie du comté qu'Arnould III avait relevée du comte de Boulogne et moins aussi la châtellenie de Tournehem et la forteresse de La Montoire, qui ne furent pas comprises dans l'ordonnance du roi Philippe-le-Bel qui prononça cette restitution (1295). Ces deux domaines restèrent réunis à celui du comté d'Artois dans lequel ils étaient entrés (1).

Le comté de Guînes demeura en la possession des comtes d'Eu jusqu'en l'année 1350, où l'infortuné

---

(1) La Montoire avait été vendue au comte d'Artois. Il y eut, à ce sujet, une difficulté entre ce comte et le roi de France. Mais comme il fut établi que la vente faite au comte d'Artois était antérieure à celle faite au roi, La Montoire resta au comte. Il en fut de même de Tournehem qui, ainsi que le prouvent les registres aux recettes de 1306 à 1373, resta toujours réuni à l'Artois. Nous devons à l'inépuisable obligeance de M. le docteur Leglay, la communication d'un de ces registres, reposant aux archives du département du Nord, à Lille, commençant à l'année 1355 et finissant en 1373. Nous y trouvons la preuve que la châtellenie de Tournehem ne fut pas comprise dans le traité de Brétigny. La limite de la partie du comté cédée à l'Angleterre laissait en-dehors, tout le territoire situé au sud de CAMPAGNE, BRÊMES, ARDRES, LOUCHES, NIELLES et ZUTQUERQUE. Les comptes de 1363, 1364 et suivants, font mention de plusieurs contestations relatives à cette limite, entre le bailli de Tournehem pour la comtesse d'Artois, et le souverain bailli de Guînes, Mathieu de Salperwic, pour le roi d'Angleterre, contestations qui furent portées par-devant la prévôté royale de Montreuil, dont la partie anglaise du comté ne cessa point de relever, pour les cas royaux. En 1364, le bailli de Tournehem et celui de Guînes firent pendre à frais communs un nommé PRET PIETIN, *du côté d'Ardres, dans une juridiction commune.*

Raoul II fut décapité à Paris, dans la tour de Nesle, comme coupable de haute trahison.

Guînes vit s'évanouir, avec ses comtes, son importance et sa prospérité. Adieu pour elle ces assemblées, ces nombreuses réunions qui alimentaient son commerce, lui donnaient de l'activité, de la vie ! Adieu ces cours plénières, ces plaids généraux, ces tournois et ces fêtes auxquelles venaient prendre part les barons, les pairs, toute la noblesse du comté et des alentours, et amenaient quelquefois les hôtes les plus illustres dans ses murs ! Cette cour si riante, si chevaleresque se réduit désormais au prétoire d'un formaliste bailli ! C'en est fait d'ailleurs de son comté ! Démembré, déchiré, pendant plus de deux siècles par trois puissances rivales et ennemies qui se disputent ses lambeaux sanglants, ses campagnes désolées, dépeuplées et toujours fumantes sous la torche incendiaire de ces soldats maraudeurs ou plutôt de ces bandits, de ces brigands soudoyés dont ses forteresses sont devenues les affreux repaires, jamais il ne recouvrera plus son ancienne unité ! Ce qu'on appelle encore le Comté de Guînes, ce n'est pas le territoire dont Guînes est le chef-lieu ; ce titre n'est plus, en quelque sorte, qu'une tradition, qu'un souvenir.

II.

ÉTENDUE ET LIMITES DU COMTÉ DE GUINES AU XIIIe SIÈCLE ;

LIEUX AUXQUELS S'APPLIQUAIT LA COUTUME

GÉNÉRALE DU PAYS.

Le comté de Guines, proprement dit, se composait des deux châtellenies de Guines et de Tournehem ; Ardres, le Pays de Bredenarde et Audruicq, son chef-lieu, n'en étaient que les membres, les annexes.

Voici qu'elles étaient les dépendances de ces quatre châtellenies :

CHATELLENIE DE GUINES.

TERRES A CLOCHER.

Alembon.
Autingue.
Andre.
Balinghem.
Boucres.
Bouquehault.
Campagne.
Colembert.
Coquelle.
Escales.
Espellecke (sous Guînes).
Fienne.
Fontenes (Saint-Tricat).
Frethun.
Guines.
Hammes (St-Martin au château de).
Hervelinghem.

Hermelinghem.
Hocquinghem.
Landrethun (Le Nord).
Licques.
Locquin (Le Haut).
Louches.
Markene (Hamme-Boucre).
Nielles (lez-Ardres).
Nielle (lez-Calais).
Nort-Leulinghem.
Peuplingue.
Pihem.
Saint-Blaise (sous Guînes).
Saint-Martin de Sclives.
Sanghem.
Surques.

SEIGNEURIES.

- Abbaye de Licques (L').
- Alincthun (sur Pihem).
- Arquingoud (sur Leulinghem-lez-Etrehem).
- Autinghem (Haute-Ville, sur St-Inglevert).
- Auderbrouck (sur Audrehem).
- Axles (sur Coquelle).
- Bucretes (Beucres-sur-Fienne).
- Berk (en Campagne).
- Bessingue.
- Chaussée (La).
- Cousebourne (Le Poirier).
- Courtehouse (sur Louches).
- Cressonnière (La, sur Nielles-lez-Ardres).
- Crezecque (sur Louches).
- Dipendale (sur Bouquehault).
- Doucre (sur Pihem).
- Herchem (Berthem-sur-Louches).
- Hottinghem (sur Andre).
- Lepinoy (sur Reberguc).
- Mont-Gardin (sur Bouquehault).
- Mauquembergue (sur Sanghem).
- Mortcamp (*id.*).
- Morlinghem (sur Balinghem).
- Ramshaut.
- Rorichove (sur Andre).
- Sangate.
- Scotes.
- Saint-Martin (sur Louches).
- Wadenthum (sur Pihem).

SEIGNEURIES RELEVANT D'ARDRES.

- Aldenhove (Gaudenove-sur-Brême).
- Boningue-lez-Ardres.
- Capelhove (sur Ardres).
- Colwide (sur Rodelinghem).
- Héricat (sur Boningue).
- La Motte d'Elceke (Nordausque).
- Lostbarne (Hôpital de).
- Northout (sur Nielles-lez-Ardres).
- Prieuré d'Ardres.
- Sept-Fontaines (Louche).
- Zouafque.

Les seigneurs d'Ardres relevaient en outre de Guines, la baronnie de Bouvelinghem ; de Tournehem, les terres de Bochout (West-Bécourt), Clerque, Cormette, Welle, Guémy, Rodelinghem et Ferlinghem, en partie.

CHATELLENIE DE TOURNEHEM.

- Audrehem.
- Bayenghem-lez-Eperlecque.
- Clerque.
- Cormette.
- Difque.
- Ferlinghem.
- Herbinghem.
- Journy.
- La Motte (Audrehem).
- Landrethun (lez-Ardres).
- Macquinghem (sur Baincthun).
- Recques.
- Rodelinghem.
- Tournehem.
- Welle.

SEIGNEURIES.

Audenfort [sur Clerque].
Beauprez [en Boningue].
Beaurepaire [Norbécourt].
Brunobois [Guémy].
Brugnobois [Surques].
Cahen [Licques].
Canchy [Licques].
Clinspin [Guémy].
Cocove [Recques].
Croisille [Ferlinghem].
Esclémy [Sanghem].
Estiembecque [Louches].
Estiembecque [Clerque].
Fertin [Clerque].
Hiet [Louche].
Inglinghem [Norbécourt].
La Cressonnière [Surques].

La Haie [Bainghem-le-Comte].
La Pierre [Zouafque].
Le Ploitz [Nordausque].
Lobel [Norbécourt].
Monnecove [Bayenghem-lez-Eperlecque].
Myente [Zutquerque].
Moyecque [Recque].
Noyelle [Louches].
Rougecamp [*id*].
Vroland [Recque].
Wal [Landrethun-lez-Ardres].
Waudringhem [Norbécourt].
Westrehove [Bainghem-le-Comte].
Windal [Norbécourt].
Wolphus [Zouafque].

PAYS DE BREDENARDE.

PAROISSES.

Audruicq.
Nortkerque.

Polinchove.
Zutkerque.

SEIGNEURIES.

Crophove [Nortkerque].
Ekardes [Audruicq].
La Montoire [Zutkerque].

Muncq-Nieurlet.
Ostove [Zutquerque].
Seltun [Polinchove].

NOUVEAU COMTÉ DE GUINES AYANT SON SIÈGE A ARDRES,
A PARTIR DE 1396.

Ardres.
Alembon.
Autingues.
Bercq [en Campagne].
Boningue [lez-Ardres].
Bouquehault.
Bouvelinghem.
Brême.
Ferlinghem.

Hermelinghem.
Landrethun [lez-Ardres].
Licque.
Louches.
Nielles [lez-Ardres].
Rodelinghem [en partie].
Sanghem.
Surques.
Zouafque.

Au XIIIe siècle, le comté de Guînes avait pour limites : à l'ouest, le comté de Boulogne ; au sud, les châtellenies de St-Omer et d'Eperlecques ; à l'est, la terre de Ruminghem et le Pays de L'Angle ; au nord, la terre ou vicomté de Marck. Il pouvait avoir de seize à vingt lieues de circonférence. Il comprenait les cantons actuels de Guînes et d'Ardres, moins Eperlecques, Mentques et Nordausque ; une partie de ceux de Calais et d'Audruicq, et quelques villages des cantons de Marquise, de Desvres et de Lumbre.

III.

ORGANISATION ET INSTITUTIONS DU COMTÉ DE GUINES SOUS LA DYNASTIE DE SIFRID.

Le comté de Guines, pendant cette période, nous présente en raccourci la même organisation que la France. Mais nous y retrouvons, sous la forme féodale, les institutions de l'ancienne monarchie.

Le comte, comme chef militaire, a un pouvoir absolu sur ses vassaux. Ses barons ne sont que ses lieutenants. Si, en temps de guerre, ils se rendent coupables de félonie, il peut leur faire trancher la tête, comme Manassès à Gui II d'Alembon (1).

Mais, sous le rapport du gouvernement et de l'administration, il n'est que le premier parmi ses pairs. C'est ce que dit Lambert d'Ardres de Bauduin Ier, qu'il représente comme n'ayant jamais outre-passé ses droits et abusé de sa puissance :

---

(1) Lambert d'Ardres, édit. de M. de Godéfroy, p. 235.

Sed ut parem sese ipsis in ministrando sociumque coœquavit (1). Chaque baron, chaque pair, a, dans son domaine, la même autorité qu'il a dans le sien. Le comte ne peut distraire leurs hommes de leur juridiction, leur imposer des tailles, des corvées, sans s'adresser à eux (2).

Les pairs qui, sous ce rapport, sont toujours confondus avec les barons (3), jouissent des mêmes privilèges, mais leurs attributions ne sont pas les mêmes. Les premiers sont investis, par rapport au comté, du pouvoir législatif et réglementaire ; les pairs, du pouvoir judiciaire. En d'autres termes, les barons forment le conseil d'Etat du comte ; les pairs, sa cour de justice, dans toutes les causes qui intéressent les grands vassaux.

Le comte n'étant, en matière d'administration, que le pair et le collègue de ses barons, *parem in minis-*

---

(1) Lambert d'Ardres, édit. de M. de Godefroy, p. 61.

(2) C'est le privilège que Manassès reconnait à l'abbaye d'Andre, érigée en baronnie, et qu'Arnould III confirme aux barons, deux siècles après, dans la charte de 1273. (V. Duchesne, *Maison de Guines*, preuves, pag. 87, et ci-après, tit. XXVI, art. 305).

(3) C'est ainsi que dans une charte de 1097 Manassès déclare que les hommes de l'abbaye d'Andre ne pourront être jugés que comme ceux des pairs de Guînes : *ut homines parium Ghisnensium*. Le plus souvent c'était les mots *barones*, *proceres* qu'on employait pour désigner à la fois les barons et les pairs.

trando sociumque, ne peut légalement engager les intérêts du comté sans prendre leur avis. C'est aussi ce que fit Manassès lorsqu'il voulut affranchir les tenanciers qu'avait l'abbaye de St-Bertin à Escales des corvées dont ils étaient tenus, au profit du château de Guines. Il leur octroya cette faveur qui constituait l'aliénation d'un droit domanial, par le conseil de la comtesse Emma et avec l'assentiment de ses barons : *concilio et assensu Emmæ comitissæ conjugis meæ et Procerum meorum*. Arnould III en usa de même dans une circonstance semblable : « à le parfin, est-il dit » dans sa charte de 1272, au profit de la même » abbaye, *par le conseil de nos hommes*, ESPECIAUMENT » ET DI CIAUX KY SONT DE NO CONSEIL, etc. (1). » Au XVIe siècle, ce sont encore les barons qui renouvellent les statuts, en présence du bailli souverain du comté (2).

Le comte convoque en outre autour de lui deux sortes d'assemblées, les *Cours plénières* et les *Plaids généraux*. L'une et l'autre se tiennent d'ordinaire trois fois l'an, aux trois *Nataux*, c'est-à-dire à Noël, à Pâques et à la Pentecôte.

---

(1) Duchesne, *Maison de Guines*, preuves, p. 40 et 292.

(2) V. *Coutume de Guines*, *Grand Coutumier de Richebourg*, p. 286, art. 5. — La même coutume, dans les *Coutumes locales du Bailliage d'Amiens*, huitième série, p. 660, art. 5.

La *cour plénière* se compose non-seulement des barons et des pairs, mais encore des membres de la famille du comte et des principaux seigneurs. C'est dans ces réunions, qui sont toujours une occasion de fêtes et de plaisirs, que le comte chausse lui-même l'éperon de chevalier à ceux de sa famille ou de ses vassaux qui méritent cette faveur (1) ; c'est là qu'il approuve ou annule les aliénations de fiefs (2), que se vident les combats judiciaires des barons entr'eux (3) et que se traitent toutes les affaires qui intéressent le comté.

La *cour plénière* était une assemblée purement aristocratique ; le *plaid général* était, au contraire, une assemblée tout à la fois aristocratique et populaire, où se réunissaient les chevaliers et les plébéiens, *milites et laïci,* c'est-à-dire les hommes féodaux et les hommes cotiers ou tenants, les propriétaires de

---

(1) Convocavit enim filios suos et notos et amicos in curiam suam apud Ghisnas in die Pentecotes, et ei militarem dedit alapam...... et diem solemnem in lautissimis et delicatissimis cibis et potibus...... peregerunt.
(Lambert d'Ardres, p. 201.)

(2) Et hæc confirmatio et doni recognitio facta est IN PLENARIA CURIA, apud Gisnes ubi coràm cunctis baronibus......
(Charte de Bauduin II (1178), Duchesne, ibid. p. 1237.)

(3) Hoc factum est, IN PLENARIA CURIA MEA, ea die quâ Henricus de Campaniis armatus pugnare debuit apud Gisnes, contra advocatum Balduini de Campaniis. (Ibid. p. 123.)

francs-aleux nobles et ceux des francs-aleux roturiers; en un mot, tous les libres possesseurs du comté, quelle que fût la nature de leur possession ; tous ceux qui devaient au comte *avoine* et *plume,* à raison de leurs fiefs ou de leurs tenements.

Ces grandes assemblées avaient principalement pour objet : la déclaration et l'enregistrement des contrats de ventes ou de donations immobilières ; la déclaration et l'acquittement des droits de mutation de fiefs, héritages, ou francs-aleux, tenus directement du comte, et enfin la fixation et l'acquittement des droits de gite et de chevauchée, ou, comme on l'appelait ailleurs, le droit d'*avoine et plume,* espèce de don gratuit, qui paraît avoir toujours été annuellement consenti au profit du comte.

C'est le seul droit, ayant un caractère d'impôt, que les habitants du comté de Guines, qui ont toujours été exempts de tailles, de gabelles, d'aides et autres contributions, sauf en ce qui concernait les travaux d'utilité publique et locale, aient jamais consenti volontairement à payer, même après leur réunion à la couronne de France, et jusqu'à la Révolution.

On sait que le droit de gite et de chevauchée est un des plus anciens de la couronne; on le voit établi dans les monuments du commencement de la monarchie. « Ce qui y avoit donné lieu, dit le savant

» Hoüard (1), étoit l'obligation que nos rois s'étoient
» imposée de visiter, tous les ans, par eux ou par
» leurs envoyés, les principales places du royaume ;
» les habitants du lieu les défrayoient. A l'exemple
» de nos monarques, les seigneurs exigèrent le droit
» de gîte de leurs vassaux, quand le fiefs furent
» devenus héréditaires. »

Ce droit royal qui, à son origine, retombait plus particulièrement à la charge des hommes riches qui avaient des maisons assez considérables pour recevoir leur souverain, n'emportait pas avec lui l'idée de servage, d'humiliation et d'opprobre, que les habitants du comté de Guînes, au rapport de Lambert d'Ardres, attachaient aux tailles et aux autres impôts de cette nature. Ce qui explique pourquoi ils ont toujours librement et volontairement consenti à le payer. Ce fut un moyen, pour les rois de France, qui respectèrent toujours leurs franchises, de se récupérer. Ils élevèrent considérablement, surtout Louis XIV, ce droit de *plume et avoine*. « Le gouver-
» nement d'Ardres, qui ne consiste qu'en dix-neuf
» paroisses, disait l'intendant Bignon, en 1698, ne
» paie point de tailles, mais seulement la plus-value
» des *fourages* qui se consomment dans la ville
» d'Ardres, au-delà de cinq sous par ration, ce qui
» peut aller, année commune à trois mille francs. Le

---

(1) *Dictionnaire du Droit Normand*, V° Giste.

» roy fait payer, sur l'extraordinaire des guerres,
» jusqu'à concurrence de cinq sous par ration. Ces
» mêmes dix-neuf villages *fournissent les lits* pour les
» troupes de la garnison d'Ardres. Il se fait une
» levée tous les ans de mille cent quatre-vingt-huit
» livres pour l'entretien de cent quatre-vingt-dix-huit
» lits ; le surplus des fournitures est donné en nature
» par les communautés (1). » C'est ainsi que le
gouvernement des rois de France avait trouvé partout
le moyen de respecter, en la forme, les privilèges et
les coutumes de nos provinces du nord, sans qu'au
fond le trésor y perdit rien.

Pour revenir aux *plaids généraux*, c'est dans une de ces assemblées, tenue en 1084, que le comte de Guînes, Bauduin Ier, et Manassès, son fils, enregistrèrent, pour servir de titre à l'abbaye d'Andre, les nombreuses donations faites à ce monastère par leurs vassaux. A cette assemblée étaient présents les *chevaliers* et *laïques* de la région de Guines: *hoc autem totum factum est* IN GENERALIBUS PLACITIS *apud Gisnes, præsentibus* MILITIBUS *et* LAICIS *regionis Gisnensis*(2).

---

(1) Rapport de Bignon, intendant de la généralité d'Amiens, sur la Picardie ; en 1698. (M^s de la Bibliothèque Impériale.)

(2) Duchesne, *Maison de Guines*, preuves, p. 27. — Un peu plus bas, Manassès, à la suite d'autres enregistrements, répète cette mention : IN GENERALIBUS PLACITIS *apud Gisnes, præsentibus mititibus et placitum observantibus regionis Gisnensis*.

Cet enregistrement, où les donateurs se servaient de témoins les uns aux autres, *et unusquisque supradictorum testis est doni alterius*, était alors le seul moyen de se procurer un titre. Car, ainsi que le fait remarquer Guillaume d'Andre, non-seulement les donateurs ne savaient pas écrire, mais ils n'avaient même pas de sceaux. Il n'y avait que les principaux seigneurs qui en eussent un (1).

C'est aussi dans une assemblée de cette nature qu'Arnould III, en 1273, exposa l'état de gêne où il se trouvait, et que « ses barons, hommes et tenans,
» désirant de le aydier, à cette cause, *par leur*
» *commun accord et consentement, après qu'ils en ont*
» *eu conseil ensemble*, lui ont donné et baillié en
» deniers contans de toutes les terres qu'ils tenoient
» de lui, c'est assavoir : » douze ou dix deniers par mesure, suivant la nature de leur tenement en fief ou à simple rente.

Mais, plus tard, lorsqu'après le démembrement du comté, le droit de gîte et de chevauchée fut devenu un impôt régulier, et que, d'autre part, les aveux et dénombrements par écrit furent devenus obligatoires aux frais de ceux qui en étaient tenus, les hommes de

---

(1) .... Pro eo quòd bonorum datores sive cambitores, tunc temporis sigilla non habebant; non enim nisi terreni principes sigilla habere consueverant.   (Chronique d'Andre, Specilège d'Achery, t. IX.)

fief et les tenanciers cessèrent d'être appelés aux *plaids généraux*. Il n'y eut plus que les propriétaires de francs-aleux qui continuèrent à être tenus d'y assister pour faire leurs déclarations de mutation et en acquitter le droit, qui était de quatre sous parisis (1). Il en était de même, dès le XIIIe siècle, dans la châtellenie de Saint-Omer, où les *plaids généraux*, autrement appelée MALLS ou ASSISES, *placita generalia, malli*, étaient tenus, trois fois l'an, et continuèrent à l'être, jusqu'à la Révolution, pour les propriétaires des francs-aleux qui avaient leurs échevins particuliers (2).

Dans la châtellenie d'Eperlecque, « tous les sujectz » et ayans terres tenues de la dite chastellenye » étaient encore astraints, au XVIe siècle, à comparaître aux plaids généraux qui se tenaient, comme à Guînes, après les trois *Nataulx* (3). Il en était de même à

---

(1) Coutumes générales de la comté de Guînes, Grand Coutumier de Richebourg, t. 1er, p. 237, art. 16. — Coutume de 1507, collection de M. Bouthors, 8e série, p. 662, art. 15.

(2) . . . In Franco Scabinatu sancti Audomari quod in castro castellano commissa tribus vicibus in anno tenetur et MALORUM nomine recencetur..... *et ailleurs :* in generalibus placitis sancti Audomari, per manum Johannis de Morbeka qui præsidebat MALLIS....., coram nobis et Francis-Scabinis, etc. (Chronique d'Andre, Spécilège d'Achéry, t IX.) — V. la *Coutume d'Artois*, de Mailliard, édit. de 1756, p. 33, n° 23 et s.

(3) Coutumes générales du Bailliage d'Amiens, par M. Bouthors, 8e série, p. 699, art. 38.

Nielles-lez-Bléquin, sur la terre de l'abbaye de Rheims. « Et doivent comparoir, porte la coutume, » tous les sujects tenant de l'abbaye qui doivent » *plume* et *avoine.* » Toutefois, y est-il dit plus loin, « peut ledit Mayeur donner à chacun grâce desdits » plaids généraux, pourvu qu'ils lui demandent, en » eux connaissant tenans desdits religieux (1) » Ailleurs, comme à Ennes, les plaids généraux étaient confondus avec les FRANCHES-VÉRITÉS (2).

Celles de ces dernières assemblées dont il soit fait le plus anciennement mention dans le comté de Guînes, sont les *franches-vérités* de Tournehem. Les baillis de cette châtellenie allaient tenir ces assemblées judiciaires en trois endroits : à Moufflon, territoire de Surques (3) ; sur le Mont de la Justice, à Tournehem, et sur la Motte du Moulin de Rodelinghem (4).

---

(1) Grand Coutumier de Richebourg, t. 1ᵉʳ, p. 397 et 398.

(2) M. Bouthors, ibid., p. 656.

(3) Item pour les despens du dit bailly de Tournehem, faits en allant de Tournehem à Terwanne pour faire semonre les gens de SURKES qui demeurent dessoubs Engleterre, adfin qu'ils winssent à LE VERITÉ DE MOUFELON, appartenant à Madame (la comtesse d'Artois) ainsi qu'ils soloient faire anchiennement et ad présent n'y vœilent venir et est la cause tenue en estat par commandement de Monseigneur le Gouverneur (de Thérouanne). — Extrait du registre aux recettes de la châtellenie de Tournehem, en 1363. (Archives du département du Nord, à Lille.)

(4) « Auquel lieu tous les hommes hostes et sujets de *Rœdelinghem, Frelinghem, Montgardin, Landrethun* et *Yeuzen* sont tenuz comparoir chacun an aux FRANCHES VÉRITEZ y tenuz par les officiers, bailly, procureur

Ces *malls* ou *plaids généraux* qui, tels que nous les constatons au XIe siècle, nous rappellent encore les assemblées de ce nom qui se tenaient au Champ-de-Mars, sous les rois Mérovingiens, et celles des Germains de Tacite ; cette exemption de tailles dont n'ont jamais cessé de jouir les habitants du comté de Guînes ; ce *conseil* que, suivant les termes mêmes de la charte de 1273, les *tenants*, le *commun* du comté, tiennent avec les barons et les hommes de fief, et à la suite duquel ils se décident, *par un commun accord et consentement*, à s'imposer une taxe extraordinaire pour aider le comte Arnould III ; la profonde aversion, la généreuse indignation même, dont l'historien des comtes de Guînes au XIIe siècle se fait l'écho lorsqu'il fait mention de la COLVE-KERLIE, qu'il appelle un *opprobre, le joug d'une condition servile*, et qui ne consiste cependant que dans l'interdiction du port d'armes autres que la massue, pour certains habitants du comté qu'il ne désigne pas, et dans le modique impôt de deux deniers à la naissance, quatre au mariage et au décès ; la sévérité avec laquelle il flétrit la conduite de Gertrude, dame d'Ardres, pour avoir réduit à la condition de serve la petite fille d'une pauvre veuve qu'elle avait élevée, et l'une de ses suivantes qui lui avait demandé la servitude

---

d'office et autres du dit Tournehem, etc..... » (Rapport et dénombrement du seigneur de Rodelinghem, du 8 mai 1543. — Registre aux fiefs de la châtellenie de Tournehem, 1543.)

comme une faveur....... tout cela nous prouve qu'entre les hommes de fief et les serfs, il y avait, dans le comté de Guines, même au XIe et au XIIe siècles, une classe d'hommes libres, que cette classe formait la masse de la population et que par conséquent la liberté individuelle était la règle, et le servage une exception.

Ce fait devient plus évident encore en présence d'une institution que nous trouvons établie dès le XIe siècle, dans une partie des campagnes du comté de Guines et les territoires limitrophes ; c'est celle des échevinages ruraux, notamment celui du Pays de Bredenarde.

Dans sa charte de 1272, Arnould III reconnait que cet échevinage est *de anchien établissement*. Et, en effet, en 1116, Ewervin, officier de Bredenarde et les juges au nombre de sept comme ils l'ont toujours été, signent la reconnaissance d'un contrat de vente faite pardevant eux : *Evuervinus Minister Bredenardæ et septem Judices*. Le même Ewervin, officier, ou ce qui revient au même, vicomte de Bredenarde, est signataire d'un autre acte, sans date, mais antérieur de quelques années au précédent; son nom y figure avec celui de deux *échevins*, Paul et Gunfrid : *Evervuinus, vice-comes, Paulus, scabinus, Gunfridus, scabinus*. La première charte de l'abbaye d'Andre, en 1084, mentionne plusieurs donations faites par des personnages de Bredenarde et passés en présence du comte et des juges, *prœsente Balduino comite et judicibus.*

Ainsi l'origine de l'échevinage rural du Pays de Bredenarde se perd dans la nuit des temps. La charte d'Arnould III, en 1272, et celle de Bauduin, son fils, en 1279, nous en indique les attributions. La Loy de Bredenarde, le collége échevinal sont communs aux quatre paroisses d'Audruicq, de Nortkerque, Zutkerque et Polinchove, qui ne forment, à cet égard, qu'une seule communauté. La base fondamentale de la Loy est que toute personne demeurant sur *erve*, mot flamand qui signifie *héritage* et qui est toujours resté en usage dans cette contrée pour désigner les terres tenues en coterie, les fonds roturiers, n'est justiciable que des échevins. Il ne peut être ajourné que devant eux, saisi et exécuté dans ses biens, pris et arrêté au corps qu'avec leur concours et leur intervention. Cette Loy s'appelle *Menschewick*, c'est-à-dire juridiction du vassal (1). Elle a été empruntée à Bailleul, ancienne petite ville détruite au ixe siècle par les Normands et aussi le chef-lieu d'un Pays (2). La terre de Merch et le Pays de Langle, limitrophes du Pays de Bredenarde, formaient également une communauté de plusieurs villages réunis sous un échevinage commun.

---

(1) *Mensch*, homme vassal; *Wick*, territoire, uridiction, municipe.

(2) Ruminghem tenait aussi sa coutume de Bailleul, dont il relevait encore, sous le rapport de la justice, avant la Révolution.

La justice échevinale, cette juridiction du vassal, de l'homme cotier par ses pairs, se rencontre dans le comté de Guines à tous les degrés. Parmi les échevins, les uns ont la plénitude de la haute-justice, « la » puissance de exécuter, ardoir, boullir et en- » fouyr. (1), » comme ceux d'Ardres, de Guines et d'Audruicq ; les autres n'ont la haute-justice qu'au civil, comme ceux de Tournehem, ou seulement la connaissance des actions personnelles, mixtes, et mobilières, comme ceux de Bredenarde, ou enfin une justice purement foncière, comme ceux de certaines seigneuries.

Ainsi, dans un aveu de 1517, Philippe de Créquy, seigneur de Recque et de Vroland, déclare qu'il a toute justice dans ces deux domaines et notamment à Recque qui était l'une des douze pairies du comté de Guines et comprenait dans sa paroisse la seigneurie de Cocove avec celle du Vroland, puis il ajoute : « pour laquelle justice exercer, observer et garder » j'ay aussi pareillement bailly, francs hommes et » officiers et, *du temps passé,* VII ESCHEVINS qui, à la » conjure de mon dit bailly avoient, congnoissance de » *toutes matières civilles,* mais, obstant les guerres » qui ont été parcidevant, le dit eschevinage a esté » delaissé (2). » Un seigneur voisin, celui du *Ploïtz,*

---

(1) Coutume d'Ardres de 1507.

(2) Archives de Tournehem, registre aux fiefs de la châtellenie, 1543.

dont le domaine, situé sur Nordausque, faisait également partie du comté, déclare, dans un aveu de 1544, avoir dans son fief huit tenements en coterie, puis il dit : « et s'y sont lesdits tenants MES ESCHEVINS
» ou CERQUEMANANS (1) pour, pardevant eux, passer
» les werps et venderies qui se font des dits tenements
» cottiers et servent mes plaids, quand mestier en
» est, à raison des dit werps, dessaisines et sai-
» sines (2). »

La justice échevinale était tellement passée dans les mœurs des habitants de cette contrée, dès les temps les plus reculés, qu'en 1069, après avoir fondé la ville d'Ardres, Arnould de Selnesse y institua un collége de douze échevins auxquels il attribua la même juridiction qu'avaient ceux de Saint-Omer. Le chapitre où Lambert d'Ardres rapporte ce fait est intitulé :
« Comment Arnould fit de la bourgade d'Ardres une
» ville libre, *quomodo Arnoldus villam Ardeæ oppi-*
» *dum fecit liberum.* »

---

(1) SCHAR, villa, pagus, ager.... Inde latino-barbaris *scararii* rustici, villani, *scaramanni* judices et præpositi villarum (Wachter, *Glossar. germanic.* V° SCHAR.)

(2) Mêmes archives et même registre que ci-dessus.

Un savant Allemand, Brummer, cité par Wachter, comptait, au siècle dernier, dans les campagnes, en Allemagne, trois espèces d'échevins qui ne manquaient pas de rapport avec les échevins ruraux du comté de Guines. Il les appelle : *Land-Schoppen*, ou échevins de Pays ; *Dorp-Schoppen*, ou échevins de village ; *Feld-Schoppen*, ou échevins des champs.

Le mode d'élection usité à Tournehem rappelle l'époque carlovingienne, où les échevins étaient élus par les comtes ou les commissaires royaux avec le consentement du peuple entier : *missi nostri cum consensu totius populi scabinos bonos eligant* (1).

Voici en effet ce que nous lisons dans un compte de recettes et despens de 1578 (2) : « Au procureur de
» Sa Majesté et ce receveur pour par eulx avoir esté
» du dict St-Omer au dict Tournehem, en l'an de ce
» compte affin de renouveler la Loy, comme de tout
» temps et d'anchienneté l'on est accoustumé faire à
» semblable jour, faisant paravant le dict renouvelle-
» ment *appeler tous les bourgeois et habitans du
» dict lieu*. . . . . Au dict renouvellement de la
» Loy *où doibvent comparoir et sont appelez tous les
» bourgeois et habitans du dict Tournehem* et après
» se créent mayeur et échevins, ce faict, se trouvent
» par ensemble au disner vieulx et nouveaulx,
» ensemble le lieutenant général, procureur,
» receveur, curé et aultres gens de bien notables, etc. »

Le bailli et les échevins, lors de leur entrée en fonction, étaient tenus de prêter serment (3). Celui des échevins du Pays de Bredenarde était ainsi

---

(1) Capitular. anni 829.

(2) Archives de Tournehem, registre d'Adolphe Delhelle, pour l'année 1578.

(3) Charte de 1272. — Anciennes coutumes.

conçu : « Nous jurons de garder, maintenir et
» conserver le droit de l'eschevinage et ceux (de
» Monseigneur le Comte ou de Sa Majesté) ensemble
» garder et observer les coustumes et privileges de
» ceste ville et banlieue d'Audruicq (ou de ce Pays
» de Bredenarde) les droits des vefves et orphelins et
» le secret de la cour, ferons et administrerons bonne
» et brièfve justice aux parties en estant requiz et
» pour parvenir au dict estat de Magistrature n'avons
» rien promis ou donné, faict promettre ou donner,
» ny ne donnerons directement ou indirectement à
» quy que ce soit aucun or, argent ou autre chose
» quelconque (1). »

Toutes les fois qu'il s'agissait d'une cotisation extraordinaire pour faire face, soit à la levée du droit de gite et de chevauchée, connu en Artois sous le nom de don gratuit, soit aux dépenses à faire dans l'intérêt et à la charge des habitants d'un même territoire, les échevins, dans les communes, et les hommes de fief, dans les seigneuries, convoquaient à leurs assemblées les notables, c'est-à-dire tous ceux qui devaient contribuer à la cotisation à proportion de leurs biens, pour en faire l'assiette et la répartition (2).

(1) Registre extraordinaire de la ville et banlieue d'Audruicq, 1673.

(2) Anciens registres du Pays de Bredenarde et de la châtellenie de Tournehem.

Il est bon d'ailleurs d'en faire la remarque, les hommes de fief ne formaient pas une caste à part. En d'autres termes, la qualité d'homme de fief tenait à la terre et non à la naissance. Aussi la plupart des cultivateurs et des seigneurs même étaient-ils à la fois *hommes de fiefs* et *tenants*. Parmi les propriétaires de fiefs, il y en avait un certain nombre qui étaient étrangers au pays. « Ils usent, disait l'intendant
» Bignon, en 1698, de la liberté qu'ils ont de
» commettre des desservans-fiefs qui prêtent serment
» et font enregistrer leur pouvoir au greffe de la
» Justice à laquelle ils ont été commis (1). » Ces *desservans-fiefs* étaient leurs fermiers à qui ils imposaient cette obligation par leur bail. Le bailli lui-même et les autres officiers de la seigneurie, tels que le procureur et le receveur étaient pris parmi les cultivateurs. C'étaient presque partout les fermiers du seigneur. De manière que dans les villages et les seigneuries l'administration et la haute-justice même étaient entre les mains des principaux tenanciers.

« Ce sont des païsans, dit encore Bignon, en parlant
» des hommes de fiefs, qui à peine savent lire et
» écrire. Pour suppléer à leur ignorance, ils prennent
» à la vérité conseil et avis de graduez, lesquels
» disposent par conséquent des intérêts des parties.
» Ces graduez dressent un avis en forme de juge-

---

(1) *Mémoire sur l'Artois*, par Bignon, intendant de la Généralité d'Amiens et de l'Artois, en 1698.

» ment, les signent. Les hommes de fief déclarent
» par un acte qu'ils jugent suivant l'avis, le greffier
» expédie la sentence. » Il en était surtout ainsi
dans les châtellenies.

Ces barons et ces pairs dont nous nous faisons une si haute idée avec leur droit de haute-justice, de garenne et de pigeonnier, avaient beaucoup moins d'aisance que n'en ont aujourd'hui les propriétaires et les riches cultivateurs qui leur ont succédé dans le canton de Guînes et l'Ardrésis. Herred, le premier mari d'Adèle de Selnesse, qui fut la mère commune des barons d'Ardres, de Fienne et d'Alembon, labourait lui-même ses terres. Tout seigneur qu'il était, il n'avait qu'un hoqueton qu'il retroussait, par mesure d'économie, pour aller à la charrue. De là le surnom de *Krock-rock*, hoqueton retroussé, sous lequel il était connu. Une baronne de Hammes, Adèles de Fiennes, détestait l'odeur de la tourbe qu'on brûlait dans le château de son mari. Celui-ci ne recueillait pas d'autre combustible dans son domaine. Pour s'en procurer, il dut avoir recours au comte de Flandre, qui lui fit obtenir du comte de Guînes, Bauduin II, un petit coin de bois (1). Le testament de Bauduin III, qui est le plus ancien document écrit en langue

---

(1) Chronique d'Andre ; — Duchesne, *Maison de Guisnes*, preuves, p. 100.

française dans le comté, ressemble beaucoup au testament d'un fermier : « Je donne à mes filles
» toltes mes carettes à tot les kevaux e à tot le harnois
» e tos mes pors e totes mes vakes e totte me bestaille,
» e trestos mes bleis de mes granges e mes hauberions
» e mon autre menu harnois. » Les seigneurs d'Ardres avaient sous leur cuisine, qui était au premier, à côté de la grande salle, un endroit où l'on engraissait des porcs, des oies, des chapons et autres volailles, pour avoir toujours sous la main de quoi entretenir leur table et y faire les honneurs d'une généreuse hospitalité.

Le régime féodal et la création du comté, loin d'avoir porté atteinte à la liberté individuelle des habitants des campagnes, en avaient au contraire favorisé le développement, en rendant les affranchissements plus fréquents et plus nombreux.

Au IXe siècle, la métairie que l'abbaye de St-Bertin possédait à Guines, comprenait trois principales classes d'occupeurs : 1° les cavaliers ou hommes de cheval, *caballarii*, qui acquittaient, au profit du monastère, le service militaire dont il était tenu envers le roi à raison de ses possessions. Le manoir qu'ils habitaient était domanial, *casa dominica*, c'est-à-dire qu'ils l'occupaient à titres de maîtres et de propriétaires sans être tenus d'aucune autre redevance que le service des armes ; 2° les ingénus, *ingenui*, qui devaient, à raison de leur occupation, deux journées de travail par semaine, *II dies mundbordales*. On sait que chez les Francs, le mot *mundeburde* exprimait le patronage que le roi, l'église et les hommes puissants accordaient aux hommes libres qui leur promettaient fidélité et consentaient à se faire leurs cliens ; 3° les serfs, *servi*, qui étaient attachés à la glèbe et devaient rendre au possesseur de la métairie une partie de leurs récoltes.

Ces trois classes d'hommes nous les retrouvons au xie et au xiie siècle sous les noms latins de *milites*, *homines* et *hospites*, et au xiiie siècle sous les noms français d'*hommes féodaulx*, *tenants* et *hostes*. Peu à peu on s'habitua à ne plus voir dans ces derniers que des locataires à vie qui ne différaient des *tenants* qu'en ce qu'ils n'avaient pas comme ceux-ci la libre disposition des terres qu'ils cultivaient ; souvent même on les confondait les uns avec les autres (1).

Du reste, l'établissement de Sifrid et de ses compagnons dans la terre de Guînes ne paraît pas avoir eu le caractère d'une conquête. Les anciens

---

(1) Ainsi dans un dénombrement du seigneur de Rodelinghem, de 1545, il est dit que « tous les *hommes*, *hostes* et *subjects* de Roedelinghem,
» Frelinghem, Montgardin, Landrethun et Yeuzen sont tenus comparoir
» chacun an aux *Franches Vérités* y tenus (sur la Motte du Moulin) par
» les officiers de *Tournehem* » ; et plus loin que « tous lesquels *hommes*
» (cottiers) et *tenants* du dit de Calonne à cause de son dit fief de Roede-
» linghem sont tenus chacun an, après la St-Jean décolacé comparoir et
» venir à ses *Vérités* au lieu et cence du dit Roedelinghem. »

habitans ne furent pas dépouillés de leurs possessions. Témoin l'abbaye de Saint-Bertin qui conserva sa métairie et ne perdit que son droit de haut-justicier, en échange duquel les comtes de Guines furent assujettis à payer chaque année au monastère un droit de reconnaissance. Témoins encore les seigneurs de Selnesse, qui étaient les *vassi* ou intendants de l'abbaye. Ces seigneurs restèrent en possession de tous leurs alleux, malgré les sentiments d'hostilité qu'ils manifestèrent toujours contre les descendants de Sifrid. Les comtes de Guines travaillèrent il est vrai à amener les plus riches propriétaires à leur recommander leurs alleux et à les relever d'eux à titre de fiefs. Mais la plupart des alodiaires trouvèrent le moyen de se soustraire à cette pression en recommandant leurs terres à l'évêché de Térouanne dont ils se firent les vassaux; d'autres les relevèrent du comte de Boulogne (1).

Sifrid et ses compagnons avaient obtenu en partage les biens fiscaux qui, indépendamment des bois, comprenaient les terrains vagues et les marais encore inoccupés. Une partie de ces terrains était passée dans le domaine privé, une autre était à usage de communaux ou pâturages communs (2).

---

(1) Voir les chapitres xcviii et ci de Lambert d'Ardres, édit. de M. de Godefroy, p. 224 et 231.

(2) In GISNA habet...... de pasturà communi sufficienter. — In SCALA habet...... de pasturà communi sufficienter.
(*Cartulaire* de Folquin, édit. de M. Guérard, p. 104 et 105.)

Les documents du IXe siècle nous montrent les usages des Francs partout en vigueur dans nos contrées. Plus tard nous y retrouvons également partout, à quelques nuances près, les mêmes coutumes. Loin d'avoir une législation tout-à-fait à part et commune seulement entr'elles, les populations du littoral de la Morinie ont chacune leurs coutumes locales qu'elles semblent avoir empruntées aux populations de l'intérieur. Ainsi, au XIIe et au XIIIe siècle, Boulogne relevait sa coutume de Tournai (1) ; la vicomté de Merch et le Pays de Langle, de Bourbourg ; le comté de Guines, de St-Omer ; le Pays de Bredenarde et Ruminghem, de Bailleul.

Rien, jusqu'à présent, ne justifie l'opinion que le littoral de la Morinie aurait été peuplé par une colonie de Saxons. César et les écrivains postérieurs nous ont dépeint les Morins et les Ménapiens comme une nation barbare et inculte, vivant dans les bois et n'ayant point de villes. Saint Paulin, au IVe siècle, nous les représente comme plongés encore dans la barbarie et vivant de rapines. On connaît cet ancien distique que les auteurs du *Gallia Christiana* ont recueilli :

> Les Morins sont un peuple intraitable, indocile,
> Impatient du joug, inconstant, versatile (2).

---

(1) Godefroy, — Inventaire des chartes d'Artois.

(2) Gens fera est Morini et sunt intractabile vulgus
   Ferre jugum renuunt, mutantur et omnia mutant.

Folquin de Lobbes disait d'eux, au xe siècle, qu'ils se servaient plus d'armes que de conseils, *magis armis quàm consiliis utens* (1).

Il n'est donc pas nécessaire d'avoir recours à l'hypothèse de l'établissement d'une colonie saxonne pour expliquer le caractère des habitants du littoral de la Morinie. Dans tous les cas, si cette colonisation a eu lieu, il n'en est resté aucune trace, aucun souvenir.

Nous avons démontré ailleurs (2) que la langue qu'on parlait dans ces contrées et dans toute la Morinie était le théotisque belge. Le *Livre des Anciennes Coustumes* nous en fournit lui-même une nouvelle preuve dans les nombreux termes de droit qu'il a retenu du flamand.

Ce ne sont pas les compagnons de Sifrid qui ont apporté cette langue dans le comté de Guînes, car elle y existait avant leur arrivée (3), comme dans toutes les contrées voisines, et d'ailleurs les Normands, partout où ils se sont établis, ont adopté la langue des vaincus, comme en Neustrie, en Sicile et en Italie (4).

---

(1) Vie de St-Folquin, *Acta SS. Ordin. Benedicli Sœcul. I.*

(2) *L'ancien Idiome Audomarois*, — Saint-Omer, 1856.

(3) Tous les noms propres cités par la *Breviatio Villarum*, dans le pays de Guînes, vers 850, sont théotisques.

(4) « Le successeur de Rollon, Guillaume Ier, voulant que son fils n'i-
» gnoràt point la langue danoise, fut obligé, ainsi qu'il le dit, de l'envoyer
» à Bayeux, poste avancé où abordaient souvent de nouvelles recrues
» d'hommes du Nord. » (Villemain, *Littérature au Moyen-Age*, p. 207.)

La fondation de la collégiale d'Ardres et des abbayes d'Andre, de La Capelle et de Licques, propagèrent l'instruction dans le comté de Guines. Les chanoines d'Ardres avaient un écolâtre, *scholasticus*, qui enseignait les lettres dans la ville (1). Les comtes de Guines eux-mêmes ne dédaignaient pas l'instruction : Bauduin Ier était versé dans la connaissance des lettres, *litterarum eruditus apicibus*, et Bauduin II, qui avait formé une bibliothèque, aimait à converser avec les lettrés réunis à sa cour, dont il avait fait comme une petite académie (2).

Tel était, sous la dynastie de Sifrid, ce petit comté de Guines, dont l'histoire, comme les usages, ne manque certainement pas d'intérêt.

―――

(1) Tels furent notamment Moyse, *ejusdem villæ scholasticus* (Chronique d'Andre, 1109) et Michel de Louches, homme très-versé dans l'enseignement des lettres et autrefois maître d'école à Ardres, *litteratoriæ professionis instructissimus...... quondam Ardeæ magister*. Il fut ordonné prêtre par St-Thomas de Cantorbery, qui se confessa à lui, et nommé chapelain de LA MONTOIRE.

(2) Lambert d'Ardres, chapitre 80 et suivants.

IV.

LE COMTÉ DE GUINES DEPUIS 1350 JUSQU'EN 1789.

Le comté de Guînes ne resta pas longtemps réuni à la couronne. Par le traité de Brétigny, en 1360, Jean II le céda au roi d'Angleterre, Edouard III. Toutefois Edouard, d'après ce traité, ne devait avoir en sa possession que la partie du comté dont avait joui les derniers comtes, ce qui excluait les fiefs relevant du comté de Boulogne, et, comme on l'a vu plus haut, la châtellenie de TOURNEHEM et le château de LA MONTOIRE qui restèrent annexés au comté d'Artois (1).

Raoul de Brienne avait confirmé les chartes octroyées au comté de Guînes et au Pays de Bredenarde en 1272,

---

(1) Voir ce traité dans *Rymer* et ce que nous avons dit plus haut sur son application.

1273 et 1279. Cette confirmation est du premier mars 1334 (1).

Le roi Jean, après la réunion à la couronne, les confirma à son tour, par lettres-patentes du 4 septembre 1355.

Plus tard, en exécution du traité de Brétigny, passé le 4 octobre 1360, ce prince adressa, à la date du 3 novembre suivant, à ses *tenants* du comté de Guines, une lettre-circulaire par laquelle il les dégageait du serment d'obéissance et de fidélité, en leur enjoignant de prêter ce serment au roi Edouard III, en sa qualité de comte de Guines.

En conséquence de cet ordre, les barons, pairs et francs-hommes, ensemble les tenants et échevins d'Ardres, d'Audruicq et du Pays de Bredenarde (2), se rendirent à Calais, le 18 du même mois de novembre, pour faire leur soumission entre les mains des commissaires d'Edouard. Et ceux-ci leur délivrèrent, en échange, ce même jour, des lettres-patentes confirmatives des chartes précédentes.

---

(1) Ce renseignement et ceux qui suivent sont puisés dans l'*Extrait d'un Interdict*, que « les lieutenant général des chatellenies de Tournehem, d'Audruicq et Pays de Bredenarde, hommes de fiefs, echevins et manans des dits lieux ont servi pour parvenir à l'omolagion de leurs coustumes. » (1616.) Cet extrait a été copié par Guillaume Dewittes, à la suite de son manuscrit de Lambert d'Ardres, — Mˢ de la bibliothèque de Saint-Omer, n° 819.

(2) Ceux de Guines étaient déjà sous la domination du roi d'Angleterre, qui avait pris cette ville en 1355.

En 1369, la guerre ayant de nouveau éclaté entre la France et l'Angleterre, Robert de Fiennes, qui avait refusé de rendre son château à Edouard, envahit le comté de Guînes avec un camp volant. Il en reconquit une grande partie, notamment la ville d'Audruicq, « par accord et capitulation que les habitans demeu-
» reroient en leurs dits privilèges, libertés et bonnes
» coustumes, traictant, le dict connétable, au nom et
» pour le dict roi Jean dont il en auroit donné acte
» aux dicts d'Audruicq, en date du 2ᵉ de juin 1369.

» Par après, estant Henry, petit neveu du dict
» Edouard, couronné roy de France et en cette
» qualité retourné au dict comté de Guînes il auroit
» pareillement refraischi les dicts privilèges et bonnes
» coustumes, comme appert par deux lettres que
» renseignent les dicts d'Audruicq et Bredenarde, les
» premiers du 17 de septembre 1423 (1).

Par ces mots *retourné au comté de Guînes* il faut entendre la partie française du comté, dont la ville d'Ardres, reprise sur les Anglais en 1376, était devenue le chef-lieu. Quant à la ville de Guînes et à

---

(1) Ce passage de l'*Interdict* répond à la question posée par M. Tailliar, celle de savoir si c'est en qualité de roi de France ou de roi d'Angleterre que le jeune Henri VI a octroyé à la ville d'Ardres sa charte du 26 juin 1423. (Voir ci-après ce document sous le titre n° 304).

Les deux chartes mentionnées par l'*Interdict* étaient postérieures à celle de la ville d'Ardres, et particulières, l'une à Audruicq, l'autre au Pays de Bredenarde.

Ces titres ont été perdus ou détruits lors de la Révolution.

la partie de sa châtellenie qui n'était pas comprise dans le gouvernement d'Ardres, elles étaient restées au pouvoir de l'Angleterre.

« Or mesme suite, estant le dit comté de Guisnes
» ès mains de Philippe le Bon, duc de Bourgogne (1),
» il auroit accordé pareille confirmation ce dont les
» dits d'Audruicq exhibent lettres en date du 5ᵉ de
» décembre 1435.

» Par après ou environ ce temps, le dict Philippe
» auroit donné la dicte comté de Guines avec les
» dites appendances à Anthoine de Bourgogne son fils
» naturel, appelé le Grand Bastard de Bourgogne,
» sous lequel et ses successeurs s'est ensuivi une
» paisible jouissance des privilèges, lois et coustumes
» des dictes villes et chatellenies et pays, non seule-
» ment lorsqu'ils demeuroient incorporés et unis
» avec les autres parties du dict comté, mais aussi
» depuis que la dite ville d'Ardres et autres tenements
» ont esté distraits par faits de guerre ou autres des
» dictes terres de Tournehem et Bredenarde et que
» *tandem* les dites terres soient réunies au comté
» d'Artois absolument et séparées par le traité de
» l'an 1529. »

Voici, en quelques mots, quel fut le sort de chacune des quatre châtellenies de l'ancien comté de Guines.

---

(1) Après le traité d'Arras, Philippe avait repris, sur les Anglais, la partie française de ce comté, le Pays de Bredenarde et l'Ardrésis.

Le traité de Brétigny avait donné à l'Angleterre les trois villes de Guines, d'Ardres, d'Audruicq et leurs dépendances. Celle de Tournehem était restée, comme nous l'avons vu, au comte d'Artois.

Le connétable de France, Robert, autrement appelé Moreau de Fiennes, avait repris, en 1369, une partie du comté et notamment le Pays de Bredenarde et Audruicq. Mais il avait échoué devant Ardres. Cette ville et celle de Guines étaient restées au pouvoir d'Edouard III.

En 1376, Philippe le Hardi, duc de Bourgogne, avait été plus heureux : ayant serré de près la ville d'Ardres, après s'être rendu maître de la campagne, il força le sire de Fourmignie, qui en était gouverneur, à la lui rendre par capitulation et à se retirer avec la garnison anglaise à Calais (1).

Une trêve qui intervint laissa aux deux puissances les places dont elles étaient en possession.

Pendant cette période (1376-1423) le comté de Guines se trouva divisé en trois parties : 1° le gouvernement de Guines, qui appartenait à l'Angleterre et comprenait, avec cette ville, les villages d'ANDRE, HAMME, BOUCRE, St-TRICAT, NIELLES-LEZ-CALAIS, FRETHUN et PIHEM ; 2° les dix-neufs paroisses du gouvernement d'Ardres et le Pays de Bredenarde,

---

(1) Meyer, *anno* 1376.

appartenant au roi de France, et 3° la châtellenie de Tournehem, dont les ducs de Bourgogne étaient restés en possession.

L'avènement d'Henri VI au trône (1422) réunit momentanément le gouvernement d'Ardres et du Pays de Bredenarde à celui de Guines. Mais le traité d'Arras (1435) opéra une nouvelle séparation en attribuant le comté de Guines à Philippe le Bon. Ce prince, déjà possesseur de la châtellenie de Tournehem, réunit en sa main, avec cette châtellenie, le gouvernement d'Ardres et le Pays de Bredenarde, c'est-à-dire la partie du comté de Guines à laquelle ce titre était resté. L'année suivante, 1436, Antoine de Croy, qui était alors à son service, essaya de lui reconquérir la ville de Guines. Il assiégea cette place sans pouvoir la prendre. Il y retourna le 23 mars 1437 avec Jean d'Estampes, à la tête de cinq mille hommes, détruisit le château de Sangate, rompit le long pont, établi sur l'étang du fort Nieulay, et la grande digue, afin d'inonder le pays et de prendre Calais, mais ses efforts furent encore infructueux (1).

C'est vers 1445 que Philippe-le-Bon donna viagèrement à Antoine, surnommé le Grand-Bâtard de Bourgogne, son fils naturel, le comté de Guines, et lui engagea le domaine de la châtellenie de Tournehem (2).

(1) Dewittes. — M^{ss} 819 de la bibliothèque de St-Omer.

(2) Le titre de comte de Guines ne passa pas aux héritiers du Grand-Bâtard. Et quand à la châtellenie de Tournehem, il résulte d'un acte de

Lors de la *Ligue du Bien-Public*, Louis XI essaya d'enlever le comté de Guînes à la maison de Bourgogne. « Monstrelet dit qu'en l'an 1463 le roy fit
» crier à son de trompe dans Paris qu'il avoit donné
» au sieur de Croy le comté de Guînes et, paravant,
» l'avoit fait son maistre d'hostel. Et le roy l'honoroit
» ainsi pour ce qu'il lui avoit dressé le moyen de
» racheter du duc de Bourgogne les terres et bonnes
» villes.

» Du depuis par le traité de Conflans entre
» Charles le Hardy duc de Bourgogne, lors comte
» de Charolois est dit : que la comté de Guînes
» demeureroit au dit Charolois pour en joïr lui ses
» hoirs et successeurs quelconques et en heritage
» perpétuel, avec ses appartenances et ses appen-
» dances en tous droict, profits et emoluments tant
» de domaines, aydes, tailles, comme pareillement des
» autres et quant au droict que le sire de Croy et
» autres pourroient avoir et prétendre en la dite
» comté, nous serons tenus de récompencer et d'icelle
» comté tenir nostre frère et cousin, ses dits hoirs
» quittes et paisibles envers le dit de Croy et
» autres (1). »

donation fait par ce seigneur à la chapelle collégiale par lui fondée en 1502, que cette châtellenie lui avait été vendue par Philippe-le-Bon, à rachat perpétuel. Cet acte est de 1504. Il en existe une expédition authentique dans les archives de l'église de Tournehem.

(1) Mˢ de Guillaume de Wittes, déjà cité, et Monstrelet. — Le traité de Conflans fut passé le 5 octobre 1465, et enregistré au Parlement le 11 du même mois.

Le Grand-Bâtard de Bourgogne habita, dans les dernières années de sa vie, son château de Tournehem (1). Il fit ajouter à l'église paroissiale de cette petite ville une chapelle qu'il érigea en collégiale, avec six chapelains ou chanoines pour la desservir (2). C'est là qu'il fut inhumé, en 1504 (3). Il fit en outre reconstruire l'église paroissiale d'Ardres en 1494 (4), et il fonda une chapelle en l'honneur de Sainte-Barbe dans l'église de Sainte-Aldegonde à Saint-Omer (5).

Antoine de Bourgogne fut le dernier comte de Guines en titre. Le traité de 1529, qui donna à Charles-Quint la souveraineté de l'Artois, laissa le

---

(1) Registre aux recettes de la châtellenie de Tournehem, 1578, archives de cette commune.

(2) Archives de l'église de Tournehem.

(3) Anselme. — Deneuville. — Promptuaire de Balin. — Archives de l'église de Tournehem.

(4) Deneuville, histoire manuscrite de St-Omer, p. 557. — L'ancienne église avait été détruite, en 1492, par Henri VII. Lorsqu'on a fait enlever il y a quelques années, le badigeonnage qui recouvrait les murs intérieurs de l'église d'Ardres, ces travaux ont mis à découvert une pierre sur laquelle sont gravées les armes du Grand-Bâtard, avec une inscription indiquant que cette tour a été construite par ses soins, en 1494. Cette pierre se trouve sur le premier pilier de la tour du côté de la porte latérale de l'église.

(5) Deneuville, *ibidem*.

gouvernement d'Ardres en dehors des limites de ce comté, en y comprenant Audruicq, le Pays de Bredenarde et Tournehem.

Jusques-là le ressort de ces dernières juridictions, sous le rapport de l'appel, était resté incertain et avait varié au gré des évènements. Un procès avait été engagé à ce sujet, entre les officiers du bailliage de St-Omer et le successeur du Grand-Bâtard, Adolphe de Bourgogne, en sa qualité de seigneur de Tournehem. Commencé en 1521, pardevant le Parlement de Paris, ce procès, après 1529, fut dévolu à la Grande-Cour de Malines, qui décida, par un arrêt, en 1531, qu'à l'avenir les appels de la châtellenie de Tournehem seraient portés à la cour du bailliage de Saint-Omer. Cette décision fut étendue à Audruicq et au Pays de Bredenarde (1).

Le bailliage souverain d'Ardres continua à relever de la prévôté de Montreuil.

La ville de Guines reprise sur les Anglais en 1558, en même temps que Calais, fut démantelée. Le siège du bailliage fut maintenu à Ardres jusqu'à la Révolution. Les villages du ressort de Guines firent partie de celui de Calais. La réunion définitive de l'Artois à la couronne, par la prise de Saint-Omer en 1677, ne

---

(1) Archives de Tournehem. — *Ordonnances royaux* du bailliage de Saint-Omer.

changea rien à cet état de choses. Depuis le traité de 1529, le comté de Guines avait cessé d'exister ; il ne fut plus officiellement désigné que sous le nom de *Gouvernement d'Ardres*. Ses villes et ses forteresses furent toutes détruites pendant les guerres du XVIe et du XVIIe siècle (1). La ville d'Ardres seule conserva et augmenta même ses fortifications, qu'elle travaille aujourd'hui à démolir et dont il ne restera bientôt plus de trace.

Nous ne pensons pas que les habitans de l'ancien comté de Guînes aient rien à regretter aux franchises et aux libertés dont jouissaient leurs ancêtres, et que le gouvernement des rois de France avait trouvé le

---

(1) La ville et le château de Tournehem, détruits en 1542 avec le château de La Montoire, furent presqu'entièrement rasés en 1595. Il ne reste plus aujourd'hui des anciennes fortifications que la porte d'entrée du château et une rue qui remplace les anciens fossés de ville. — Guines, n'a retenu des siennes que la motte du château. — Audruicq conserve encore la trace de ses anciens fossés de ville. Son château, reconstruit au siècle dernier pour servir d'habitation au bailli, est encore entouré de fossés. Il est aujourd'hui la propriété de M. De Keiser, vice-président du tribunal de Saint-Omer. — C'est à peine si l'on peut encore montrer la place des châteaux de Montgardin, de Rorickhove, de Sangatte, de Colwide et de Bonham. Le château de La Montoire, exhumé de ses décombres par les soins de Mme de Gomer, est la seule de ces anciennes forteresses du comté de Guînes qui montre encore d'intéressantes ruines. — Les châteaux des anciens barons, ceux des seigneurs de Hammes, d'Audréhem, d'Alembon, du Vrolant, de Seltun, de Crezecque, de Balinghem, de Stiembecque, de Fiennes, d'Hermelinghem, etc., etc., ont entièrement ou presqu'entièrement disparu. C'est à peine si l'on peut indiquer les lieux où ils se sont élevés.

moyen, surtout au siècle dernier, de leur rendre si onéreuses (1).

A. COURTOIS.

---

(1) C'est sur cette malheureuse population, qui comptait à peine vingt mille âmes, qu'on a fait retomber presque toute la dépense de la construction de la digue de Sangate, du pont à Quatre-Branches et des routes royales. Les choses en étaient venues à un tel point que, dans un mémoire imprimé et adressé aux Etats d'Artois, en 1754, les habitants du Pays de Bredenarde représentaient que si la province ne venait pas à leur secours et laissait retomber à leur charge le lourd fardeau qui les écrasait, ils se verraient dans la nécessité d'abandonner le pays et d'aller chercher un asile sur la terre étrangère.

LE LIVRE DES USAIGES

ET

ANCIENNES COUSTUMES

DE LA CONTÉ DE GUYSNES.

PREMIÈRE PARTIE.

DROIT FÉODAL ET MUNICIPAL. — BANS ET STATUTS (*).

OBSERVATIONS GÉNÉRALES SUR CETTE PREMIÈRE PARTIE.

I. DROIT FÉODAL.

1 Presque tout ce qui concerne le droit féodal dans ce recueil est compris sous la première rubrique intitulée : « *Comment les XIII Barons de la Conté de Guysnes estoient assemblez chacun an. — De la court des francs hommes, de ses officiers, des plaidz et jugements d'icelle.* »

D'après les trente-six titres qu'embrasse cette rubrique, complétés par les titres 360 et 361, on voit

---

(*) Cette première partie comprend les rubriques I à XXVII.

que sous l'ancien régime des fiefs, il existait au comté de Guines quatre sortes de cours féodales :

 La cour supérieure des barons ;
 La cour des pairs de Guines ;
 La cour de la chatellenie ;
 Les cours particulières des barons :

§ I. *Cour supérieure des barons.*

² Cette cour était investie d'un double pouvoir : du pouvoir législatif ou réglementaire, du pouvoir judiciaire.

Par l'effet de son pouvoir réglementaire, elle portait des statuts ou ordonnances obligatoires pour tout le comté de Guines. Ce qui n'empêchait pas les autorités échevinales de faire des réglements particuliers pour les localités (*).

Par l'effet de son pouvoir judiciaire, elle prononçait sur les procès qui intéressaient les barons, et statuait

---

(*) La cour féodale de Cassel était investie d'un droit semblable, pour l'exercice duquel se sont élevés des débats vidés par deux arrêts du Parlement de Flandre, des 16 février 1769 et 22 mars 1774. Il a été jugé que la cour féodale avait le droit de faire des réglements généraux pour tout son ressort et que la faculté de faire des réglements locaux appartenait aux bailli et échevins de chaque seigneur dans toute l'étendue de sa seigneurie. (V. Guyot, *Répertoire de Jurisprudence*, au mot *eschevin*, § 2, t. VI, p. 607-608) Quelque chose d'analogue existe dans notre organisation administrative actuelle. Le préfet peut faire des réglements généraux pour son département, mais sans préjudice aux réglements municipaux que peuvent porter les autorités locales.

sur les appels dirigés contre les jugements rendus par les francs-hommes (*).

Au xve siècle, cette cour féodale supérieure n'existait plus.

Elle paraît toutefois avoir été établie, avec quelques-unes de ses prérogatives, notamment avec son pouvoir réglementaire, après que le comté de Guines fut rentré, au moins en partie, sous la domination française (**).

§ II. Cour des pairs.

³ L'assemblée ou cour des barons, dont nous venons de parler, constituait la plus haute juridiction du comté de Guînes. Au-dessous d'elle se trouvait la cour des pairs du château de Guînes. Suivant une ancienne tradition, lorsqu'on appelait du jugement des francs-hommes, dont il va être question, l'appel devait être relevé, dans les quarante jours, devant les pairs (v. tit. 360). Le titre 361 mentionne quels étaient autrefois les pairs de Guines. Ce ne sont pas tous les mêmes que ceux qu'indique Duchesne, tome I, p. 1, de son *Histoire de la Maison de Guînes*. Ces variations peuvent s'expliquer par les changements qu'ont dû éprouver les familles.

(*) Voir sur les appels, tit. 213, 271, 360, 361.

(**) Voyez Coutumes générales de la comté de Guisnes de 1567, art. 5, *Coutumier Général* de BOURDOT DE RICHEBOURG, t. I, p. 236.

§ III. *Cour de la châtellenie.*

⁴ Cette seconde juridiction féodale était tenue par le bailli et desservie par des francs-hommes, obligés de venir siéger gratuitement au plaid. Son organisation est déterminée par les titres 2-6.

Le titre 2 : « *Comment le Bailly tenoit sa court et quant francs-homme il y devoit avoir,* » fait connaître que le bailli tenait sa cour de quinzaine en quinzaine à Guines, en la présence des francs-hommes, et que cinq francs-hommes étaient toujours nécessaires soit pour prononcer des jugements, soit pour constater *werps* ou traditions d'héritages et des transports.

Les titres 3, 4 et 5, indiquent quels étaient les officiers de la cour. Il devait y avoir près d'elle quatre sergents à cheval, pour faire les ajournements et commandements ; le bailli était un clerc et un procureur.

Le titre 6, *l'ordonnance de la franche-vérité*, rappelle qu'une fois l'an se tenait une franche-vérité par le bailli et les francs-hommes. Elle était annoncée trois dimanches d'avant dans toutes les églises de la châtellenie, on y signalait tous les délits et méfaits commis dans l'année précédente (*).

Le titre 10, *l'ordinaire des francs-hommes par quatre articles,* indique quels étaient les devoirs des

---

(*) Les titres 7, 8 et 9, concernent les cours des barons dont nous parlerons tout-à-l'heure.

francs-hommes tenus de venir siéger à ces sortes d'assises.

⁵ Plusieurs titres de cette première partie déterminent les salaires des officiers de justice. Ceux du bailli, titre 11 ; du clerc, titre 12 ; des advocats, titre 14 ; des sergents, tit. 25-26.

⁶ Le titre 19, règle de quelle manière doit avoir lieu la *pugnicion de ung malfaiteur souppeçonné avoir fait aucun méfait ou délit*. Une information était ouverte contre lui, et si, après sommation, il ne venait *ès-prison du Seigneur*, il était banni.

⁷ Les titres 27 à 33 concernent le cheppier ou geolier gardien de la prison de la cour. Ils ont pour rubrique : *Le droit du cheppier ;* — *Le cheppage ;* — *Le repast du prisonnier ;* — *Se le prisonnier est à sa propre table ;* — *La charge du cheppier en cause de debte ;* — *La charge dudit cheppier en cas de crime ;* — *Le prisonnier jugé à mourir.*

⁸ Les francs-hommes obligés de siéger à la cour ne recevaient en général aucune indemnité. Cependant la loi leur en allouait une dans quelques cas exceptionnels ; ainsi : même dans le cas où un prisonnier était acquitté, s'ils avaient travaillé hors du plaid, ils avaient leur salaire et journée (tit. 45) ; ainsi encore le franc-homme touchait une indemnité, s'il était commissaire à un procès, s'il allait à St-Omer pour avoir conseil, s'il besognait hors les jours de plaid, ou pour le seigneur hors de la terre (tit. 10, 34, 36).

§ IV. *Cour des barons.*

⁹ Les barons de la terre de Guînes, vassaux immédiats du comte, jouissaient de plusieurs privilèges :

1° Ils pouvaient tenir une cour féodale particulière, desservie par leurs hommes de fief (tit. 7);

2° Lorsqu'un de leurs sujets ou sous-manants était ajourné à la cour de la châtellenie, ils étaient en droit de demander son renvoi devant leur propre cour (tit. 8);

3° Ils tenaient aussi après août leurs franches-vérités (tit. 9).

¹⁰ Dans ces diverses cours féodales, on appliquait les principes ordinaires du droit commun des fiefs. Quelques-uns de ces principes sont rappelés soit dans les coutumes des villes et châtellenies d'Audruicq et de Tournehem, jadis démembrées du comté de Guînes, soit dans les coutumes des bailliages et châtellenies d'alentour (*).

(*) V. notamment la coutume de la cour féodale du bourg de Furne (Bourdot de Richebourg, t. I, p. 693.)

II. DROIT MUNICIPAL.-ÉCHEVINAGES DE LA VILLE

ET DE LA BANLIEUE.

11 A partir du titre 37, on entre dans un autre ordre d'idées. L'auteur du recueil s'est occupé jusqu'ici du régime des fiefs, des barons, de leurs assemblées, de leurs privilèges ; des diverses cours féodales, de leurs attributions, de leurs officiers. Il quitte maintenant le monde féodal, pour arriver à la société plébéïenne, et passe aux échevinages et aux bourgeoisies.

On distingue dans le comté de Guînes, tel qu'il est réduit au XVe siècle, deux échevinages : à l'intérieur de Guînes, l'échevinage de la ville, avec son bailli spécial, ses quatorze échevins et sa cour ; à l'extérieur, pour la banlieue ou canton rural, un autre échevinage distinct, qu'on nomme échevinage du comté, dont la juridiction s'appelle la vierscare ou cour des quatre-bancs, et qui a également son bailli à part, ses quatorze échevins et ses officiers.

On aperçoit de même deux corps de bourgeoisie ; dans Guînes, les bourgeois de la ville avec leurs immunités et leurs franchises ; au-dehors les bourgeois du comté, protégés par leur *vierscare* et par leurs privilèges.

L'auteur s'applique d'abord tout naturellement à l'échevinage et à la bourgeoisie de la ville, qui tiennent une place beaucoup plus large, et pour lesquels il pourrait bien avoir rédigé son livre.

§ I. *Echevinage et bourgeoisie de la ville.*

¹² Des différentes matières contenues dans ce recueil, celle-ci est traitée avec le plus de développement. Grâce aux documents recueillis par l'auteur, nous voyons dans l'échevinage :

1° Son organisation, ses échevins, ses officiers, sa bourgeoisie ;

2° Sous l'autorité des échevins, les coratiers ou surveillants des diverses professions et métiers ;

3° Les lois et réglements observés par la cour échevinale.

A. *Organisation de l'échevinage.*

¹³ L'attention de l'auteur se porte d'abord sur le magistrat de la ville (*).

(*) On sait que dans le nord de la France, ce mot est un terme collectif qui désigne l'ensemble des autorités échevinales.

Il s'occupe en première ligne de l'élection des échevins.

Dans nos contrées du Nord, les échevins, quoique toujours pris parmi les bourgeois, étaient nommés de différentes manières. On distinguait quatre principaux modes d'élection, savoir :

1° Ou les échevins étaient désignés par le délégué du prince ou seigneur dominant, soit à son plein gré, soit avec certaines conditions ou restrictions, comme à Cambrai, à Valenciennes, à Lille ;

2° Ou ils étaient élus par les bourgeois, comme à Bapaume ;

3° Ou ils étaient choisis par des électeurs en petit nombre qui, à leur tour, nommaient les nouveaux échevins, comme à Arras, à Douai, etc.;

4° Ou encore la moitié des échevins formant une première série, renouvelait annuellement l'autre moitié, dont les membres se nommaient les échevins du second ban. On distinguait ainsi les vieux et les nouveaux échevins.

Ce mode d'élection était en usage dans les deux échevinages de Guînes, dans celui de la ville et dans celui de la *vierscare* ou du comté.

Au titre 37, l'auteur parle des échevins de la ville qui, *une foiz l'an, à la feste de la Chandeleur* (2 février) *se renouvelloient par moitié. Les ungs se disoient vieulx et les autres nouvaulx.* Ceux-ci étaient nommés, par les vieux échevins, parmi les plus notables gens de la ville.

Dans les troits titres suivants, il est successivement question du serment des échevins de la ville, — leurs plaids, — de leurs varlets et de leurs sergents ou *aman* (tit. 38-40).

B. *Bourgeoisie.*

14 Après avoir ainsi retracé l'organisation de l'échevinage urbain, l'auteur arrive à la bourgeoisie ; il passe de l'administration aux administrés.

Le titre 41, *des bourgoys et de leur serement*, rappelle quand et comment le bourgeois nouvellement admis doit prêter serment, et quel aide il doit désormais attendre des autres bourgeois, en cas d'insulte ou de violence.

Par l'un des derniers paragraphes de ce titre 41, on voit que le bourgeois assailli par un étranger peut crier sur celui-ci : *bourgeois* ou *porters*, et que chaque bourgeois est tenu de lui prêter assistance (*).

(*) Le mot flamand *porter* ou *poorter* est synonyme de bourgeois. Raepsaet pense que ce nom de porters a été donné aux bourgeois parce qu'ils habitaient des villes murées, closes de *portes* (*Analyse des droits des Belges*, liv. VII, n° 446. t. V, p. 380 de ses œuvres).

Sur l'état et la condition des *poorters* ou bourgeois dans les villes flamandes, voyez coutume d'Ypres, rubrique 6, et sur le mot poorter, considéré comme synonyme de bourgeois, WARNKOENIG, *Flandrische Staats-und Rechts geschichte*, erster Band, s. 351.

15 Les derniers titres de cette deuxième rubrique fixent les salaires du bailli et des échevins, et leur part proportionnelle dans les amendes prononcées en divers cas, notamment contre ceux qui troublent les plaids.

§ II. *Coratiers ou surveillants des professions et métiers.*

16 Après l'organisation du magistrat et celle de la bourgeoisie, le second objet qui nous frappe dans l'échevinage de la ville de Guines, ce sont les coratiers ou hommes de la Keure (*coratores*), chargés, sous l'autorité des échevins, de surveiller les professions et métiers.

Dans quelques localités on entendait par Keure (*Chora* ou *Cora*) la charte ou statut général d'après lequel le juge prononçait. On entendait aussi par là l'assemblée des magistrats auxquels son application était confiée. Mais à Guines la plénitude du droit de justice appartient aux échevins (v. tit.   ). Les hommes de la Keure, nommés coratiers ou coratores, ne sont que de simples surveillants préposés à l'inspection des professions et métiers.

« Ils estoient, dit notre auteur, renouvellez chacun
» an par les bailly et eschevins. . . . . . »

On voit qu'ici, comme dans presque toutes les villes du nord de la Gaule, constituées, sous ce rapport, à l'imitation des cités romaines, les corporations désignées en flamand sous le nom de *Ghilde* sont placées dans la dépendance et sous les ordres des autorités municipales. Ce rang secondaire qu'elles occupent à Guines comme ailleurs, est une preuve de plus que c'est la commune qui a produit ces associations, dont elle est la mère et la tutrice et que ce ne sont point elles qui par leur réunion ont formé la grande association communale. Sans nier d'une manière absolue que la réunion de plusieurs ghildes ou petites corporations industrielles justa-posées, ait pu en certains endroits former une commune, nous ne pouvons, en général, reconnaitre la ghilde comme la base de l'institution communale et admettre dans toute leur extension les doctrines émises à cet égard par quelques écrivains éminents, pour la science desquels nous professons d'ailleurs un profond respect (*).

Nous croyons que presque partout l'organisation municipale et communale a devancé et dominé celle des corps de métiers (**).

(*) V. RAEPSAET, analyse des droits des Belges, liv. VII, chap. 2, n°s 481 et suiv. — M. AUGUSTIN TIERRY, *Considérations sur l'Histoire de France*, ch. V. — M. BOUTHORS, *Coutume du baillage d'Amiens*.

(**) « Il est une observation, dit Meyer, dont on paraît ne pas avoir
» assez senti les conséquences, que partout l'incorporation des communes
» a précédé celle des corps et métiers. . . . . , Vainement appuierait-on
» l'opinion contraire des *Statuta-Ghids* de Berwick, publiés par Houard,
» coutumes anglo-normandes, t. 1, p. 464, d'après lesquels la commune
» s'est composée des *Ghilds* ou corps de métiers. Ces statuts qui, d'ail-
» leurs, ne sont que de l'an 1283 ou 1284, ne prouvent que l'opposition

¹⁷ Lorsque la bourgeoisie dégénérée ou affaiblie par les révolutions et les guerres continuelles, perd de son influence et de sa force, les corps de métiers, de jour en jour plus populeux et plus riches, acquièrent progressivement de l'ascendant. Ils ont même, dans quelques grandes villes, joué un rôle considérable. A Guînes, ville déchue de son ancienne splendeur, les corporations ou coraleries paraissent avoir jadis été plus nombreuses que dans les derniers temps. A la vérité notre auteur en signale vingt-six, sans compter les paragraphes qu'il laisse en blanc. Mais il n'y en a que huit dont il a recueilli les bans et réglements.

§ III. *Bans, statuts et autres actes observés en l'échevinage de la ville de Guines.*

¹⁸ Le troisième point sur lequel l'auteur s'arrête longuement, depuis la rubrique III jusqu'à la rubrique XIX, ce sont les bans, réglements, statuts et chartes en vigueur dans l'échevinage de la ville de Guines.

Parmi tous ces actes, réputés obligatoires, nous distinguons :

D'abord les réglements auxquels sont soumis les corps de métiers, c'est-à-dire ceux des boulangers, des taverniers et marchands de vin; des bouchers,

---

» qui existait dès-lors entre la commune et les corps de métiers, dont on
» ne voulait point tolérer l'existence dans l'enceinte des murs. » (V.
MEYER, *Institutions Judiciaires*, t. III, p. 43-44 ; et notre *Recueil d'actes en langue romane*, introduction, nᵒˢ 110 et suiv.)

des poissonniers et des corroyeurs ; des marchands et mesureurs de blé ; des potiers de terre et des drapiers (v. rubriq. III).

Puis se déroule, sous la rubrique IV, depuis le titre 58 jusqu'au titre 77, des bans ou statuts de police urbaine, au nombre de 79 ; ils ont trait à toute espèce de sujets.

A ces divers statuts succède, sous la rubrique V, un ban considérable intitulé le *ban d'Aoust* et porté par l'assemblée des barons, en 1344. On se rappelle, ainsi que nous l'avons dit plus haut, que les bans de ce genre, adoptés dans la réunion générale des barons de toute la terre de Guines, étaient exécutoires dans tout le comté. Ce *ban d'Aoust* s'étend du titre 78e au 128e. Il comprend par conséquent 51 titres.

La VIe rubrique (du titre 129 au titre 159) se compose d'autres réglements ou statuts, émanés de l'assemblée des barons ; ce sont encore des ordonnances portées, comme l'indique le préambule, *pour le prouffit commun*, et qui sont relatives à différentes matières.

La VIIe rubrique intitulée : *les articles de la feste de Guysnes*, commence ainsi : « Ce sont les commandements de la feste de Guysnes commandez par le bailly et francs hommes illec. » Elle comprend 26 titres, ayant tous pour objet le bon ordre et la police de la franche-fête.

La rubrique VIIIe comprend le *travers de Guysnes*

c'est-à-dire, le tarif des droits à payer pour les marchandises qui traversent le comté. « Ce sont, (porte en tête ce tarif), les droictures du travers de la contée de Guisnes lequel travers est tout entièrement au seigneur. »

[19] Ainsi qu'on peut le voir dans le recueil lui-même, les autres rubriques, depuis la IXe jusqu'à la XIXe, concernent divers objets. Les unes, comme la IXe et la XVe, comprennent du droit pénal ; — d'autres, telles que la XIIIe intitulée : *loi des bastars*, la XIVe pour les tuteurs des orphelins, la XVIIIe sur la distinction et le partage des biens dans une succession, se rattachent au droit civil ; — la XVII, sur la taxe des dépens, et la XIXe, (*Comment on doit appeler*), ont trait à la procédure. Les Xe, XIe et XIIe, qui règlent la maletôte de Guines, les droits de navigation et d'autres perceptions ou amendes, ont un caractère fiscal.

§ IV. Echevinage et bourgeoisie de la banlieue ; — la vierscare.

[20] Outre les deux espèces de cours féodales, celle de la châtellenie tenue par les francs-hommes, et les cours des barons desservies par les hommes de fief, nous avons vu qu'au XVe siècle, deux cours ou institutions échevinales étaient encore debout ; c'étaient :

D'une part, la cour de l'échevinage de la ville de Guines, dont il vient d'être question ;

D'autre part, la cour de l'échevinage du plat pays, nommée aussi la *vierscare* (*).

Cette seconde institution, dont nous avons maintenant à parler, fait l'objet de deux rubriques, la xx^d et la xxie.

La xxe a pour titre : *Coustumes de l'échevinage de la comté de Guysnes.* Elle détermine la constitution de l'échevinage rural et de la bourgeoisie.

La xxie intitulée : *l'ordonnance de la vierscare*, concerne la juridiction de cette cour et la procédure à suivre devant elle.

A la différence des échevinages ruraux ordinaires, placés dans un rang subalterne, avec une justice restreinte, et complètement dépendants du seigneur, l'échevinage du comté de Guînes se distingue par ses prérogatives qui l'assimilent à un échevinage urbain, ayant comme lui sa haute, moyenne et basse justice. (Voy. titre 216.)

Tous deux enfants également chéris du comte de Guînes, les deux établissements, mis sur le même pied, ont la même organisation, possèdent des cours échevinales avec droit de haute-justice et des bourgeoisies pareillement privilégiées.

Ainsi, dans la ville de Guînes, nous avons remarqué

(*) De deux mots flamands ou tudesques, *vier*, quatre, et *scare*, bans, c'est-à-dire juridiction des *quatre-bans* (v. rubriques xx et xxi).

une cour échevinale, quatorze échevins qui se renouvellent par moitié tous les ans, un clerc ou greffier, des avocats jurés, un varlet ou sergent, un aman ou huissier.

Il en est de même dans la banlieue, où il existe aussi une juridiction échevinale nommée la vierscare, quatorze échevins, sept vieux de l'année précédente et sept nouveaux de l'année actuelle. Un clerc spécial, des avocats assermentés, un sergent et un aman. (V. titres 231-235.)

21 Dans la ville de Guines, il y avait des bourgeois privilégiés, jouissant de plusieurs immunités, dont la liberté individuelle était garantie, et qui ne pouvaient être ni arbitrairement arrêtés, ni distraits de leurs juges naturels.

Dans la banlieue, les mêmes droits sont assurés aux bourgeois ruraux. Ces derniers, sous ce rapport, n'ont rien à envier à ceux de la ville. La loi multiplie les mesures et les précautions pour prévenir toutes arrestations abusives, pour empêcher les bourgeois ruraux de tomber sous la main du souverain bailli et de ses sergents (tit. 217 et suiv.) (*).

(*) Le seul droit que la loi consacre formellement ici en faveur du souverain bailli et du bailli de l'échevinage est de tenir un *brelan* ou tables de jeux de cartes; le premier peut mettre le brelan au marché le jour de la franche-fête ; le second peut l'établir le lendemain (v. tit. 218-219).

La loi de l'échevinage rural, de même que la loi de la ville, indique quelles personnes peuvent se prévaloir du droit de bourgeoisie, dans quel cas un bourgeois doit aider l'autre, comment il peut être provisoirement détenu, en cas de crime ou de délit.

III. ACTES ET DOCUMENTS DIVERS.

²² Les rubriques xxii à xxvi, embrassant également divers monuments écrits ou traditionnels de législation forment, en quelques sorte, le complément de la première partie.

§ I. *Assises et autres droits.*

La rubrique xxii intitulée : *Assises selon la coustume d'Ardres et autres droiz,* comprend dix titres et traite successivement : 1° des assises ou impositions affectées aux réparations de la ville (tit. 273); 2° des droitures et autres perceptions recueillies par les échevins, en divers cas (tit. 274-281); 3° du droit du seigneur sur le vin ou la cervoise vendue.

§ II. *Complément du ban d'août.*

²³ La rubrique xxiii a pour titre : *Encores les articles du ban d'aoust.* Nous avons mentionné ci-dessus (rubrique v, tit. 78-128) un ban considérable porté en 1344 par les barons de la comté de Guisnes. Voici un complément ajouté plus tard à ce ban. A la différence du ban d'aoust de 1344 qui présente de nombreuses dispositions concernant l'agri-

culture et la police rurale, cette partie complémentaire ne contient presqu'exclusivement que des mesures de police intérieure.

§ III. *Des arrestations.*

24 La rubrique XXIV portant : *Des arrestations pour quelles causes et en quelz endroicts*, a pour but de remédier à un des abus les plus criants de l'époque. Les arrestations arbitraires, les détentions illicites et violentes, étaient une des plus grandes plaies de la société du moyen-âge. Il a fallu à nos pères de longs et laborieux efforts pour obtenir que leur liberté individuelle fut garantie. Les dispositions contenues dans cette XXIVe rubrique révèlent une tendance prononcée à un meilleur ordre de choses.

§ IV. *Octroi d'assises pour la ville.*

25 Rubrique XXV : *Octroi d'assises par Henry VI roi de France et d'Angleterre* (1423). Cette XXVe rubrique qui rappelle l'invasion de la France par les Anglais et nous reporte à une des plus tristes époques de notre histoire, se borne au seul titre 304. On y lit une ordonnance portée par le gouvernement du jeune Henri VI, roi de France et d'Angleterre, en 1423. Elle a pour titre : « Les assises de la ville d'Ardres qui doyvent apartenir en tel cas à la ville de Guÿsnes par la grâce du Seigneur. » Sur les représentations des bourgeois d'Ardres qui se trouvaient dans la nécessité de créer de nouveaux impôts pour subvenir

aux charges de tout genre dont leur ville était accablée, ce prince leur permet de percevoir des droits sur diverses marchandises qui y sont énumérées. Portée d'abord pour la ville d'Ardres, cette ordonnance fut ensuite déclarée applicable à la ville de Guines.

§ V. *Franchises et libertés.*

²⁶ Rubrique XXVI : *Franchises et libertés octroyées par le comte de Guysnes.* Dans cette XXVI⁰ rubrique, restreinte au seul titre 305, l'auteur de notre recueil transcrit la charte d'immunités et de privilèges octroyées, en 1273, par Ernoul III, comte de Guines, à ses hommes et barons, en récompense des subsides qu'ils lui avaient alloués. Nous en avons parlé plus haut.

§ VI. *Documents résultant de la notoriété ou de l'usage.*

²⁷ L'auteur de ce livre en parcourant sa route a plus d'une fois emprunté à la tradition, à la coutume, à la notoriété publique les dispositions et les renseignements qu'il a recueillis. Sous la rubrique XXVII, intitulée : *Choses nottòires duement reconqneues,* il complète ou justifie, d'après le droit commun, quelques points plus ou moins importants.

Les titres 310 et 311 qui terminent cette première

partie, sont remarquables en ce qu'ils consacrent le droit de légitime défense du bourgeois, tant pour lui-même que pour sa famille.

TAILLIARD.

ENSUIT LE LIVRE DES USAIGES

ET

ANCIENNES COUSTUMES

DE LA CONTÉ DE GUYSNES.

ENSUIT

LE LIVRE DES USAIGES

ET

ANCIENNES COUSTUMES

DE LA CONTÉ DE GUYSNES

POUR LE GOUVERNEMENT DE LA JUSTICE ET PAYS

D'ICELLE CONTÉ.

ENSUIT

LE LIVRE DES USAIGES

ET ANCIENNES COUSTUMES

DE

LA CONTÉ DE GUYSNES

POUR LE GOUVERNEMENT DE LA JUSTICE ET PAYS D'ICELLE CONTÉ.

PREMIÈRE PARTIE.

I. — COMMENT LES XIII BARONS DE LA CONTÉ DE GUYSNES ESTOIENT ASSEMBLEZ CHACUN AN. — DE LA COURT DES FRANCS HOMMES, DE SES OFFICIERS, DES PLAIDZ ET JUGEMENS D'ICELLE ET DES PREVILEIGES DES BARONS.

1 — *L'ordonnance des barons et de leurs adjournements.*

Premierement il y avoit en la conté de Guysnes XIII Barons, lesquelz estoient assemblez chacun an ensemble à Guysnes par adjournement du Souverain-Bailly de la conté qui les faisoit adjourner par l'ung de ses sergens par commission dudit Bailly qui les aloit adjourner XV jours devant ledit jour à comparoir à Guysnes le jour de Saint Pierre premier jour d'aoust. Et ledit jour faisoient illec et renouveloient iceulx Barons certains estatutz et ordonnances par lesquelles le pays se reigloit et estoit gouverné tout au long de l'an et aussi ordonnoyent et taxoient les admandes telles que elles se povoient fourfaire et encourre envers le seigneur, tout au long de l'an quant il y avoit aucun qui aloit ou faisoit contre leur dicte ordonnance. Desquelz estatz, ordonnances et ban d'aoust sera ci après faicte mencion, et avoient lesdiz Seigneurs Barons celluy jour pour leurs despens, X livres parisis, lesquelles le Seigneur payoit.

2 — *Comment le Bailly tenoit sa court et quans francs-hommes il y devoit avoir.*

Item, le Bailly tenoit sa court de quinzaine en quinzaine à Guysnes en la présence des francs-hommes où les parties soubs-manans en la chastellerie venoient prendre droit et sortir jurisdicion. Et y faloit pour faire quelques jugemens werps de héritaiges, ou transportz, tousjours V francs-hommes du moins pour jugier au conjurement du Bailly.

3 — *Combien il doit avoir de sergens à cheval.*

Item, avoit le dit Souverain-Bailly quatre sergens à cheval généraux qui par la commission du dit Souverain Bailly ou son lieutenant faisoient les adjournemens et justices, ou par leurs commandemens. Et avoient les dis sergens robbe de livre du Seigneur, une fois l'an.

4 — *Le Bailly doit avoir ung clerc.*

Item, y avoit ung clerc pour servir la court de la dicte chastellerie qui avoit robbe et VI livres parisis de gaiges par an.

5 — *Le Bailly doit avoir ung procureur pour le seigneur.*

Item, y avoit procureur pour le Seigneur, qui avoit une robbe l'an et XII livres parisis de gaiges par an.

6 — *L'ordonnance de la franche-vérité.*

Item, une fois l'an se tenoit une franche vérité par le Bailly et les francs-hommes. Et le faisoit publier par toutes les églises de la dicte chastellerie par trois dimenches avant que icelle franche-vérité se tenist. C'est assavoir que tous les soubs-manans de la dicte chastellenie viengnent à la dicte franche vérité sur l'admande de III sous et est pour savoir les délis et malfaiz qui ont esté commis, faiz et perpétrez en la dicte chastellenie tout au long de l'an durant, et ont les dis Bailly et francs-hommes les jours qu'ilz oyent la dicte franque-vérité, leurs despens sur le Seigneur et non plus tout au long de l'an.

7 — *Previleige des Barons.*

Item, les dessusdicts Barons avoient en la ville de Guysnes chescun ung lieu ou estaige où ilz povoient tenir court de leur Bailly et hommes quant il leur plaisoit, et avoient assez hommes pour vestir leur court quant parties avoient afaire.

8 — *Encores des Barons.*

Item, quant il y avoit aucuns des subgetz ou soubzmananz des dis Barons qui estoient adjournez en la court de la dicte chastellerie par commission ou commandement du Souverain-Bailly ou de son lieutenant par ung des dicts sergens généraux, le dessusdict Baron ou procureur pour luy suffisanment fondé, povoit requérir en la dicte court de la chastellenie de par le dit Baron que les dis subgetz en l'état que la dicte cause estoit en icelle court de la chastellenie fust renvoyée en la dicte court du dit Seigneur Baron où les dictes parties estoient couchans et levans, laquelle cause y estoit renvoyée par le dit Bailly, c'est assavoir en la court de la dicte chastellerie.

9 — *La franche-vérité.*

Item, une fois en l'an tantost après aoust, à la voulenté du Seigneur, les dicts francs-hommes de la court de la chastellenie tiennent une franche-vérité comme dessus est dit : et est après ce que tous les Barons et autres Seigneurs justiciers ont tenu leurs véritez, affin que se aucun malfait et délict est demeuré en derrière, qui ne soit venu à congnoissance ès cours des Barons et autres justiciers, par leurs vérités qu'ilz ont par avant oyez, que iceulx malfaiz soient pugniz et viengnent à cognoissance par icelle derrenière vérité. Et aura le dict Seigneur les admandes se aucuns sont attains par la dicte vérité.

10 — *L'ordinaire des francs-hommes par quatre articles.*

§ 1ᵉʳ Item, sont les dicts francs-hommes tenuz de venir aux plaiz du Seigneur toutes foiz qu'ilz en sont suffisanment adjournez sur l'admende de LX sous, ou desservant de leurs fiefz pour eulx suffisanment fondez et ayans lectres de desservant.

§ 2ᵉ Item, n'ont aucun prouffit les dicts francs-hommes, tout au long de l'an, pour servir les plaiz que leurs fiefz pour ce que ilz tiennent du Seigneur.

§ 3ᵉ Item, se il convenoit, hors jours de plaiz, assembler la court pour faire aucunes ventes d'éritaiges, lesquelles ventes il faulsist passer par devant le Baillif et hommes, les dis francs-hommes assemblés jusques au nombre de V, qui est plaine court, iceulx francs-hommes avoyent chacun pour leur droit II sols parisis, et chacun II s. pour son scel qui seroit mis aus dictes lettres, et le Bailly IIII sols pour son scel mis en dictes lectres.

§ 4ᵉ Item, pareillement se hors jour de court, les dis francs-hommes aloyent avec aucun sergent pour asseoir la main à aucuns tenemens, par commandement du Bailly, iceulx francs-hommes auroient II sols parisis.

11—*La fée et salaire du Bailly.*

Item, le Souverain-Bailly de la conté avoit ses gaiges ordinaires et les droiz de son scel et draps de livrée du Seigneur une foiz l'an, et n'a aucuns droiz sur admendes selon ce que ses lectres estoyent de l'ung plus de l'autre moins, et avoit de sceller une letre d'éritaige, IIII sols du scel: De sceller une procuration, II sols parisis : De sceller une sentence d'ung procès pour cas de crime, V sols : Pour sceller une sentence d'ung prisonnier purgié pour cas de crime, X sols parisis.

12—*Le fée et salaire du clerc.*

§ 1ᵉʳ Item, avoit le clerc et doit avoir pour ses escriptures de chescune commission XII deniers parisis; de escripre une relacion XII deniers; de escripre une procuracion II sols; de escripre actes de journées finées en ung procès, de chascun XII deniers.

§ 2ᵉ Item, doit avoir de chascune des dictes parties qui se présentent au premier jour du procès, de chascune des parties, XII deniers de présentacion quant il le enregistre au registre de la court; et ne doit avoir plus des dictes parties à toutes les journées ensuyvans qui se présentent ou dit procès que la dicte première présentacion. Mais se les dictes parties veullent avoir aucunes actes, ilz doivent payer de chascuns actes, XII deniers. Item doit avoir le dit clerc pour escripre une sentence d'ung procès jugié en la dicte court, V sols. Item, pour l'escripture d'une sentence d'ung prisonnier purgié de cas de cryme, XXIIII sols. Se aucun reçoit commandement du Bailly de payer à partie aucune somme d'argent à certain jour, le clerc aura XII deniers pour enregistrer le comandement. Et se partie en veult avoir acte, le clerc aura XII deniers pour escripre la dicte acte. Item se aucun se oblige, le clerc aura pour escripre et enregistrer l'obligacion, II sols. Item, se le dit clerc fait aucunes escriptures, comme il est nécessité en ung procès, comme un intendit, ou raisons à bailler par escrip à la court, ou dépositions de tesmoings, se li clerc et les parties ne se sont accordez, il se doit payer par taux de la court.

13—*Jugement pour la confession de partie.*

Item, se aucun a fait convenir aucunes parties par devant le Souverain-Bailly pour debte, et le debte est congneu, et la partie qui la doit veult recevoir le commandement du Seigneur, à payer à certain jour, dont les parties sont accordées ; se le dit debteur fault de payer le dit debte au jour qu'il en aura receu le commandement, la partie se peut retraire devers le Bailly, et le doit le Bailli faire payer, et contraindre, et au Seigneur, X sols d'amende, de celluy qui n'a point rempli le commandement pour le retraict. Et le sergent qui fait l'exécucion aura pour son salaire, II sols parisis.

14—*Salaire des advocats.*

Item, les advocats jurez en la dicte court pour playdoyer les causes des bonnes gens, ne doyvent avoir que IIII sols pour leur journée, de leur maistres, se ce n'est à la journée que sentence est rendue qu'il doit avoir VIII sols.

15—*L'admende de celluy qui fait faulx clayme.*

Item, se aucun fait adjourner partie en court, et il ne peut prouver son clayme et il en déchet, il est pour le faulx clayme en l'amende vers le Seigneur, en X sols.

16—*L'admende du deffendeur qui denye la debte.*

Item, se cellui qui est adjourné est en court contre son demandeur, et le demandeur a fait sa demande, et le deffendeur denye; se le deffendeur denye, et le demandeur le peut prouver, le dit deffendeur doit estre condampné de le payer, et est à X sols d'admende vers le Seigneur; et avec ce doit payer les coutz et les fraiz faiz en la prosécution de la dicte cause.

17—*L'admende de ceulx qui accordent sans court.*

Item, depuis que les parties ont attrait l'ung l'autre en court, et que le demandeur a fait sa demande, les dictes parties ne pevent pacifier ne accorder sans le congié du Seigneur, qu'ilz ne soyent à X sols d'amende.

18— *Délaiz acostumez pour plaiz et defaulx.*

Item, doyvent avoir les parties, se elles le requièrent en leur conseil en ung procès, tous delaiz acoustumés comme advis, garans, ensoines, absence de conseil, à rapporter par escript, accorder ou débatre, à produire en droit, et autres choses qui sont de droit. Et ne doyvent avoir que ung des dis délaiz en une cause.

19—*Pugnicion de ung malfaicteur.*

Item, se aucun malfaicteur est souppeçonné avoir fait aucun meffait ou délit, comme d'avoir baptu ou navré aucune personne en la dicte Conté, soit faicte bonne informacion par le procureur du Seigneur, le dit homme baptu ou navré adjoint avecques luy. Et se le dict malfaicteur est trouvé coulpable par la dicte information, et celluy malfaicteur se rend fugitif, soit, par ung sergent, au commandement du Bailly, le dit malfaicteur appellé aux droiz du Seigneur, à paine de bannissement, sur le lieu ou le meffait aura esté fait, et en la halle de Guysnes, de tiers jour en tiers jour, et de quinzaine en quinzaine par trois tiercaines et trois quinzaines. Et se ledit malfaicteur ne vient ès prisons du dit Seigneur dedens les dis appeaulx, soit assemblée la court et les francs-hommes conjurez par le Souverain-Bailly ou son lieutenant, et soit icelluy malfaicteur banny de la Conté de Guysnes sur telles paines qu'il apartiendra, au cas desquelles il sera trouvé coulpable par la dicte informacion, soit sur la vie ou sur LX livres parisis, ou sur LX sols parisis.

20 — *Remede pour bannys.*

Item, se le dit malfaicteur, après ce qu'il auroit ainsi esté appellez et qu'il seroit contumassez par deffaulx et banny de la Conté de Guysnes et avoit fait paix à partie, et il se vouloit venir rendre ès prisons du Seigneur pour se mectre an droit de la loy, le Seigneur auroit pour ses droiz des dis appeaulx et contumassez, LX sols parisis, et le ban est au regard et à la volenté du Seigneur ou de de ses officiers, Bailly, Procureur et Receveur; et en vient-on bien à traictié puisque le malfaicteur à fait paix à partie et que partie ne poursuit point.

21 — *Le fée et salaire des francs-hommes quant*
ung prisonnier sst quictez.

Item, les Bailly et francs-hommes auroient, se le dit prisonnier estoit jugié quictez et délivrez, se c'estoit en jour de plaiz qu'il fust délivrez, ilz n'auroient riens pour leur labour s'ilz n'avoient fait aucune audicion de tesmoings par avant hors jours de plaiz, se le dit prisonnier ne leur vouloit donner par courtoisie; mais s'ilz avoient travaillié hors jours de plaiz, ilz auroient leurs sallaires et journées telles que à francs-hommes apartient pour eulx et pour leur clerc.

22—*La féc et salaire des dits francs-hommes se le prisonnier estoit penduz.*

Item, se le dit prisonnier est ractains et convaincus par poursuite de partie, et qu'il soit par jugement jugié pour ses faiz et condampné à mort, les Bailly, francs-hommes ne autres officiers n'ont riens à leur droit se non le Borrel. Et se parfait tout aux despens du Seigneur, ce qu'il fait pour acomplir la justice.

23—*Se le prisonnier estoit Clerc.*

Item, se le dit prisonnier estoit Clerc et il fust requis par son ordinaire, le Bailly sera tenu de le rendre à la court de l'église, et de le mener avecques le Doyen ès prisons de l'Evesque; et doit avoir le Bailly pour luy, ses sergens et officiers pour ses despens, X livres parisis, monnoye de Flandres, ou cent sols parisis. Et doit livrer le dit prisonnier à son dit ordinaire, à telle querelle qu'il le aura prins et détenu prisonnier, chargié de ses cas, et bailler les dictes charges qu'il aura trouvées par informacion dont ilz sera coulpables.

24— *Liberté des francs-hommes et bourgoys de la ville.*

Item, les francs-hommes de toute la Conté de Guysnes, et les bourgoys de Guysnes, d'Ardre et d'Audruic sont, doyvent estre et ont toujours esté quictez de toutes coustumes au pont de Newnam et à Calais.

25—*Salaire des sergens.*

§ 1er Item, les dessusdis quatre sergens-généraulx qui excerçoyent l'office de sergenterie par la dicte Conté avoyent pour leurs salaires quant ilz adjournoyent ou justicioyent aucune personne, se c'estoit ou dismage où les dis sergens demouroient, ilz n'avoient que II sols parisis; et s'ilz alloient hors du dit villaige, là où ilz estoient demourans, faire leur office, ilz avoient IIII sols parisis pour leur salaire.

§ 2ᵉ Item, les sergens des autres Seigneurs et cours subgectes de la dicte Chastellenie n'ont de faire aucunes justices ou aucuns adjournemens en la court de leurs Seigneurs, pourtant qu'ilz facent le dit office ou dismage où ilz demourent, que XII deniers parisis; et s'ilz le font hors du dit dismage, ilz ont II sols parisis.

26—*Extorcion des sergens.*

Item, se les dis sergens prenent des bonnes-gens plus que leurs salaires ordonnez, et qu'il en soit aucun plaintif, et il vient à la cognoissance du Bailly, le dit sergent doit estre contraint de rendre à la partie ce qu'il aura trop receu, et avec ce sera pour ce condampné en l'admende d'une grasse oye, ou d'une paire de chappons avec une cane de vin.

27—*Le droit du cheppier.*

Item, avoit ung cheppier qui gardoit les prisons de la dicte chastellenie et avoit pour son droit, toutes et quantesfoiz que prisonniers estoient admenez ès prisons du Seigneur, pour chascun prisonnier, pour entrée et yssue, XL deniers parisis.

28—*Le cheppage.*

Item, avoit le dit cheppier de droit de cheppage, pour chacun jour que le dit prisonnier demourroit ès dites prisons en sa garde, pour chacun jour, IIII deniers parisis.

29 — *Le repast du prisonnier.*

Item, avoit le dit cheppier, se les dis prisonniers vouloient estre à sa table, pour chacun, XII deniers parisis, sans boyre vin.

30 — *Se le prisonnier est à sa propre table.*

Item, se les dis prisonniers ne vouloient estre à la table du dit cheppier, et ilz vouloient faire leurs despens de eulx mesmes, faire le pourroient, et ce faisant, doyvent estre quictes envers le dit cheppier, s'ilz ne prenent riens de luy, fors seulement de IIII deniers de cheppaige qu'ilz doivent par chacun jour au dit cheppier; et ne leur doit, de droit, le dit cheppier autre chose demander.

31 — *La charge du cheppier en cause de debte.*

Item, se aucun prisonnier est délivré pour debte et baillié en garde au dit cheppier, le dit cheppier est tenu d'en rendre compte, et se le dit prisonnier ainsi emprisonné comme dit est, s'en alloit ou eschappoit, fust pour rompre prison ou autrement, le dit cheppier seroit tenu de rendre la somme au créditeur pour laquelle le dit prisonnier avoit esté mis en prison.

32 — *La charge du dit cheppier en cause de cas de crime.*

Item, se aucun prisonnier estoit livré audit cheppier pour cas de crime, et il eschappoit, le dit cheppier en perdroit son office et l'amenderoit au Seigneur de la plus grant partie de sa chevance, et de ce seroit en la voulenté du Seigneur : et pareillement se gouverne le fait de cheppage en l'eschevinage.

33 — *Le prisonnier jugié à mourir.*

Item, se aucun prisonnier estoit admené ès prisons et fust délivré au dit cheppier pour cas de crime, et le dit prisonnier estoit convaincuz et jugié à mourir, le dit cheppier n'aurait riens pour son dit cheppage.

34 — *Se le franc-homme estoit commissaire en un procès.*

Item, se aucuns des francs-hommes de la Conté de Guysnes estoient enbesongniez comme commissaires à oyr aucun tesmoings produiz des parties sur ung procès, et ilz prissent aucun commissaire adjoint qui ne fust point franc-homme de la dicte court, se le dit adjoint estoit homme de practique et notable, il auroit pour chascune journée qu'il vacqueroit à l'audicion desfusdicte, XVI sols parisis, et avec ce auroit ses escriptures, et le dit franc-homme auroit VIII s. parisis pour jour. (*V. ci-dessus tit.* 10).

35 — *Se ung franc-homme aloit à Saint-Omer pour avoir conseil.*

Item, quant les dis francs-hommes ont un procès tout fourmé, et ilz ne sont pas saiges assez de le jugier, et ilz veullent aler à Saint-Omer pour avoir advis et consultation de jugier icelluy procès ; et se deux des dis francs-hommes sont commis de y aller, soit à Monstereul, Saint-Omer ou ailleurs, ilz y doivent aller aux despens des parties qui sont en procès et les doyvent deffrayer.

36 — *Se les francs-hommes besoingnent pour le Seigneur.*

Item, se pour le Seigneur il faut que les dis francs-hommes aillent hors de la terre et seigneurie du dit Seigneur pour besoingnier pour icellui Seigneur, ce doit estre aux despens du dit Seigneur ; mais se c'est dans la chastellerie, ilz doivent servir le Seigneur à cause de leurs fiefs, sans ce qu'ilz aient aucun deffrayement.

II. — DE L'ÉLECTION, SEREMENT ET PLAIZ DES ESCHEVINS. — DES BOURGOYS ET LEUR SEREMENT. — DES DROIZ ET SALLAIRES DES BAILLY ET ESCHEVINS.

37 — *Election des eschevins.*

Item, une foiz l'an, c'est assavoir à la feste de la Chandeleur ou environ, les dis eschevins se renouvelloyent, et estoit toujours l'une moictié des dis eschevins. Les ungs se disoient vieulx et les autres nouveaulx. Et se faisoyent les dis eschevins nouveaulx des plus notables gens de la ville, à l'election des vieulx eschevins.

38 — *Le serement des eschevins.*

Item, quant les dis eschevins nouveaulx estoyent esleuz, ilz venoyent faire le serement en la halle, de bien et loyaument excercer le dit eschevinage. Et ainsi qu'ilz venoient faire le dit serement, on faisoit lever ung des vieulx eschevins qui avoit servi son an, et faisoit asseoir iceulx nouveaulx qui avoient fait le serement, en son lieu; et ainsi se faisoit jusques au nombre de VII.

39—*Comment eschevins tenoyent leurs plaiz.*

Item, en la dicte court avoit XIIII eschevins qui de XV^{ne} en XV^{ne} tenoient plaiz en la halle de la dicte ville de Guysnes, au conjurement du Bailly, pour faire raison aux parties qui estoient soubzmanans en leur dict eschevinage.

40—*Le sergent appellé le varlet de l'eschevinage et ung aman.*

§ 1er Item, les dis eschevins avoient ung varlet d'eschevinage pour eulx servir, et envoyer quérir aucunes personnes, et autres besoignes qu'il leur falloit ou dit eschevinage.

§ 2e Item, avoit ou dit eschevinage ung sergent que l'on appelloit aman, lequel faisoit tous les arrestz et exécucions de ventes de chastelz qui, ou dit eschevinage, se vendoyent par justice.

41—*Bourgoys et leur serement.*

§ 1er Item, s'il y a aucun bourgoys de présent en la dicte ville de Guysnes, ou aucuns qui soyent dignes d'estre bourgoys, au regard et advis du Bailly et eschevins de la dicte ville, icelluy ou ceulx qui vouldroient entrer en la dicte bourgoisie, seront tenuz, avant qu'ilz soyent receuz ne faiz bourgois, de faire le serement et ce qu'il s'ensuit.

§ 2e Premierement, icelluy bourgoys dudit lieu de

Guysnes jureroit la bourgoisie du dit lieu de Guysnes par devant les eschevins conjurés du Bailly de Guysnes, voire celluy qui seroit digne d'estre bourgoys au regard du dit Bailly et eschevins; et doit estre le serement tel que chascun bourgoys doit tenir loyaulté à la ville et aux bourgoys. Et se le Seigneur avoit à faire en la ville contre aucun estrange, et il criast ayde, les bourgoys qui seroient emprès luy, seront tenuz de luy aydier à leur povoir, affin que le estranges rébelles fust tenuz par devers le Seigneur.

§ 3ᵉ Et aussi, se aucun estrange assaillist ung bourgoys, et le frapast ou villenast, le bourgois qui seroit assailly pourroit cryer sur l'estrangier, bourgoisie ou porters, et chascun bourgoys seroit tenu de luy aidier à son povoir, sur l'amende de LX sols parisis.

Et le dit bourgoys ne doit point cryer porters sur autres bourgoys de la dicte ville, sur l'amende de LX sols parisis.

Et estrangier ne doit cryer porters sur nully, sur l'amende de LX sols parisis dedens l'eschevinage.

42 — *Quelles personnes viendront à la vérité, et le fée et salaire du Bailly et l'admende de eeulx qui sont absens.*

Item, s'il y avoit X ou XII personnes demourans en une maison, si fault-il que tous viengnent à la dicte vérité, ou le deffaillant est en l'admende de III sols parisis; et est icelle admende au prouffit du Bailly. Et de tous faillans du dit eschevinage, les dictes admendes de III sols parisis sont au Bailly.

43 — *Le droit du Bailly et des Eschevins se aucune maison est vendue.*

Item, les dis Bailly et Eschevins ont ensemble, toutes et quantes foiz que aucun où dit eschevinage vend sa maison ou aucuns héritaiges estans où dit eschevinage, les dis Bailly et Eschevins ont pour leurs droiz de la werpecion *(de la saisine et dessaisine)* une cane de vin tous ensemble.

44 — *Les droiz du Bailly et Eschevins sur les admendes.*

§ 1ᵉʳ Item, les dis Bailly et Eschevins, de toutes admendes qui sont jugées où dit eschevinage, ont pour leur droit d'une admende de LX liv. parisis, XX sols parisis;

§ 2ᵉ D'une admende de X livres parisis, ilz ont pour leur droit XX sols parisis; § De toutes admendes desoubz LX sols parisis, le quart au prouffit des dis Bailly et Eschevins, et le surplus au prouffit du Seigneur.

§ 3ᵉ C'est assavoir : d'une admende de LX sols parisis, pour le droit des dis Bailly et Eschevins, XV sols parisis;

§ 4ᵉ D'une admende de XXX sols parisis, VII sols VI deniers parisis; § pour leur droit d'une admende de X sols parisis, II sols VI deniers.

45 — *Comment le Bailly et Eschevins n'auront rien pour le Seigneur.*

§ 1ᵉʳ Item, se les dis Bailly et Eschevins travaillent aucunement en jour de plaiz ou hors de plaiz, pour faire aucune inquisicion au prouffit du Seigneur, ilz n'en ont rien.

§ 2ᵉ Item, se les dis Bailly et Eschevins font aucune audicion ou inquisicion pour parties hors jour de plaiz, ce doit estre aux despens des parties.

46. — *Se aucuns destorboit les plaiz.*

Item, quant le Bailly et Eschevins sont en la halle pour playdoyer, et ilz n'ont banny leurs plaiz, nul ne doit empescher les dis plaiz, ne parler, ne playdoyer cause des parties, sans congié du Bailly, sur l'admende de III sols parisis, et est la dicte admende au prouffit du dit Bailly.

47 — *Le féé et salaire du Bailly se le prisonnier est mort.*

§ 1ᵉʳ Item, se aucun est jugié et condampné à mort pour avoir murdry ou robbé, le Seigneur ne payera aucuns fraiz du Bailly ne des Eschevins, car pour servir le Seigneur en telles besoignes et autres touchans le dit office du Bailly, le dit Bailly a ses gaiges du Seigneur.

§ 2ᵉ Item, le Seigneur paye le bourrel et les cordes. et fait faire la justice et ce qu'il y apartient à ses despens.

48 — *Le féé et salaire du Bailly et des Eschevins se le prisonnier estoit purgiez.*

Item, il advient bien que quant aucun se purge en la dicte court pour aucun cas et maléfices, dont il n'a mye, pour ce, déservy mort, que se le Bailly et Eschevins font aucune inquisicion sur les faiz du dit prisonnier, et icelluy prisonnier leur veult faire aucune courtoisie de leur donner à dysgner ou autrement, les dis Bailly et Eschevins le pevent bien prendre, après la délivrance du dit prisonnier, sans meffait.

III. — DE PLUSIEURS DENRÉES ET MARCHANDISES SUR LESQUELLES AVOIT CORATIERS ET REGARDS.

49 — *Les noms des Officiers de la ville.*

Cy après ensuyt la déclaracion de plusieurs denrées et marchandises sur lesquelles soloit avoir Coratiers et Regards, par gens suffisant, ayant congnoissance en icelles denrées et marchandises et aussi sur les mestiers; lesquelles Coratiers, pour le bien et prouffit commun, estoient renouvellez chacun an par le Bailly et Eschevins, pour prendre garde par les dis Coratiers et officiers ès choses qui cy après ensuyvent, affin que le menu peuple fust maintenu ainsi qu'il apartient sans estre deceu. Et se renouvelloyent chacun an iceulx Coratiers le jour de l'Ephiphanie, c'est assavoir le XIIIe jour après Noël.

Et premièrement :

Marrigliers pour gouverner le fait de l'église;
Taveliers, pour la table des pouvres;
Cauchier;
Priseurs de vin;
Coratiers de pain;
Coratiers de chars de poisson et de saulse;
Coratiers de draps;
Coratiers des draperies;

Coratiers de cuyrs et de solers;

Coratiers du marchié de poullaille, de sel et companage;

Coraterie de crage de terre; (en patois *crayonnage, des blancs, du moellon*).

Coraterie de potz;

Coraterie de marchié au bled;

Coraterie de cloux;

Coraterie de cervoyse;

Regard sur la mesure de l'aulne;

Refroideur de cauch;

Regard sur toutes manières de mesures.

. . . .
. . . .
. . . . , .

Coraterie des chevaulx;

Regardeurs de porceaulx;

Le minaige de la semence de lin;

Le poys de la ville;

Les servitutes des maraiz;

Coraterie de chandelles de suyf et d'ecquebant; *(herch-bandt, mêche de résine ?)*.

Coraterie de laynnes;

Argentier de la ville.

50 — *Coraterie de pain.*

Cy après ensuyt la manière comment les dis coratiers se doyvent gouverner, et comment, quant il y a faulte, le Seigneur y a admendez et d'icelles admendes les Bailly et Eschevins y ont leurs droiz.

Et premièrement.

§ 1ᵉʳ La coraterie du pain est telle que chacun bolangier fasse son pain assez grant, du poiz de la ville, et ne doit gaigner au polkyn ou rasière de bled que XII deniers parisis et le chier cheull, pour tant que on ait bled pour XII sols parisis la rasière, et se on le vend plus chier, on peut gaignier plus à l'avenant, et ce sur l'admende de X sols parisis.

§ 2ᵉ Item, le dit bolengier ne peut faire pain blanc pour vendre que d'ung denier parisis, et bys pain de II deniers parisis, sur l'admende de X sols parisis, se ce n'est pain gaignie au fournage. Et les forains ne pevent vendre au jour de marchié ne au dimenche pain blanc plus grant que de I denier parisis, et le bys pain de II deniers parisis, sur l'admende de X sols parisis.

§ 3ᵉ Item, que nulz bolangiers ne pevent reffuser pain sur gaige suffisant; sur l'admende de X sols parisis, s'il en fust tenu par deux hommes, et peut vendre ledit gaige de rachapt dedens VII jours et VII nuyz. Et du pain trop petitement pesez, on le doit tailler et mectre en piesses et le donner au marchant.

§ 4ᵉ Item, que nul ne preigne, ne donne au fournier plus que la sienne part.

§ 5ᵉ Item, que nul forain ne autre de la ville ne peut vendre pain forain en la sepmaine, sur l'admende de X sols parisis,

§ 6ᵉ Item, que nul n'aprouche les coriers plus près de XVI piez quant ilz peseront le pain, sur la paine de X sols parisis d'amende.

§ 7ᵉ Item, quant aucuns trouveront l'artrendure du

molin ramonnée ou wyde, et on le peut monstrer par deux personnes, le monnier en seroit à X sols parisis d'admende.

§ 8ᵉ Item, que nulz bolengiers ne destouppent leurs fours où il y a pain dedens, pour oster le dit pain qu'il ne. . . . . mais le ferme suffisamment le fermier du fournage, sur l'admende de X sols parisis.

§ 9ᵉ Item, le bled qui est vendu XVIII sols parisis la rasière, le pain blanc bien fait et bien ordonné, doit peser I livre valant II deniers parisis le pain.

§ 10ᵉ Item, le bled vendu XVIII sols parisis la rasière, le pain riveté *(bluté)* doit peser livre et demie, valant II deniers parisis le pain.

§ 11ᵉ Item, aussi le bled vendu XVIII sols parisis la rasière qui vient du molin, que on appelle pain à tout, doit peser II livres de II deniers parisis le pain.

§ 12ᵉ Item, toutes autres manières de pains doyvent peser à l'équipolent tant du plus que du mains.

§ 13ᵉ Item, les bolengiers qui sont bourgoys de la ville, pevent fournyer sans poiz, le ban d'aoust durant, et avoir du pain à vendre pour le conmun, sur l'admende de X sols parisis à chacun bolengier, se deffault y avoit par eulx.

51 — *Coraterie de vin.*

§ 1ᵉʳ Premièrement que nulz taverniers ne vendent vin de leur tonnel plus de XVI loz devant ce que le sergent et le priseur l'auront prisié et pourront faire cryer leur vin le plus prochain jour du marchié, ou dimenche après, le prix.

§ 2ᵉ Et que nul tavernier ne fasse cryer son dit vin,

mains qu'il sera prisié, s'il ne le fait assavoir aux priseurs avant qu'ilz soyent partis de son hostel, et que nul tavernier ne vende en ung hostel vin blanc et rouge ensemble, se le blanc n'est à ung denier mains que le vermeil.

§ 3ᵉ Et que nul ne vende vin, puis la feste Saint Martin en yver, s'il n'a esté sur la gantier *(jantier)* VII jours entiers, se ce n'est vin resquyct où wheghiet, *(à l'exportation, c'est-à-dire, si ce n'est le vin demandé pour être emporté).*

§ 4ᵉ Et que nul ne vende vin en brouche *(en broc)* en l'eschevinage, s'il n'est bourgoys.

§ 5ᵉ Et ne pevent estre que deux compaignons par tables ensemble au vin qui sera vendu en brouche. Et que nul bourgoys ait compaignie avec aucun estrange homme pour vendre vin en brouche.

§ 6ᵉ Et se ung estrange homme veult vendre vin en brouche en la feste, son dit vin doit estre mené dedens la feste, et ne peut vendre son dit vin après la feste, se ce n'est en gros.

§ 7ᵉ Et que les taverniers ne dyent villennye aux priseurs

§ 8ᵉ Et que chascun tavernier tiengne loyalle mesure.

§ 9ᵉ Et que nul tavernier ne vende, ne preigne plus de son plain tonnel que il fist de son dernier tonnel prisié, avant que il soit prisié, et que nul tavernier ne fasse cryer deux foiz son tonnel de vin.

§ 10ᵉ Et quant le vin est prisié, que on en baille pour argent à tous ceulx qui en vouldront avoir tant qu'il dure. Et que on tiengne l'enseigne hors de la taverne. Et que on ne fasse cryer autre tonnel de vin que celluy qui sera prisié jusques à tant que le sergent et le priseur l'auront veu.

§ 11ᵉ Et se aucun estoit trouvé par les Eschevins, ou par le sergent et priseur, faisant le contraire des poins contenuz en ceste coraterie, il seroit en l'admende de LX sols parisis.

§ 12ᵉ Item, que nul tavernier ne tiengne loz de terre qu'ilz ne soyent assez grans pour porter le vin dedens iceulx, sur l'admende de X sols parisis.

52 — *Coraterie de char.*

§ 1ᵉʳ Que nul ne tue aucuns pourcéaulx foursenez, sur l'admende de X sols parisis. Mais si est sain en la langue et fourseiné ailleurs, le bouchier par conseil et congié des coratiers, luy pevent oster sans forfait; et ne le peut vendre en la dicte ville sur l'admende de LX sols parisis, se ce n'est dehors de la boucherie sur ung banc à une rouge banyère.

§ 2ᵉ Item, que nul bouchier ne attache truye pour vendre ne pour tuer sur l'admende de LX sols parisis, et la char perdue.

§ 3ᵉ Item, que nul bouchier ne hoste d'un porcel nulle chose fors les antrailles seullement, devant que les coratiers l'auront regardé et visité sur l'admende de X sols parisis.

§ 4ᵉ Item, que nulz bouchiers ne vendent char jusques ad ce que les coratiers l'auront regardée, sur l'admende de X sols parisis et la char perdue.

§ 5ᵉ Item, que nulz ne tiengnent char fresche à

vendre entre Pasques et la Saint Michiel plus que trois ventes sur l'admende de X sols parisis.

§ 6ᵉ Item, que nul ne mecte vent en char par nul engin sur l'admende de X sols parisis.

§ 7ᵉ Item, que nul ne vende char mal sallée sur l'admende de X sols parisis, et si doit rendre l'argent de l'achapt au serrement de l'achapteur, sur l'admende de X sols parisis.

§ 8ᵉ Item, que nul ne fasse fournaise ne autre chose à cuyre char en la rue le dimenche, ne le jour de marchie, qu'il ne soit osté le dit jour que fait y auroit esté, sur l'admende de X sols parisis, se ce n'est à la feste de Saint Pierre qui est le premier jour d'aoust.

§ 9ᵉ Item que chascun bouchier salle bien sa char, sur l'admende de X sols parisis, et la char perdue.

§ 10ᵉ Item, que nul bouchier ne tue brebis devant ce que les coratiers l'auront veue, sur l'amende de X sols parisis.

§ 11ᵉ Item, que nul ne tue char de vache ne de beuf pour vendre avant que la beste ne vaille XVI sols parisis, sur l'amende de X sols parisis et la char perdue.

§ 12ᵉ Item, que nul cabaret ne mecte char à çuyre jusques ad ce que les coratiers l'auront veue sur l'admende de X sols parisis et la char perdue.

§ 13ᵉ Item, que nul ne tiengne char cuicte à vendre, que elle ne soit bien cuicte et assez sallée en l'eaue, sur l'admende de X sols parisis.

§ 14ᵉ Item que nul ne mecte cuire char en eaue où autre char aura esté cuicte, sur l'admende de X sols parisis et la char perdue. Et aussi tost que la char est bien cuite, que on la mecte hors de son eaue et sel assez dessus, et ne la doit on couvrir que d'une blanche toaille, sur l'admende de X sols parisis.

§ 15ᵉ Item, que chacun fasse nectement son mestier, sur l'admende de X sols parisis.

§ 16ᵉ Item, que nul ne mecte trippes de mouton avecques trippes de beuf, sur l'admende de X sols parisis.

§ 17ᵉ Item, que nul ne mecte char en sel ou autre char aura esté dedens, sur l'admende de X sol parisis.

§ 18ᵉ Item, que nul ne taille bacon *(lard)* pour vendre, que les coratiers ne l'ayent avant veu, sur l'admende de dix sols parisis.

§ 19ᵉ Item, que nulz paticiers ne mectent en pasté char ne poisson avant que ung ou deux coratiers l'auront veue, sur l'admende de X sols parisis.

53 — *Coraterie de poisson.*

§ 1ᵉʳ Que nul ne achapte en l'eschevinage poisson de mer fraiz pour vendre avant en la ville, sur l'admende de X sols parisis.

§ 2ᵉ Que nul ne apporte poisson pour vendre au marchié de Guysnes qu'il ne soit bon et loyal, sur l'admende de X sols parisis et le dit poisson perdu.

§ 3ᵉ Item, que nul ne salle merlent, se ce n'est en corbeilles et sel assez, sur l'admende de X sols parisis.

§ 4ᵉ Item, que nul ne tiengne, entre Pasques et la Saint Michiel, poisson fraiz, plus que deux ventes, sur l'admende de X sols parisis.

§ 5ᵉ Item, que tous ceulx qui aporteront poisson pour vendre au marchié, ilz le doyvent apporter tort à une foiz, sans mussier en maisons, ne ailleurs, sur l'admende de X sols parisis, et le poisson perdu.

§ 6e Item, que nul ne achapte poisson sallé en l'eschevinage, le jour qu'il est venu, pour vendre le mesme jour avant, sur l'admende de X sols parisis.

§ 7e Item, que nul ne emporte hors la voye le poisson venu au marchié pour vendre, devant que la vente soit passée, sur l'admende de X sols parisis.

§ 8e Item, que nul ne mecte bans devant le soleil, sur l'admende de X sols parisis.

§ 9e Item, que nul ne mecte hors, laveures de poisson, ne de herenc, ne boyaulx, se ce n'est après le marchié et dehors le marchié, sur l'admende de X sols parisis.

§ 10e Item, que nul n'ait compaignon à vendre poisson, sur l'admende de X sols parisis.

54 — *Coraterie de cuyrs pour soliers et autrement.*

§ 1er Que nul ne vende cuyrs ne soliers qu'ilz ne soyent bien tannez, sur l'admende de X sols parisis.

§ 2e Item que nul ne vende cuyrs ne soliers à Guysnes, un jour de marchié, devant ce que les coratiers les auront veuz, sur l'admende de XII sols parisis.

§ 3e Item, le cuyr trop plein de chaulx doit estre ars; et celui à qui le dit cuyr apartient sera en XII souls parisis d'admende.

§ 4e Item, que nul cordoennier ne mecte à soliers de vache, aucune chose de veel ou de brebis ou mouton, fors la languecte, contrefors et oreilles sur l'admende de XII sols parisis.

§ 5ᵉ Item, que nul ne mecte à soliers de cordoan languecte qui soit tannée sur l'admende de X sols parisis.

§ 6ᵉ Item, que nul ne mecte à soliers de cordoan semelle qui ne soit engressée et tannée dehors et dedens, au dit des coratiers, sur l'admende de XII sols parisis.

§ 7ᵉ Item, que nul ne vende soliers de vache, ne de cordoan au jour de marchié, avant la haulte messe sonnée, se les coratiers ne les ont veuz, sur l'admende de XII sols parisis.

§ 8ᵉ Item, que tous ceulx du mestier qui viendront au marchié doyvent par foy et fiance tenir la coraterie ferme et estable au dit des coratiers, sur l'admende de XII sols parisis.

§ 9ᵉ Item, que nul maistre apreigne aucun aprentys pour aprendre mestier, que les II sols parisis de loyer, que le maistre en aura, doyvent estre à la charité et confrayrie de tous sains de la fraternité des cordoenniers et des tanneurs.

§ 10ᵉ Item, que nul ne euvre du mestier à jour de feste ne par nuyt à la chandelle, que on le puisse entendre par les coratiers, sur l'admende de XII sols parisis.

§ 11ᵉ Item, que nulz tanneurs ne corroyeux ne mectent en euvre cuyr qui aura esté tanné ne conrayé, devant qu'il soit regardé, le jour de marchié devant, par les coratiers, sur l'admende de XII sols parisis.

§ 12ᵉ Item, que nul ne vende ne achapte à Guysnes, cuyr en la sepmaine s'il n'est regardé par les coratiers, sur l'admende de XII sols parisis.

§ 13ᵉ Item, les deux coratiers pevent prendre et emporter là où ilz vouldront toutes choses de mestier qui sont desraisonnables, et se les savetiers, c'est à entendre ceux qui euvrent de vielz soliers, font aucun ouvraige de nouvel et neuf cuyr, ilz sont tenuz en la coraterie aussi avant que nulz des autres.

§ 14ᵉ Et se le cordoennier vent soliers de bazainne pour cordoan, se celluy qui les aura achaptez le peut prouver par deux hommes, celluy qui les aura venduz sera en l'admende de LX sols parisis.

§ 15ᵉ Et de toutes telles admendes ainsi forfaictes, les dits coratiers doyvent avoir pour faire leur plaisir et voulenté de chacune admende de XII sols parisis, II sols parisis pour leur droit.

55 — *Coraterie du bled et mesuraige d'icelluy.*

§ 1ᵉʳ Que nul ne vende bled au marchié de Guysnes devant que les coratiers en auront donné congié, sur l'admende de X sols parisis.

§ 2ᵉ Item, que nul minagier ne mesureur reffuse à mesurer. . . . . après le prochain sac près de celluy qui aura esté mesuré, sur l'admende de X sols parisis.

§ 3ᵉ Item, toutes manières de bledz et grains estans en sacs et chargiez pour vendre au marchié, doyvent estre aussi bons dessoubz que dessus, sur l'admende de X sols parisis.

§ 4ᵉ Item, nul ne peut mesurer s'il n'est suffisant et qu'il ait fait serrement aux Eschevins sur l'admende de X sols parisis, mais chacun peut bien mesurer son grain s'il veult.

§ 5ᵉ Item que les mesnagiers ne laissent mesurer

personne qu'il ne soit suffisant de ce faire au dit des dessus dicts Eschevins, sur l'admende de X sols parisis.

§ 6ᵉ Item, que nulz pourceaulx ne aillent où marchié du bled ne d'autres grains le dimenche ne le jour de marchié, pourtant qu'il y ait sacs à mesurer et que le marchié soit passez, sur l'admende de III sols parisis.

§ 7ᵉ Item, que nul ne mesure bledz ne autres grains en grends qu'il n'appelle le mynagier, sur l'admende de X sols parisis.

§ 8ᵉ Item, que nul ne mecte pyé ne main en boissel devant ce qu'il soit mesuré, sur l'admende de III sols parisis.

§ 9ᵉ Item, que nul ne mesure bledz ne autres grains qu'il ne soit rezé tout jus sur le boys et sur le fer de la mesure, sur l'amende de X sols parisis.

56 — *Coraterie de potiers de terre.*

§ 1ᵉʳ Que nul pottier de terre ne doit tourner entre Noel et la Chandeleur, sur l'admende de X sols parisis; mais on peut bien parfaire et mectre sus tout ce qui a esté tourné devant la dicte feste de Noel.

§ 2ᵉ Item, nul ne peut ouvrer sur jour de feste ne par nuit à la chandelle, sur l'admende de X sols parisis.

§ 3ᵉ Item, nul maistre ne doit louer, ne mectre en œuvre nul varlet qui soit avecques aultruy, pourtant que son maistre le vueille avoir pour tel argent que ung autre luy veult donner sur l'admende de X sols parisis.

§ 4ᵉ Item, que nul ne doit ouvrer le samedi après nonne, ne par nuyt des apostres après nonne, sur l'admende de X sols parisis. Mais on peut bien mectre les potz où four pour cuyre à la nuyt d'une feste devant nonne, et laissier les dispotz au four pour cuyre jusques à jour ouvrable. Et peut bien le dit poctier oster ses dis potz du four à telle heure qu'il lui plaira, soit par nuyt de feste après nonne ou par jour, pour tant que on le fasse de plain jour. Et avec ce on peut mectre dedens le four les potz cruz par nuyt de feste devant nonne pour les séchier; et les doit-on laissier où four jusques au jour qui sera ouvrable après. Et si est à savoir que on peut bien oster les potz cruz qui sont dessus ou dessoubz les clowers, quelque heure qu'ilz commancent à empirer pour trop séchier; en telle manière que où lieu et place où les dis potz auront esté soit par dessus ou par dessoubz, on ne pourra mectre autre potz si non à jour ouvrable. Et les potz mis hors des maisons pour sechier devant nonne à une nuit de feste, on les peut bien mectre ès maisons après nonne.

§ 5e Item, que nulz maistres, varletz ne preignent louyer, ne ne pevent ouvrer qu'il ne leur conviengne tenir l'usaige de leur charité, sur l'admende de X sols parisis.

§ 6e Item, se ung varlet a maison en la ville d'Ardre, il ne peut aller ouvrer dehors la ville ne avec autre maistre, sur l'admende de X sols parisis à nulle heure que ce soit.

§ 7e Item, chacun varlet qui prend loyer doit donner chascun an à leur charité XIII deniers parisis, et de ce doit estre le maistre respondant, et s'il vouloit aller à l'encontre, il en seroit en l'admende de X sols parisis.

§ 8ᵉ Item, chacun maistre doit donner, I denier la sepmaine à leur charité et le varlet obole. Et s'ainsi est que ung varlet ait gaingnié argent dessoubz son maistre, et le dit varlet le veult avoir, il convient que son maistre le paye au dimenche de son loyer de chacune quinzaine, ou si non le varlet peut bien faire deffendre à son maistre par les coratiers qu'il ne euvre point de son mestier jusques à tant que son varlet sera contant de son dit louyer. Et il ouvrast après la deffense à lui faicte, il seroit en l'admende de X sols parisis.

§ 9ᵉ Item, se le varlet estoit oyseux par la deffaulte de son maistre, icelluy son maistre luy doit payer la journée qu'il aura ainsi esté oyseux. Et pourroit le dit varlet aller là où il vouldroit. Et est à savoir que se le dit varlet eust mestier de pain dedens la quinzaine son dit maistre seroit tenu de luy livrer pain à chascune foiz qu'il vouldroit dedens la dicte quinzaine, en rabattant du louyer qu'il auroit gaignié et desservi.

§ 10ᵉ Item, se ung varlet doit argent à son maistre, nul autre maistre ne le doit mectre en euvre devant ce qu'il aura payé son dit maistre, sur l'admende de X sols, pourtant que son dit maistre s'en complaigne.

§ 11ᵉ Item, que chacun maistre tiengne feste le jour de Saint Eloy et le jour de la dédicasse de Guysnes, sur l'admende de dix sols parisis.

§ 12ᵉ Item, chascune personne qui vendra potz à Guysnes doit tenir la coraterie et l'usaige du mestier, sur l'admende de X sols parisis.

§ 13ᵉ Item, chascun qui aura estal, seignié, merchié

et ordonné par les Eschevins ou l'ung d'eulx, où marchié de la pocterie, doit avoir ung aiz, sur l'admende de X sols parisis.

§ 14ᵉ Item, que nul ne preigne aultruy estal ordonné par les dis Eschevins, s'il n'est bien du gré et consentement de celluy à qui il a esté délivré sur l'admende de X sols parisis.

§ 15ᵉ Et aussi le jour de marchié on doit laisser en la rue de la pocterie une voye moyenne où milieu de la dicte rue, c'est-à-savoir icelle voye de X piez de large, sur l'admende de X sols parisis.

§ 16ᵉ Item, se ung maistre ou sa femme meurent, on doit une livre de cyre à leur chandelle. Et se ung enfant d'ung maistre meurt, il doit donner demye livre de cyre. Et se le varlet qui prent louyer meurt, il doit demye livre de cyre. Et se ung frère de leur charité meurt, chacun d'eulx ou aucune personne suffisant pour eulx de la dicte charité, doit estre à leur enterrement, sur la paine de XII deniers parisis à leur chandelle.

§ 17ᵉ Item, nul maistre ne doit cuyre aucuns potz sur le samedi, sur l'admende de X sols parisis.

§ 18ᵉ Item, se ung maistre aprent ung aprentys autre que son enfant, il doit ung tonnel de serevoyse, et le aprentys ung autre, de quoy le maistre doit estre respondant. Et se icelluy maistre vouloit aller à l'encontre, il seroit en l'admende de X sols parisis.

§ 19ᵉ Item, nul des maistres ne peut travailler l'autre en une court pour choses mouvans de leur mestier, se ce n'est pardevant les Coratiers, sur l'admende de X sols parisis, se ainsi fust que on la peust tenir par ceulx du mestier. Et ont puissance les Coratiers et auctorité de deffendre l'ouvraige de ceux qui seront en débat, et qui auront noyse ensemble des choses mouvans de leur mestier à chacune foiz qu'il leur plaira que ainsi adviendra, jusques à tant qu'ilz seront mis à accord ensemble par les maistres du mestier. Et se aucun alloit à l'encontre des choses dessusdites, il seroit en l'admende de X sols parisis. Et se toutes telles amendes estoient fourfaictes, le Seigneur en doit avoir V sols parisis, les Eschevins II sols VI (deniers) parisis, et leur charité II sols VI deniers parisis.

§ 20ᵉ Item, que chascun maistre à toutes heures, et quant besoin et mestier sera, quant leurs potz ou autres ouvraiges commencera à rompre par force de séchier, en quelconque lieu qu'ilz soyent, les porra bien remuer du lieu ou ils sont en ung autre lieu et place, et mectre où premier lieu autre ouvrage cru pour sechier, quant il en sera mestier où besoing, à chascune heure qu'il leur plaira.

§ 21ᵉ Item, ilz doyvent mectre par la vesprée du jour ouvrable, les potz cruz dedens le four. Et un matin avant qu'ilz mectent le feu dedens le dit four, ilz pevent bien mectre trois ou quatre brassis d'ouvraige en icellui four, s'ilz veullent, et non plus sans mesprendre.

§ 22ᵉ Item, Que nul ne mecte sechier tourbes ne fagotz dedens le four, sur l'admende de X sols parisis.

§ 23ᵉ Item, chascun peut bien oster du four son ouvraige quant il lui plaira, pourveu qu'il soit tout prest, et en pourra faire son prouffit au marchié ou ailleur.

§ 24ᵉ Item, tous ceulx qui n'auront aprins leur mestier en la ville de Guysnes, et ilz viennent ouvrer en la dicte ville, celluy qui ce fera doit payer III sols parisis à la charité, et celuy qui ouvrera sur layre (rue) doit II sols parisis, et ne doyvent point reffuser de les payer, sur l'admende de X sols parisis.

57 — *Corateries de toutes manieres de drapperies.*

§ 1ᵉʳ Que de tous les tisserans de la chastellenie de Guysnes qui veullent tistre ou drapper à Guysnes, doyvent faire lez draps et demys draps de moyson, et qu'ilz soyent bien faiz et bien parez. Et tous les foulons de la chastellenie de Guysnes doyvent fouler et parer leurs draps à Guysnes, tant draps entiers que demys draps, ainsi qu'ilz auront esté faiz.

§ 2ᵉ Item, que tous draps et demys draps de moyson qui seront tendus aux lysses par les Coratiers, soient apportez au lieu où on gardera le seel pour les regarder, sur l'admende de V sols parisis.

§ 3ᵉ Item, que nul drappier ne viengne aux lysses tant que les Coratiers y seront pour regarder les draps, sur l'admende de V sols parisis.

§ 4ᵉ Item, que toutes manières de draps qui ne seront mye bien esborrez et regardez, chascun en sera en V sols parisis d'admende, en quelque maison que ilz seront trouvez; combien qu'ilz fussent trouvez en aultruy main que en la main de celluy qui l'auroit fait faire; et pourroit querre son acquict et son admendement sur l'autre qui ce auroit fait, et doyvent perdre leur salaire.

§ 5ᵉ Item, tous draps et demys draps de couleur ou

blanc mesley qui ne seroient trouvez bons et loyaulx, seront rompuz et dessirez en deux presses, et aura l'en pour chascun V sols parisis d'admende.

§ 6ᵉ Item, que nul forain ne drappe en la coraterie ne n'apporte nulz draps à vendre en la ville de Guysnes plus hault de IX quartiers de long : et le doit tenir soubz son braz sans tenir estal, sur l'admende de XX sols parisis.

§ 7ᵉ Item, que nul ne taigne, ne fasse taindre les draps de Brésil, s'ilz ne sont tains avant d'autre couleur, et que les Coratiers ne l'ayent avant veu, sur la paine de XX souls parisis.

§ 8ᵉ Item, que nul tainturier ne mecte chaulx en sa tainture sur l'admende de XX sols parisis.

§ 9ᵉ Item, que tainturiers, ne leurs varletz, ne chamberieres ne facent drapperie sur l'admende de LX s. parisis.

§ 10ᵉ Item, que nul ne aille avecques les marchans fors que les Coratiers seulement quant ilz vont aux maisons de bonnes gens, pour achapter aucuns draps, sur l'admende de XX sols parisis.

§ 11ᵉ Item, que nul marchant ne autre qui aura achapté draps ou demys draps, ou qu'il les ait fait faire à Guysnes pour mener en Angleterre ou ailleurs, que il ne les enmaine point, ne ne mecte en fardeaux, s'ilz ne sont seellez du seel de la coraterie de Guysnes, ou du seel de la coraterie d'autre bonne ville, sur l'admende de LX sols parisis ; et que nul ne fasse son fardel d'iceulx draps, avant que les Coratiers l'ayent veu et visité, sur la dicte admende de XX sols parisis.

§ 12ᵉ Item, les draps royez doyvent estre de deux aulnes de large et de XLII aulnes de long, sur ladmende de XX sols parisis, et le dit drap rompu et dessiré en deux presses.

§ 13ᵉ Item, tysserans ne pevent tistre au jour ne en vigille de feste après nonne, ne ès sepmaines de Noel, Pasques et Penthecouste, par jour sur l'admende de V sols parisis, ne par nuyt sur l'admende de XX sols parisis.

§ 14ᵉ Item, les tondeurs de draps doyvent et sont tenus de tenir telle et semblable corerie sur la mesme admende.

§ 15ᵉ Item, que chacun tysserant et foulon paye son varlet entièrement le samedy, de tout ce qu'il aura déservy et gaignie la sepmaine, sur l'admende de V sols parisis, se le dict varlet s'en complaint.

§ 16ᵉ Item, que tysseran, foulons, pigneresses, carderesses, filleresses et autres ouvriers de laynes, n'aillent point ouvrer hors la ville de Guysnes pourtant qu'ils puissent avoir euvre pour besongnier en la ditte ville, sur l'amende de V souls parisis à chascune foiz qu'ilz le feront.

§ 17ᵉ Item, se aucun maistre ou varlet de foulon prist moins ou plus qu'il leur est ordonné, il seroit à chascune foiz qu'il le feroit, en V s. parisis d'admende; et celluy qui payeroit mains ou plus seroit semblablement à chascune foiz qu'il le feroit, en V s. parisis d'admende.

§ 18ᵉ Item, que nul ne fasse tistre ne fouller hors de la ville de Guysnes, sur l'admende dessus dicte.

§ 19ᵉ Item, se aucun drap estoit dessyré sur le tainturier et à sa deffaulte, il le doit retenir pour le prix qu'il valloit, quant il le apporta à la tainsture, s'il plaist au drappier.

§ 20ᵉ Item, les tondeurs doyvent avoir pour appareciller ung drap entier II souls parisis, et d'ung demy drap à l'avenant, et faire le pevent pour mains s'il leur plaist.

§ 21ᵉ Item, les Corratiers doyvent avoir d'ung drap IIII deniers parisis.

§ 22ᵉ Item, ceulx de la ville doyvent payer pour chascun seel, I denier parisis et ceulx de dehors VI deniers parisis.

§ 23ᵉ Item, que nul drappier ne demy drap s'il n'est fait dedens la ville et veu et visité par les Coratiers qui soyent bons et suffisans et seellé, sur l'admende de XX s. parisis.

§ 24ᵉ Item, que nul ne fasse tistre hors l'eschevinage drap, ne demy drap, sur l'admende de XX sols parisis.

§ 25ᵉ Item, que les varlets fassent leur serement par chascun samedy, que ils sont payez de leurs louyers par leurs maistres. Et aussi les drappiers sont tenuz de payer leurs maistres affin qu'ilz puissent payer leurs varlets. Et ceux qui défauldront en ce seront en l'admende de V sols parisis à chascune foiz.

§ 26ᵉ Item, que nul drappier ne baille à filleresse, pour filler le étope (la *matière* d'une étoffe), plus hault pesant que II livres et I quarteron de layne, sur l'admende de V souls parisis.

§ 27ᵉ Item que nulle filleresse ne preigne à filler,

ne ne tiengne en sa maison plus de deux manières de laynnes sur l'admende de V sols parisis.

§ 28ᵉ Item, que nulz foulons, tysserans, ne tondeurs, ne achaptent denrées d'ung drappier pour les vendre à aultruy, sur l'admende de V sols parisis.

§ 29ᵉ Item, que nul drappier ne donne à mangier à pigneresse, bourresse, ne filleresse, sur l'admende de V sols parisis, et seullemment celle qui le prent, à V sols parisis d'admende.

§ 30ᵉ Item, que toutes manières de drappiers ou ouvriers qui sont sans maistre viengnent en la place sur le marchié pour eulx louer chascun dimenche à heure de vespres sonans, et semblablement à chacun jour quant ilz seront sans ouvraige.

§ 31ᵉ Item, que nul varlet, tysserant qui prend ouvraige en la ville de Guysnes ne aille hors de son dit ouvraige, sur l'admende de V sols parisis.

§ 32ᵉ Item, que nul ne fasse teindre en graine avec Brésil ou mede (garance), sur l'admende de LX sols parisis et le drap dessirey.

§ 33ᵉ Item, que nulle pigneresse, carderesse, bourresse ne filleresse, ne facent aucun ouvrage de laynnes, sur la feste d'apostres, sur la paine et admende de V sols parisis.

§ 34ᵉ Item, que nul tondeur ne tiengne en sa maison demy-drap plus hault de III jours, et après les dits III jours, qu'il soit rapporté à son propre hostel où il apartient, sur l'admende de V sols parisis.

§ 35ᵉ Item, que nulz tysserans, foulons ne tondeur ne puissent porter, ne faire porter leur mestier hors de l'eschevinage, sur l'admende de LX sols parisis.

§ 36ᵉ Item, que nul ne mesle, ne fasse mectre savon en laynes, sur la paine de LX sols parisis : et que nul ne vende la dicte laynes jusques à tant que elle soit seiche, et que les Coratiers l'ayent veue et visitée, sur la dicte admende de LX sols parisis.

§ 37ᵉ Item, que nul ne mesle laynnes de Pontieu avecques laynes d'Angleterre, ne laynes de peaulx avecques autres laynes, sur l'admende de LX sols parisis.

§ 38ᵉ Item, que nulz tysserans ne fassent leur chaynne plus grand qu'il est ordonné, sur l'admende de V sols parisis.

§ 39ᵉ Item, que nul ne tiengne à vendre en la halle demy-drap seullement, sur l'admende de V sols parisis.

§ 40ᵉ Item, c'est à savoir que de chacun V sols parisis d'admende, le Seigneur en doit avoir III sols parisis, les Eschevins XII deniers parisis, et les Coratiers XII deniers parisis.

§ 41ᵉ Item, d'une admende de XX sols parisis, le Seigneur en doit avoir X sols parisis, les Eschevins VI sols parisis, et les Coratiers IIII sols parisis.

§ 42ᵉ Item, d'un admende de LX sols parisis, le Seigneur en doit avoir XXX sols, les Eschevins XV sols parisis, et les Coratiers XV sols parisis.

IV. — ESTATUTZ ET ORDONNANCES POUR L'ESCHEVINAGE.

58 — *Contre ceux qui mectent le fiens sur la rue.*

Que nul ne mecte fyens sur les rues, ne sur le rivage, qu'il ne l'oste dedens III jours, sur l'admende de III sols parisis au prouffit du Bailly.

59 — *Pour le bourdel.*

Que nul ne tiengne bourdel dedens les fossez de la ville, sur l'admende de LX sols parisis.

60 — *Encontre ribauldes.*

On deffend à toutes ribauldes que elles ne demeurent dedens l'eschevinage après le soleil couchant, et aussi que elles n'y entrent devant soleil levant, sur paine d'estre mises au pillory.

61 — *Pour faulx chartriers.*

Item, que nul ne apporte fausses chartres devant les Eschevins, sur l'admende de LX livres parisis; et se on ne peut prouver payement, ne trouver quictance d'aucune debte dont on a chartre et cognoissance des Eschevins, on le doit mectre en serement du demandeur, ou sur les dis Eschevins.

62 — *Des mesures, des poiz et balances.*

Item, de toutes mesures de vin, de cervoyse, et de toutes livrez, poiz et balances, et de quelconque mesure ou poiz que ce soit, chacun de son mestiez la tiengne bon et loyal, sur l'admende de LX s. parisis.

63 — *De removoir les pales et bondes des étangs.*

§ 1er Item, que nul ne remeuve aucun palle ou bonde entre tenant et tenant, sur l'admende de LX sols parisis pour la première foiz, et à chacune foiz autant.

§ 2e Item, que nul ne remeuve aucun palle ou aucune bonde par entre Baron et Baron, ou entre Seigneur et Seigneur, sur l'admende de LX livres parisis pour chacun palle ou bonde, et à la seconde foiz le double, et à la IIIe foiz à la volonté du Baron ou Seigneur.

64 — *L'office du barbier.*

§ 1er Item, que chacun barbier mecte assez parfont én terre, en la place ordonnée dehors la ville, le sang de son mestier, sur l'admende de X sols parisis.

§ 2e Item, que nul barbier ne tiengne pourcel, sur l'admende de X sols parisis.

65 — *Pour les fossez de la ville.*

§ 1er Item, que nulle beste ne aillent sur les fossez de la ville ne dedens, sur l'admende de III sols parisis. Et la beste qui seroit attachée sur le dit fossé seroit en X sols d'admende et sa garde autant.

§ 2e Item, que nul ne couppe boys ne herbe dedens les dis fossez, sur l'admende de LX sols parisis et d'estre mis en prison.

66 — *Pour les joueurs de detz.*

Item, que nul ne joue aux detz, ne à autres geux deffendus, sur l'admende de LX sols parisis.

67 — *Pour le marchié.*

§ 1er Item, que nul forain vendeur de breze ou de charbon, venant en la ville de Guysne, ne peut ne ne doit reffuser de porter la dicte breze ou charbon là où le achapteur le vouldra avoir porté, pourtant que on y puisse bonnement aller sans aucun grief, sur l'admende de X sols parisis.

§ 2ᵉ Item, que nul marchand forain ne achapte œufs, beurre, fromaiges, ne oyseaulx, au jour de marchié, devant que la haulte messe soit sonnée, sur l'admende de X sols parisis.

§ 3ᵉ Item, pour vendre aucune marchandise, il n'y peut avoir part que deux compaignons ensemble seullement, sur l'admende de LX sols parisis.

§ 4ᵉ Item, que nul ne bargaingne ou fasse bargaignier au marchié vaches, veaulx, pourceaulx ou autres bestes à luy apartenans, sur l'admende de LX sols parisis.

§ 5ᵉ Item, que nul ne dysgne, ne souppe à nopces le jour des esposailles qu'il ne paye à dysgner II sols parisis et à souper II sols parisis, pourveu qu'il boyve vin, sur l'admende de LX sols parisis.

68 — *Que nul ne mecte feu ne cendres parmy les rues.*

§ 1ᵉʳ Item, que nul ne mecte ès rue de la ville aucunes cendres, que elles ne soyent bien mouyllées, sur l'admende de X sols parisis.

§ 2ᵉ Et se il y avoit feu ès dictes cendres ainsi mises sur les dictes rues, celluy ou celle qui les auroit mises sur les dictes rues, seroit en l'admende de LX sols parisis.

69 — *Pour les hayes et jardins.*

§ 1ᵉʳ Item, que nul ne rompe ne despèce nulles foiz, les hayes ou bailles mises pour la deffence des chemys, sur l'admende de X sols parisis. *(V. tit. 75 et 101)*

§ 2ᵉ Item, que nul ne faulche, ne couppe herbe en aultruy prez ou jardins, sans le congié de celluy à qui ilz apartiennent, sur l'admende de X sols parisis.

§ 3ᵉ Item, que nul ne vende herbe à Guysnes s'il n'a bon garand de ce faire, sur l'admende de X sols parisis.

70 — *Pour les chargeurs de vin.*

Item, les chargeurs de vins doyvent estre telz qu'ilz saichent bien à droit et à point chargier le dit vin pour le mechief qui y porroit venir ; et doyvent avoir pour chargier ung tonnel de vin sur ung char ou sur une charrecte XII deniers parisis. Et est à savoir que en quelconque lieu que ilz mectent vin en la ville de Guysnes, soit sur char ou charrecte pour mener hors de la ville, ou de char et charrecte chargiez et mectre en cellier à Guysnes, ou de le mectre en une maison près du port, ou en autre lieu en la ville, ilz doyvent avoir XII deniers parisis. *(V. ci-après tit. 148).*

71 — *Pour labouraiges de terre.*

Item, il est ordonné que tous ceuls qui prennent à labourer terres, ilz les doyvent faire bien et suffisanment par le regard des Coratiers, sur l'amende de V sols parisis, dont le Seigneur a III sols parisis, les Eschevins XII deniers et les Coratiers XII deniers.

72 — *Coraterie au moys de mars.*

On doit cryer et proclamer à la my mars, ou à la fin de mars ce qu'il s'en suyt.

§ 1ᵉʳ Premièrement, que chacun fasse suffisanment son enclos vers les rues dedens VII jours et VII nuytz, tellement que autres n'y puissent avoir dommaige, sur l'admende de III s. parisis.

§ 2ᵉ Item, que chacun voyde les fiens hors des rues, chacun en droit lui, dedens le moys de mars, sur l'admende de III sols parisis.

§ 3ᵉ Item, que chacun tiengne son droit chemin, sur l'admende de XL deniers parisis.

§ 4ᵉ Item, que nul ne maine, ne fasse mener bestes aux maraiz devant le jour de may, sur l'admende de X sols parisis.

§ 5ᵉ Item que nulle ne aille, en aultrui herbe, par jour, sur l'admende de XL deniers, et par nuyt sur l'admende de X sols parisis.

73 — *Pour les fontaines.*

§ 1ᵉʳ Que nul ne jecte ordures ne charoingne dedens les fontaines, sur l'admende de X sols parisis. *(V. ci-après tit.* 126*).*

§ 2° Item, que nulle beste ne aille en aultruy bled ou en autres garnisons, par jour sur l'admende de XL deniers parisis, et par nuyt sur l'admende de X sols parisis.

§ 3ᵉ Item, que nul ne puisse fouyr ne tyrer tourbes à XL piez près de l'estad de la rivière, sur l'admende de LX sols parisis.

§ 4ᵉ Item que chascun hoste et lyève sa fraite aux champs dedens VII jours et VII nuitz, sur l'admende de III sols parisis.

74 — *Pour le mesuraige de bled.*

§ 1ᵉʳ Item, est deffendu que nul ne mesure bledz ne autres grains, où grenier ne ailleurs qu'il n'appelle le mesureur, s'il n'est bourgoys, sur l'admende de X sols parisis.

§ 2ᵉ Item, que nul ne tengne truye se elle n'est lyée ou en lieu cloz, sur l'admende de III sols parisis.

§ 3ᵉ Item, que nul porcel ne aille au marchié du bled, ne d'autre grain le dimenche, ne le jour de marchié ; pourtant qu'il y ait sac à mesurer ou marchié, sur l'admende de III sols parisis.

75 — *Pour l'admendement des chemins.*

§ 1ᵉʳ Item, que chacun admende suffisamment le chemin en droit soy dedens l'eschevinage, en dedens le jour de Pentecouste, sur l'admende de X sols parisis.

§ 2ᵉ Item, semblablement que chacun tiengne sa place nectement devant sa maison, partout et ou il appartiendra, dedens le jour de Penthecouste, sur l'admende de III sols parisis.

76 — *Pour le prouffit des maraiz.*

Item, que nul ne aille aux maraiz pour copper zelrp (*Schelpe*, zones des Dunes) ou jons, ou herbe, fors seullement de chacune maison une faucille, et qu'ilz soyent retrouvez hors des dits maraiz dedens nonne, sur l'admende de X sols parisis.

77 — *Et pour la communité.*

§ 1ᵉʳ Item, que nul ne mayne pasturer aux dits maraiz plus de deux vaches, ou de deux veaulx, ou de deux jumens, ou III poulrains, sur l'admende de X sols parisis.

§ 2ᵉ Item, que nulle beste d'ung homme estrange, ne dehors l'eschevinage, viengne pasturer dedens le dit eschevinage, sur l'admende de X sols parisis par our, et par nuyt de LX sols parisis.

§ 3e Item, que nulle beste d'estranger qui soit demourant en l'eschevinage non bourgoys, viengne pasturer en la communité de Guysnes, sur l'admende de X sols parisis par jour, et par nuyt de LX sols parisis.

§ 4e Item, que nul ne aille sercler en aultrui bleds, sur l'admende de XL deniers parisis.

§ 5e Item, que nul ne chevaulche, ne maine bestes ès foussez de Guysnes, sur l'admende de X sols parisis. Et que nul ne despièce les hayes faictes entour les dis foussez, sur l'admende de X sols parisis.

V. — LE BAN D'AOUST FAIT PAR LES BARONS (1341).

Les Barons de la conté de Guysnes ont fait les ordonnances pour le ban d'aoust, pour le commun prouffit, commençant le jour Saint Pierre, premier jour d'aoust, en l'an mil IIIc XLI, ainsi qu'il s'en suit :

78 — *Que nul ne aille en son champ devant soleil levant, ne après soleil couchant.*

§ 1er Premièrement, on a commandé sur LX sols parisis d'admende, que nul ne aille en son champ ne en aultre devant ce que le soleil soit levez, et qu'il ne demeure en autruy champ après ce que le soleil est couchiez : mais ce aucun demeure en son champ après soleil couchant, et il y entre de soleil luysant, il y peut bien demourer luy et sa maisgnie, manyer et remuer ses gerbes et ses biens toute la nuyt, mais qu'il ne soit trouvé en autre champ que ou sien.

§ 2e Item, que nul ne charye de son char, ne de sa

charrecte devant soleil levant, ne après soleil couchant, sur l'admende de LX sols parisis.

§ 3ᵉ Item, que nul ne esrache vesches ne espeluche poiz, feves, ne autres grains en aultres champs, l'an durant, sur l'admende de X sols parisis.

79 — *L'admende de celluy qui est prins par nuyt ès champs.*

On a ordonné que quelconque personne qui sera prins par nuyt après soleil couchant, ou devant soleil levant, portans aultres bledz ou aultres garnisons, sera en l'admende de LX sols parisis par nuyt, et par jour, il est en l'admende de X sols parisis.

80 — *Chacun pent arrester en son propre bled.*

On a ordonné que se aucun voit homme ou femme en son propre bled, il le peut bien prendre et arrester pour X sols parisis d'admende et pour son dommage, ainsi que le sergent juré peut faire ; et peut rapporter le dit meffait devant la justice dedens trois jours, et sera creu par son serement, mais qu'il soit personne créable. *(V. ci-après tit.* 135*)*.

81 — *Chacun peut aller en son propre champ par nuyt.*

On a ordonné que se aucuns hostes surviennent à ung homme par nuyt, et il fust surprins tellement qu'il n'eust point de fourrage en sa maison, il pourroit bien aller ou envoyer par nuyt en son champ, pour avoir du dit fourrage sans forfait, mais qu'il le monstrast à ses voisins.

82 — *Chacun peut oster bestes de son dommage par nuyt.*

On a ordonné que se aucun voit bestes en son dommage après soleil couchant, il les peut bien oster ou faire oster sans forfait par le tesmoignaige de ses voisins, et les admener et mestre en la main du seigneur.

83 — *Se aucun enfant prent le bled d'autruy.*

On a ordonné que se aucun enfant désagez prent le bled d'aultruy, soit par nuyt ou par jour, et il le emporte ou enmaine en la maison de son père et de sa mère, ou en autre hostel où il repaire ; ou le père ou la mère ou l'hoste est en l'admende, se c'est par nuyt, en LX sols parisis, et par jour en X sols parisis.

84 — *Se aucun allant par nuyt est prins hors du droit chemin.*

On a ordonné que se aucun sergent voit aucun hors du droit chemin après soleil couchant, ou après soleil levant, et le sergent le suyt au pyed et à l'ueil, et celluy qui est hors du dit droit chemin se avance de venir où droit chemin avant que le dit sergent mecte la main à luy, noncontrestant il peut bien mectre la main à luy ; et sera icelluy, soit homme ou femme, le ban d'aoust durant, en l'admende de LX sols parisis.

85 — *Que nul ne syee (s'asseie) en sa charriecte par derrière.*

On a ordonné que nul ne syee en sa charecte par derrière, son cheval estant aux lymons, s'il n'y a aucun qui gouverne sa dite charrecte, sur l'admende de X sols parisis.

86 — *Que nul ne aille en aultruy jardin l'an durant.*

On a commandé que nul ne aille en aultruy jardin, pour prendre fruit, l'an durant, sur l'admende de X sols parisis.

87 — *Pour feu et cendres.*

On a deffendu que nul ne fasse feu pour faire cendres, et que nul ne fasse rost de poys dedens les villes en la terre de Guysnes, tant que l'aoust dure, sur l'admende de III sols parisis.

88 — *L'ordonnance des glaneurs.*

§ 1er. On a ordonné que nul ne glayne en aoust qui puisse gaignier IIII deniers le jour et ses despens, sur l'admende de X sols parisis.

§ 2e Item, on a ordonné que nul glayneur ne glaynersse ne portent faucille ne coustel quant ils yront glayner aux champs, le ban d'aoust durant, sur l'admende de X sols parisis, et les faucilles et cousteaulx perdus. Et chacun les peut prendre en son propre champ, et les admener à la justice.

89 — *Que nul ne donne gerbes à aultruy.*

On a ordonné que se aucun donne gerbe à aultruy, le ban d'aoust durant, il sera en l'admende de X sols parisis.

90 — *Que nul ne fasse pigner, carder ne filler en aoust.*

On a deffendu que nul ne fasse pigner, carder ne filler par autruy sur LX sols parisis d'admende, et qui feroit l'ouvraige seroit à X sols parisis d'admende, le ban d'aoust durant ; mais chacun peut bien faire ouvrer par luy, par sa femme et par sa mesnie (famille) du sien propre, dedans sa maison, sans autre ouvraige, sans admende.

91 — *Pour les cuilleurs de dysmes.*

On a deffendu que ceulx qui ont dysmes à cuillir soit par héritaige ou par achapt, que eulx, leur mesnie ne saîrent ne proient par jour (1) garnisons d'autrui, ne emprunctent gerbes d'autruy pour le rendre arrière du dysme ; ne charient ne chevaulchent parmy les garnisons d'autruy, ne aussi qu'ils y laissent pasturer leurs chevaulx, sur l'admende de X sols parisis.

92 — *Pour les bolengiers.*

On a ordonné que chacun fasse son pain qui sera à vendre, bon et de droit poix par toute la terre de Guysnes, sur l'admende de XII sols parisis, à chacune fois qu'il sera trouvé en défault, et le pain perdu qui n'auroit son droit poix l'an durant. Et en chescune ville et villaige en la dicte conté, soyent ordonner deux peseurs dudit pain.

93 — *Que nul ait columbier.*

On deffend que nul n'ayt columbier sur son fief,

---

(1) *Sic.* Lizez plutôt : *ne sachent ne proient parmi garnisons d'autrui*, C. A. D. qu'ils ne grapillent ni ne maraudent parmi la moisson d'autrui.

s'il n'y a esté anciennement, ou que à cause de son fief il n'ayt court et hommes, ou se icelluy fief n'est en value de C sols parisis par an, ou de C sols parisis, de relief. Et se aucun d'autre condition que cy-dessus est dit, a de présent aucun columbier peuplé de coulons, il est ordonné que icelluy sera rompu et despecye et hosté hors de la place où il sera situé et assis, en dedens le jour de la Notre-Dame en septembre, sur l'admende de LX sols parisis, nonobstant qu'il y ait estaige ou estable par dessoubz le dit colombier. Ne nul ne peut avoir nul vollet en sa maison, ou il y ait ne puisse avoir plus de XX paires de coulons.

94 — *Que nul ne porte armures.*

On a deffendu à porter arcs, trousses de flesches, soient icelles flesches en trousses ou autrement, ne aussi coustel à pointe, hache déffensable, faulx, arcs, masses de fer ou de plonc, broches et toutes autres manières d'armures deffensables, sur l'admende de LX sols parisis, et les dicts arnois perdus chascune fois, et sans coup férir, excepté les barons qui ayent haulte justice en leurs terres qu'ils tiendront du roy, et serjant officier.

95 — *Pour les ribauldes.*

On a deffendu ribaulx et ribauldes sur paine de perdre l'oreille, et que nul ne les loge ne héberge, sur l'admende de LX sols parisis, et semblablement de gens qui vivent sur le gaing des femmes, et aussi d'estre tenus de larrecineux faîs. (*V. ci-dessus tit.* 60 *ci-après tit.* 115.)

96 — *Encontre le jeu des dets.*

On a deffendu le jeu des dets par nuyt sur l'admende de LX sols parisis, s'ils sont prins par bonne vérité en présent fait, et par jour à XII sols parisis, c'est assavoir se on joue au dit detz hors jeu de tables, car pour jouer aux tables, il n'y a point d'admende (*V. ci-dessus tit. 66*).

97. — *Pour la droite mesure.*

On a commendé à donner droicte mesure de vin et droit poix de toutes choses que l'on vent à poix sur l'admende de LX sols parisis, s'ils sont trouvez en faulte par bonne vérité, ou s'ils en sont prins en présent fait, et de mal traire cervoise XII deniers parisis. (*V. tit. 62.*)

98. — *Que nul ne preigne coulons.*

On a deffendu que nul ne preigne coulons sur l'admende de LX sols parisis et les raiz perdus : et semblablement que nul ne preigne autres oyseaux aux las sur l'admende de X sols parisis.

99. — *Que nul ne destourbe les charrues.*

On a deffendu de destourber les charrues sur l'admende de LX sols parisis ; et peut-on labourer et avec jour et nuyt sans forfait.

100. — *Que nul passant de pyé ne porte espée hors chemin.*

On a deffendu que nul passant ne allant de pyé ne

porte espée hors de son droit chemin, sur l'admende de XII sols parisis, et l'espée perdue, *(V. ci-dessus tit.* 94).

101. — *Pour l'amandement des chemins.*

On a ordonné que chascun sergent fasse commandement ès paroisses là où il est sergent, que chascun fasse admender les voyes et les mauvais trous ès chemins en sa terre et devant sa terre sur l'admende de X sols parisis à chacune fois qu'il sera en deffault, et que le seigneur les fasse faire à leurs coustz, s'ils ne les font ou font faire dedens VI jours après que on leur aura fait à savoir.

102. — *Pour le mesurer des bleds.*

On a ordonné qne des garnisons vendues et achaptées, que on les mesure réiz à reiz parmy le fer ; et qui le refusera, ou fera le contraire, sera en LX sols parisis d'admende à chacune fois que trouvé sera en tel deffault. *(V. tit.* 62).

103. — *Que nul ne vende fers de charues.*

On a ordonné que nul ne vende ne achapte fers de charues se n'est en plain marchié ; et aussi que nul ne preste argent sur iceulx fers de charues sur l'admende de LX sols parisis.

104. — *Pour les rons fossez parmy les chemins.*

On a ordonné que nul ne fasse rons fossez sur les chemins sur l'admende de LX parisis.

105. — *Pour bestes prises en boys.*

On a ordonné que nul ne garde bestes en boys desaagé à garde fait, sur XII sols parisis d'admende ; et sans garde, sur III sols parisis : et en boys aagé à garde fait, sur X sols parisis d'admende, et sans garde sur III sols parisis.

106. — *Pour le musnier.*

On a ordonné que nul musnier, ne varlez gardans molyn, ayt en son molyn, ne garde aucunes vaches, veaulx, ansres (oies), gelines, ne autres bestes, sur l'admende de XII sols parisis à chacune fois qu'ils en seront trouvez coulpables.

107. — *Que nul ne siffle par nuyt.*

On a ordonné que nul ne siffle par nuyt, s'il n'est gentil homme ou sergent, sur l'admende de X sols parisis.

103 — *Comment le sergent seroit creu par son serement.*

On a ordonné que chescun sergent soit creu par son serement durant le ban d'aoust, au-dessoubz et au-dessus de LX sols parisis, et hors le ban d'aoust, de XII sols parisis et dessoubz, se ledit sergent n'est souspeconneux et actaint de faulsetés.

109. — *Que nul ne preigne œufs aux marais.*

On a ordonné que nul ne preigne œufs aux marais soient de cyne ou d'autre volille sauvaige sur l'admende de XII sols parisis.

110. — *Le sergent ne peut estre avant-parlier.*

On a ordonné que partout le pays nuls sergens, ne varletz jures ne pevent estre avant-parlier (avocats) en la court du seigneur sur l'admende de X sols parisis. V. *(ci-après 133)*.

111. — *Pour bestes prises en pastures.*

On a ordonné que nul ne maine ses bestes paistre en aultrui herbe sur l'admende de XII souls parisis où cas que elle soyent trouvées lyées ès dittes pastures ou ès boys ; et se les dictes bestes ne sont point lyées elles ne seront que en l'admende de III sols parisis.

112. — *Nul ne peut estacher sa beste à lyen par le chemin.*

On a deffendu que nul ne estache bestes en nul lieu où il y ait chemin cariable, le ban d'aoust durant, sur l'admende de X sols parisis.

113. — *Que nul ne carie sans cordel.*

On a deffendu que nul ne carie sans cordel, s'il ne siet sur son cheval, ou s'il ne le maine en sa main, sur l'admende de X sols parisis, l'an durant.

114. — *Que nul ne coppe boys.*

On a ordonné que nul ne coppe boys en aultruy boys, c'est assavoir boys qui est prest de copper, sur LX sols parisis d'admende, ne autre boys en dessoubz qui n'est prest de copper sur XII sols parisis d'admende l'an durant.

115. — *Que nul ne tiengne maulvais hostel.*

On a deffendu que nul ne tiengne maulvais hostel, l'an durant, sur l'admende de LX sols parisis, *(V. ci-dessus tit. 59, 95 et 60).*

116. — *Que nul ne carye devant soleil, ne après.*

On a ordonné que nul ne carye, le ban d'aoust durant, devant soleil levant ne après soleil couchant. Mais se aucun homme a chargié son char ou sa charrecte de soleil luysant, et il peut venir à son chemin de soleil luysant, il peut bien carrier toute la nuyt a tout ce qu'il aura chargié de soleil, jusques il viengne en sa maison, sans admende. *(V. ci-dessus tit. 78 et suiv.)*

117. — *Se aucuns garde ses bestes en boys, ou que elles soyent eschapées.*

On a ordonné que se aucunes bestes sont trouvées à garde faicte en taillis de boys dessoubz III ans, elles seront à LX sols parisis d'admende, et se elles y sont trouvées eschapées sans garde, à XII sols parisis d'admende. Et de ce sera creu le sergent par son serement, l'an durant.

118. — *Se aucun rompoit par nuyt aucunes maisons.*

On a ordonné que se aucun, estoit meu de malvaise voulenté, qui enforçast et rompist de nuyt aucunes maisons, huis ou fenestres d'icelles pour baptre ou villenner aucunes personnes, ils encourroient en l'admende à tant de bestes et personnes qu'il y auroit eu en ce faisant, chascune à LX livres parisis d'admende et par jour LX sols parisis d'admende.

119. — *Se aucun enfreïnt la main du Seigneur.*

On a ordonné que se aucun enfreint la main du Seigneur, il sera à LX sols parisis d'admende, l'an durant.

120. — *De l'office du sergent par IIII articles ensuivans.*

On a ordonné que nul sergent ne entrera dedens la sergenterie et office d'autre sergent, se ce n'est par commission du bailly de la conté sur peine de perdre son office et LX sols parisis d'admende.

§ 2ᵉ On a ordonné que toutes manières de adjournements en quelsconques cas que ce soit, soyent arrestez, ou mains assises se feront doresenavant par ung sergent ayant commission du bailly. Et seront creus toutes manières de sergens par leurs relacions escriptes et scellées sans tesmoignages des francs hommes.

3ᵉ § On a ordonné que se la demande ne passe X sols parisis, il suffira que le sergent par le commandement du bailly face les adjournements et relacions de bouche et en sera creu.

§ 4ᵉ On a ordonné que se la demande passe X sols parisis, il conviendra enseignement par commission du bailly et relacion du sergent par escript, et aura le clerc du souverain bailly pour la commission escripte et scellée, XII deniers parisis, et le sergent aura pour sa relacion XII deniers parisis.

121. — *Des brasseurs.*

On a ordonné que nul brasseur ne vende, ne délivre cervoise que elle ne soit regardée premièrement par la justice dessoubz qui ledit brasseur est demourant sur l'admende de X sols parisis.

122. — *Qui vendra beuvraige il doit mectre l'enseigne dehors la maison.*

On a ordonné que nul ne vende aucuns breuvaiges à détail en son hostel qu'il ne mecte aucune enseigne dehors, sur l'admende de LX souls parisis pour vin, et pour cervoyse et byère sur l'admende de XII souls parisis.

123. — *Qui fait riot ou débat.*

On a ordonné que s'il est aucun qui fasse riot ou débat encontre aultruy, et il se deffent, celluy qui fait le débat est jugié en deux admendes, et le assaillant payera toutes les deux admendes.

124. — *Que nul ne mecte fiens sur les rues.*

On a ordonné que nul ne mecte fiens sur les rues ne sur les chemins, ne au rivage qu'il ne le oste dedens trois jours, sur l'admende de III souls parisis au prouffit du bailly.

125. — *Que nul excommeniez ne entre dedens le moustier.*

On a ordonné que nul excommeniez ne entre dedens le moustier en tant que on fait et célèbre le saint service divin, ne aussi quant on chante matines, vespres et autres heures canonialles, sur l'admende de XX souls parisis ; et aussi ne peut venir le dit excommeniez en la halle quant on plaide, ne ès tavernes, sur la paine de la dicte admende

126. — *Des fontaines.*

On a ordonné que nul ne fasse ordure ès fontaines sur l'admende de XX sols parisis.

127 — *Que nul ne siée en taverne après X heures.*

On a ordonné que nul ne siée pour boyre en la taverne de vin, de cervoyse, ne de bierre après la cloche sonnée, se ne sont les hostes logiés en la dicte taverne, sur l'admende de X sols parisis.

128. — *Quel temps et combien dure le ban d'aoust.*

Le ban d'aoust durera du dimenche prouchain ensuivant après la feste de la Magdelaine jusques à la feste de la décolation St-Jean-Baptiste prouchain ensuyvant.

129. — *L'ordonnance de poyser pain.*

On a ordonné que chacun seigneur en sa terre doit prendre deux preudommes pour poyser le pain au poys de Guysnes sur l'admende de XII sols parisis, et le pain perdu qui n'aura son droit poys, hors du moys d'aoust.

129 (bis). — *Des ensoynes et délais.*

On a ordonné que nul ne peut avoir que une ensoyne en une cause, avecques les délais acoustumés et raisonnables. *(V. ci-dessus tit.* 18).

138. — *Comment le tavernier leaulement peut et doit estre creu par son serement.*

On a ordonné que se aucun tavernier fait appeller aucune personne en court pour aucune debte de despence faicte en sa maison, il sera creu par son serement jusques à la somme de V sols parisis et I denier et au-dessoubz.

131. — *Du bailly et clerc des barons, et comment le clerc doit user de son seing manuel..*

Item, les baillifs des barons et autres justiciers auront pour les commissions, comme dessus est dit, XII deniers parisis pour les clercs, et est ordonné que les dits clers useront de seing manuel en leurs escriptures.

132. — *Qui oppose et déchiet de son opposition.*

Item, se aucun opposant déchiet de son opposition, il en chiet en XII souls parisis d'admende vers le seigneur.

133. — *Le franc homme ne doit estre avant parlier.*

Item, nul franc homme d'aucun seigneur ne doit playdoyer en la court dont il est homme, se n'est par congié et licence du seigneur, sur l'admende de LX souls parisis. *(V. ci-dessus* 14, 110).

134. — *Quels sergens doyvent entrer en la seigneurie des barons.*

Item, est deffendu que nul sergent ne entre en la

jurisdiccion des barons, s'il n'est juré par devant eulx, exepté les sergens de Monstereul qui y pevent entrer à toutes heures, sur l'admende de XII souls parisis.

134. — *Comment chascun peut garder ses bleds soir et matin.*

Item, ung chascun peut garder ou faire garder par ses serviteurs ses bleds et garnisons soir et matin sans souppeçon et sans faire dommaige à aultruy, pourtant qu'il entre en son champ de soleil levant. *(V. ci-dessus tit. 80).*

136. — *Nul sayeur ne sayeresse de bleds ne doit emporter gerbe du champ.*

§ 1er Item, que nul sayeur ne sayeresse n'emporte du champ gerbe, ne glenne, se ce ne sont ceulx qui sont louéz pour porter les dites gerbes et le messier, sur X souls parisis d'admende.

§ 2e Item que nul sayeur ne sayeresse ne mainne glayneur après luy, sur l'admende de X souls parisis.

137. — *Que nul charretier ne donne à mangier à ses bestes.*

§ 1er Item, il est desfendu que nuls charretiers ne donnent à mangier à leurs chevaulx aucuns bleds sur l'admende de X sols parisis.

§ 2e Item, que nul ne preigne veiche d'aultrui, et qu'il ne emporte nulles veiches sinon warat, sur l'admende de X sols parisis.

138. — *De la manière de succession et particion.*

Coraterie ; que toutes manières de gens qui veullent partir ou avoir succession d'aultruy mort, qu'ils aient parti tellement qu'ils puissent dessever et werpir l'ung de l'autre par loy dedens XL jours du trespas de icelluy pour qu'ils prenent succession, sur l'admende de LX. sous parisis. Et se c'estoit par deffaulte des partisseurs ou des parties que les choses dessus dictes ne fussent faictes comme dit est, celluy qui trouvé seroit en deffaulte seroit en l'admende dessus dicte.

139. — *Pour les orphenins.*

Item, que toutes manières de gens qui ont bail ou aulcuns biens d'orphenins entre mains, qu'ils viengnent par devant les eschevins une fois l'an, c'est assavoir le mardi de Pasques et fassent suffisans comptes des biens qu'ils pevent avoir entre mains d'aucuns orphenins, lesquelles choses se doyvent faire sur l'admende de LX sols parisis, qui de ce sera trouvé en déffault. *(V. ci-après tit.* 198.)

140. — *Salaire des arbitres.*

On a ordonné que chascun arbitre doit avoir le jour pour ses despens II sols parisis, et tesmoings XII deniers, sur l'admende de X souls parisis, et que nul ne suyve arbitraige pour despendre, s'il n'est appelé de parties sur l'admende de X souls parisis. Et doit-on déterminer l'arbitraige dedens la IIIIme journée, sur l'admende de X souls parisis. Et quiconques des parties ne vient au jour à luy assigné par les arbitres, il est tenu de payer les cousts et despens du jour.

141. — *Pour femme tençant.*

Item, les femmes tençans et noysans ensemble doyvent porter le ramon (balai) de l'une porte de la ville jusques à l'autre.

142. — *Pugnicion de ceulx qui vendent maulvais lyn.*

§ 1ᵉʳ Item, que nul ne vende maulvais lyn ne kenneve (chanvre) qu'il ne soit aussi bon dedens que dehors au regard des coratiers, sur l'admende de X souls parisis.

§ 2ᵉ Item, que nul ne donne à mangier à manouvrier au vespre, sur l'admende de X sols parisis.

143. — *Ordonnance pour les balances.*

Item, que la balance de la ville, quant on poisera, le langhiet doit estre où bihaut, (l'aiguille doit être au milieu) et doit avoir le achapteur II livres au cent, et du plus ou mains à l'avenant.

144. — *Que nul ne jecte pierres ne cailleux contre le moustier*

Item, que nul jecte pierres ne cailleux, ne ne tyre de traict d'arbalestre contre le moustier sur paine de X sols parisis d'admende et payer le dommaige, se dommage y avoit, et que nul ne joue à la paulme sur le moustier quant on fera le service, sur paine de la dicte admende.

145. — *Pour ceulx qui font les chandelles de suif.*

Item, que chascun qui fait chandelles de suif, les

fasse bonnes et loyalles sans mesler le bon suif avecques beurre ou bloc suif, sur l'admende de X souls parisis.

146. — *Des joeurs aux bolles.*

Item, que nul ne joue ne gecte la bolle contre le moustier, sur l'admende de X sols parisis.

147. — *Nul estrangier ne fasse pasturer ses bestes en l'eschevinaige.*

Item, il est deffendu que nul ne fasse pasturer ses bestes en l'eschevinaige s'il est estranger, sur l'admende de X sols parisis.

148. — *Pour ceulx qui tirent le vin hors des caves ou de celliers.*

Item, on doit avoir six tireurs de vins pour les mectre et tirer hors des caves ou de celliers, et doit chascun livrer pleige d'ung tonnel de vin s'il aloit à meschief par leur deffaulte. *(V. ci-dessus, tit. 70).*

149. — *Des ensoinnes.*

On a ordonné que nul ne peut envoyer que une ensoinne de LX sols parisis ou de mains par toute la terre de Guysnes, là où il est couchant et levant, et sera adjourné au lieu et place où sont ses héritaiges, s'il n'estoit obligié par fait de court ou par lectres, il auroit toutes ses ensoinnes.

150. — *Des censiers qui sont arrière de leurs rentes.*

On a ordonné que se aucun censier est arrière de ses rentes et le terme passé, le Seigneur du dit héritaige peut prendre la terre en sa main et faire adjourner le dit censier et faire foringier icelluy héritaige aux usaiges et coustumes que on foringe héritaige. Se le dit censier ne veult faire devoir de payement avant que tant de journées soient gardées sur le dit héritaige que suffire doye à foringier, se ce n'estoient enfans qu'ilz n'eussent pas leur aage, ou aucun qui fust hors du royaume. Et se les enfants qui n'avoient pas leur aage ne venoient dedens l'an qu'ilz seroient aagiés, le Seigneur pourroit mectre la main à la terre, et en faire comme de sa propre chose.

151. — *Comment les tesmoings seront examinez.*

On a ordonné que se aucun veullent produyre tesmoings que les principaux soyent premièrement oys par leurs seremens, et chascun tesmoing singulièrement par devant les francs-hommes, et doyvent estre examinez bien et deuement ainsi qu'il apartient.

152. — *Des coustz et fraiz de justice.*

On a ordonné que se aucuns est actains et convaincu d'aucun procès ou d'aucune cause, il est tenu de payer à partie adverse tous coustz et fraiz faiz en la prosécucion de la cause, c'est assavoir aux despens de bouche de partie, selon l'estat de lui et de son advocat, II souls parisis le jour, s'il va à pié, et à cheval IIII souls parisis, et II sols parisis pour l'admende du Seigneur se c'est de chastel, et pour les sergens pour chacun adjournement II souls parisis s'il va à cheval, et à pié XII deniers parisis, et le tesmoing qui vient à cheval II souls parisis le jour et à pié XII deniers parisis.

153. — *Des ensoinnes.*

§ 1ᵉʳ On a ordonné que en cas de nouvelle dessaisine ou de nouvel empeschement, que nul ne ait que une ensoinne. *(V. ci-dessus tit.)*

§ 2ᵉ On a ordonné que ceulx qui seront adjournez de chastel viengnent à la court pour plaidoyer à l'eure que on souloit venir au temps de noz devanciers.

154. — *Qui feroit noize par nuyt en taverne.*

On a ordonné que nul ne fasse noize, ne débat en la taverne, ne au matin, ne au vespre, s'il n'a C livres de rente, se ce n'est par le congié du Seigneur dessoubz qui il fait les dictes noizes, sur paine de XL souls parisis d'admende. *(V. tit. 123 et 296.)*

§ 2ᵉ Item, on a ordonné que celluy qui sera en la taverne du vin et qui bura vin, payera III souls parisis pour chascune escuele, et qui bura godalle, XVIII deniers parisis, et payera autant à dysgner que au vespre, et semblablement au matin, sur paine de LX sols parisis d'admende : mais se aucun veult donner à mengier à ses amis sans payer, il le pourra faire jusques à IIII escuellez ou à V.

155. — *Comment les sergens pourront porter toutes manières d'armures.*

On a ordonné que chascun sergent juré au Baron ou franc-homme de la terre de Guysnes peut porter toutes manières d'armeures deffendues hors ville de loy, sans forfait. *(V. ci-dessus tit. 94).*

156. — *Que nul bastel ne parte de terre pour aller par nuyt en l'eaue.*

On a ordonné que nul bastel, ne nulle nef dedens

l'eschevinaige soit mis hors de terre après soleil couchant, avant ce que le soleil soit levez au lendemain ; c'est assavoir de ceulx qui sont demourans ès marais par de là les ruez, sur la paine de LX souls parisis d'admende chascune personne et à chascune foiz, et le bastel perdu.

157. — *Comme tous bastelz seront fermez par nuyt.*

Item, est ordonné que toutes personnes demourans sur les maraiz ès ruez en maisons, tiendront et doyvent tenir par nuyt leurs neiz et bastelz fermez de chaynnes de fer, sur la paine de LX sols parisis d'admende, et les bastelz et nefz perduz.

158. — *Comment chacun digne de foy peut rapporter et présenter.*

Et à ces commandemens regarder peut prendre ou faire rapporter chascun sergent et messiers de la chastellenie et de l'eschevinage, et toutes autres bonnes personnes de l'eschevinage dignes de foy, et aura chascun qui en fera repport la tierce-partie de l'admende.

VII. — LES ARTICLES DE LA FESTE DE GUYSNES.

Ce sont les commandemens de la feste de Guysnes, commandez par le Bailly et francs-hommes illec.

159. — *La franche feste de Saint Pierre en aoust.*

On doit crier la franche feste de la Saint Pierre premier jour du mois d'aoust, à Guisnes le dimanche devant, par le Seigneur, le Bailly et les francs-hommes, de toutes debtes de deniers, du premier jour de la dicte feste, soleil levant, jusques lendemain où derrain jour, soleil levant.

160. — *La franchise de la feste.*

La feste soit franche en paix à toutes gens de toutes querelles fors de lait fait, deux jours devant le jour Saint Pierre, c'est assavoir de l'eure que on crye la feste jusques à deux jours après le jour Saint Pierre, jusques à la nuyt du derrain jour que le soleil va escous. Et ces V jours soit la feste franche et en paix à toutes gens, alans et venans, de toutes querelles, fors que de lait fait.

161. — *Que nul ne destourbe la feste.*

On a deffendu que nul ne destourbe, ne se combate dedens la feste, sur la paine de LX livres parisis d'admende.

162. — *Que nul ne herbage ne loge les bannis.*

On a deffendu que nul ne herbage ne loge les bannis sur la paine de LX livres parisis d'amende de chacun banny, s'il est trouvé qu'il soit banny.

163. — *Que nul ne porte armures en la feste.*

1er § On deffent que nul ne porte armure deffensables en la dicte feste, sur l'admende de LX sous parisis, se ce nestoient gens estrangiers, venans d'estrange terre, trespassans le pays en haste, se ils ne se combatoient, ou faisoient ung lait fait. Et se ils se combatoyent ou faisoient ung lait fait, celluy ou ceulx qui ce feront, seront en l'admende au dit et jugement des francs hommes.

2me § On deffent aussi que nul ne porte bouclier sur la paine de perdre le dit bouclier et LX souls parisis d'admende à chascune fois que on portera bouclier à la feste (*V. ci-dessus tit. 94*).

164. — *Des balanciers et poys.*

On commande que toutes balances et tous poys soyent bons et loyaulx sur l'admende de LX souls parisis.

On commande aussi que l'on poyse droicturièrement et justement, sur la paine de LX souls parisis d'admende.

165. — *Que toutes aulnes soyent bonnes.*

On commande que toutes aulnes soyent bonnes et loyalles, sur la paine de LX souls parisis d'admende de chascune aulne.

166. — *Chascun doit aulner justement.*

On commande de aulner justement et droicturièrement draps de layne et de lynge, et toutes autres choses qui se vendent à l'aulne, sur la paine de LX souls parisis d'admende.

167. — *Que toutes mesures soyent bonnes.*

On commande que on ait bonnes et droites mesures de toutes liqueurs, sur la paine de LX souls parisis d'admende de chascune mesure.

168. — *Que chascun mesure bien et justement.*

On commande que on mesure bien justement et

bien droicturièrement, à plaine mesure, sur la paine de LX souls parisis d'admende.

169. — *Que nul ne mesle vin.*

On a commandé que nul ne mesle vin depuis qu'il est mis en vente et à broche, sur la paine de LX souls parisis d'admende.

170. — *Que chacun mesure byère et cervoyse bien justement.*

1er § On a commandé de mesurer justement et droictement byère et cervoyse, à plaine mesure, sur la paine de X souls parisis d'admende.

2me § On commande aussi que on mesure le myel bien et justement, et que on en donne plaine mesure, sur la paine de LX souls parisis d'admende.

171. — *Que toutes mesures soyent bonnes.*

On a commandé que toutes mesures de cuyvre soyent bonnes et loyalles, sur la paine de X souls parisis d'admende. Et les dictes mesures soyent de cuyvre ou de boys, avec quels aulnes qui seront trouvées fausses et malvaises seront brulées et arses devant les maisons de ceulx à qui elles apartiendront, ou en plain marchié.

172. — *Que chacun poise par le poys de la ville.*

On commande que toutes manières de estrangiers forains admenans leurs marchandises pour vendre par poys, que ils les poysent par le poys de la ville de Guysnes, sur la paine de LX souls parisis d'admende chascun, et à chascune fois qu'il en sera trouvé en deffault, s'il n'est bourgeois de la ville, lequel bourgeois peut bien poyser du sien propre, et le prester à ses voisins sans aucune admende.

173. — *L'ordonnance des estaulx en la dicte feste.*

1er § On deffent que nul bourgeoys ne preigne que deux estaulx, c'est assavoir ung pour luy et ung pour son amy, par devant sa maison et non ailleurs ; et que nul quel qu'il soit ne loue que deux estaulx de marchandise devant sa maison ; et que nul bourgeois ne tiengne que deux estaulx, ne ne fasse tenir de la marchandise dont il use, sur la paine et admende de X souls parisis d'admende.

§ 2e On deffent que nul estrangier non bourgois, ne preigne que un estal sur la peine de X souls parisis.

174. — *L'ordonnance des payements en la dicte feste.*

On commande que on fasse tous les payemens hors des maisons en appert, en plain marchié, sur la paine de LX souls parisis d'admende, sur celluy qui fera le payement et LX souls parisis d'admende sur celuy qui recevra les payements, la dicte feste durant.

175. — *Que chacun paye son tonlieu.*

On commande que chascun qui a vendu ou achapté aucune chose, dont il doit tonlieu, qu'il crye hault et bien appert : *tolnare, tolnare,* sur la paine de LX souls parisis d'admende, et que il paye son dit tonlieu sur licte amende.

VIII. — TRAVERS DE GUYSNES.

176. — *Ce sont les droictures du Travers de la conté de Guisnes, lequel travers est tout entièrement au Seigneur.*

§ 1ᵉʳ Premièrement chascun sacq de laynne qui vient d'Angleterre doit pour le travers à Guysnes, aussitost qu'il est venu en la dicte conté, IIII deniers estrelings.

§ 2ᵉ Item, chacun tonneau de vin qui est et sera mené parmy la dicte conté, XII deniers parisis.

§ 3ᵉ Item, chacun cheval qui vient d'Angleterre, ou qui vient par de ça pour aller en Angleterre, doit à Guysnes en passant par la conté pour le dit travers, IIII deniers estrelings.

§ 4ᵉ Item, toutes manières de draps venans de Brabant pour aller en Angleterre, doit de travers pour chascun drap entier, IIII deniers estrelings, et pour demy drap, II deniers estrelings.

§ 5ᵉ Item, toutes manières de draps venans de Flandres ou de Saint Omer pour aller en Angleterre, chascun drap entier doit IIII deniers parisis, et pour le demy drap II deniers parisis.

§ 6ʳ Item, les covrechief venans de quelconque pays que ce sera pour aller en Angleterre, chascun covrechief doit de travers II deniers parisis.

§ 7ᵉ Item, peaulx de mouton venans d'Angleterre, pour chascune XIIⁿᵉ de peaulx, doyvent II deniers estrelings.

IX. — L'USAIGE DE LA LOY DE L'ESQUEVINAIGE.

C'est l'usaige de l'esquevinaige de Guysnes.

177. — *Qui tyre hors de la guaynne ou fourrel ung coustel à poincte.*

A savoir qui tyre ung costel à poincte par mal talent et par maulvaise voulenté sur aucune personne, et il est prouvé et trouvé contre luy par enqueste, il est en LX livres parisis d'admende. Et se du dit coustel à poincte il ayt féru aucune personne à playe ouverte, il est en admende de coupper le poing.

178. — *Se aucun ferist ung aultre d'ung baton ferré.*

Item, se aucune personne fiert ung aultre de quelque baston ferré que ce soit, il est en l'admende de LX livres parisis, et s'il fiert d'ung baston qui n'ait pas de fer, il est de X livres parisis d'admende.

179. — *Se aucun ferist ung aultre de son poing.*

Item, se ung homme fiert ung aultre de son poing, il est à XXX souls parisis d'admende, dont la moictié est au seigneur et francs-hommes appellés eschevins, et l'autre moictié à la partie qui est ferue.

180. — *Se aucun ferist ung aultre d'une pierre.*

Et s'il avoit une pierre en sa main, et il le fiert de la dicte pierre, il est en l'admende à X livres parisis.

181. — *Se ung homme gectoit vin au visaige d'ung aultre.*

Item, qui gecteroit vin au visaige d'ung homme par despis, celluy qui le vin auroit gecté seroit en l'admende de X livres parisis.

182. — *Qui mectra la main au Bailly, sergent ou Eschevins.*

Item, qui mectroit main au Bailly, ou sergent de la loy, ou à ung Eschevin, il seroit en l'admende d'avoir le poing coppé.

183. — *Comment bourgoys sont quictes de tonlieu.*

Item, tous bourgoys de la ville de Guysnes sont quictes de tout tonlieu et travers partout en la conté de Guysnes.

184. — *Qui robberoit marchans.*

Item, qui robberoit marchans ou autre en la dicte conté de Guysnes par terre ou par eaue, c'est assavoir se la robberie fust faicte par nuyt, celluy qui le cryme et délict a fait, commis et perpétré, seroit trayné et pendu par la gorge, se on le povoit prendre et appréhender, et se la robberie a esté faicte par jour, celluy qui ce auroit fait seroit pendu. Et se ainsi estoit que on ne le peust prendre, il seroit banny sur le hart à tousjours hors de la comté de Guysnes. *(V. tit. 186).*

185. — *Se ung homme tue ung aultre.*

Item, se ung homme tue ung autre, et on le peut tenir, il sera penduz. *(V. tit. 871).*

186. — *Se aucun embloit des biens.*

Item, se aucun embloit des biens soit de jour ou de nuyt, jusques à la valeur de V souls parisis, il seroit pendus.

187. — *D'ung vaissel de charge.*

Item, est à savoir que la rivière qui maine à Calais,

à Saint-Omer, peut ung vaissel de la charge de IIII tonneaulx de vin passer partout, de Saint-Omer par Charroy à Ardre parmy leurs terres, c'est assavoir par IIII lieues de terres, et d'Ardres, la rivière qui maine jusques à Bruges, à Gand, à Yspres et à Tournay, et ailleurs au pays d'environ.

X. — MALETOTES DE GUYSNES.

Ce sont les maletotes de la ville de Guysnes que on a coustume prendre sur les estrangiers.

188. — *Comment bourgoys sont quictes de toutes maletotes.*

Premièrement est à savoir que chascun bourgoys de la dicte ville de Guysnes, est quicte de toutes manières de maletotes, hors pritez, sel, renez et cherrues.

Premièrement de chascun estal en la dicte ville	Obole parisis.
Item de chacun sacq de bled ou d'autre que on enmaine hors de ladicte ville.	Obole parisis.
Item de chacune brebis.	Obole parisis.
Item d'ung porc.	Obole parisis.
Item, d'une vache.	II den. parisis.
Item, d'uu cheval II deniers parisis et autant le vendeur que l'achapteur s'il n'est bourgois.	II den. par.
Item, pour ung lit.	II den. par.
Item d'une huche II deniers parisis et autant le vendeur que l'achapteur.	II den. par.

Item, une charrete chargée de sel . . II den. par.
Item, le chariot chargié de sel. . . . V den. par.
Item, la somme de cheval. . . . . Obole par.
Item, se aucun porte une somme de sel à son col, et la dicte somme vaille 12 deniers parisis, il payera. . . . Obole par.
Item, autant de fruit comme de sel. Obole par.
Item, qui paye le tonlieu de ce que vault XII deniers parisis de quelconque marchandise, le dimenche, il est quite pour toute la sepmaine . . . . . Obole par.
Item, de l'estal de laynne. . . . Obole par.
Item, se ung home amaine une charrecté de laynne, il payera . . . . VIII d. ob. p.
Item, le chariot chargé de lainne. . XVII d. par.
Item, la somme de cheval. . . . II d. p.
Item, le marchant de sel de rannet doit. . . . . Ob. p.
Item, toutes manières de bestes alaictans ne doyvent rien pour ce. . . . Nihil.
Item, la charrecté de boys ouvré passant par la ville, doit. . . . . . II d. p.
Item, le chariot doit. . . . . . IIII d. p.
Item, qui achaptera aucune chose pour son mangié, est quite por ce . . Nihil.
Item, une pierre de moulin admenée par charrecte doit. . . . . . . VIII ob. p.
Item, une pierre de moulin admenée par chariot doit. . . . . XVII d. p.
Item, la charrecte de harenc fraiz. . II d. p.

Item, le chariot du d. harenc fraiz . IIII d. p.
Item, la somme de cheval doit. . . . Ob. p.
Item, s'il a ung millier de harenc. . I d. p.
Item, la charrecte de poisson fraiz doit. . . . . II d. ob. p.
Item, le chariot dud. poisson doit . V d. p.
Item, se le poisson est sallé la somme doit. . . . . , . I d. p.
Item, chascun cent de merlyngs et de maquerelz doit. . . . . . . I d. p.
Item le pourpoys doit. . . . . Ob. p.
Item, l'estal de veirres doit ung voirre, le premier sur lequel le maletotier mectra sa main. Et pourtant celluy qui vent les dis voirres, est quite pour tout l'an pour. . . . . I voirre.
Item, le poyseur de lyn qui poyse au marchié aura pour sa paine. . . Ob. p.
Item, chascun lart ou la moictié le vendeur et l'achapteur doyvent chascun obole parisis pour ce. . . . . I d. p.
Item, ung cheval chargié d'espiceries doit. . . . . IIII d. p.
Item, une charrectée chargée de la d. espicerie doit . . . . VIII d. p.
Item, le chariot chargié de la dicte espicerie doit . . . . XVI d. p.
Item, toutes vieilles choses sont quictes pour ce. . . . . Nihil.
Item, la charrecte qui admaine du

bled baptu ou d'autre grain passant parmy la ville, doit. . . . . VIII d. p.

Item, le chariot chargié desditz bledz ou grains, doit. . . . . XVI d.

Item, toutes vieilles choses sont quictes pour ce. . . . . Nihil.

Item, la charrecte chargée de cervoyse, doit. . . . . II d. ob. p.

Item, le chariot chargié de mesme, doit. . . . . V. d. p.

Item, le cent de fer ou de ploncq, doit. . . . . I d. p.

Item, prestres, clercs, chevaliers et gentilz hommes non marchans, sont quictes pour ce. . . . . Nihil.

Item, la charrecte chargée de fruyt venant au marchié, doit. . . . . II d. ob. p.

Item, le chariot chargié dudit fruyt, doit. . . . . V d. p.

Item, la somme de cheval dud. fruyt, doit. . . . . Ob. p.

Item, ung homme chargié dud. fruyt quant ce qu'il porte vault XII d. p., il doit. . . . . Ob. p.

Item, le bolengier venant au marchié a tout pain, et se il le porte sur son col, il doit. . . . . 1 d. p.

Item, le pain venant au marchié sur une charrecte, doit. . . . . . . II d. p.

Item, la charrecte de pain venant

aussi par la ville et passant oultre, doit. II d. p.

Item, se ung chariot de pain passe la ville, il doit. . . . . V d. p.

Item, ung homme passant la ville avec ung cheval chargié de pain, doit. I. d. p.

Item, chascun tonnel de vin, doit. . . IIII lotz.

Item, chascunne pipe vendue, doit . II lotz.

Item, nul marchant ne doit estre quicte de travers en la conté de Guysnes. . . . . Nota.

Item, chascun port passant la ville, doit. . . . . Ob. p.

189. — *En la franche feste chascun estal et chascune beste doyvent doubler, ainsi que cy-après est spécifié, dit et déclaré.*

Premièrement :

L'estal de corduan, doit. . . . . II. d. p.

Item, l'estal d'un cordoennier, doit une paire de soliers là ou le traversier mect premièrement la main, mais s'il plaist au traversier, il peut pacifier pour. . . . . VI^d ou VIII^d p.

Item, l'estal de faucilles, doit. . . I faucille.

Item, l'estal de fleyaulx, de rasteaux, de arcs à main, chascun estal doit I flayel, I rastel, I arc, et sont quites pour tout l'an. . . . . Nota.

Item, toutes charrectes nouvelles venans à la feste, doyvent chascune à la porte. . . . . Ob. p.

Item, la charrecte à tout filay, doit à la feste à l'yssue de la porte. . . . XVII d. p.

Item, semblablement le chariot à tout filey doit . . . . II s. X d. p.

Item, ung cheval troussé doit. . . . VIII d. p.

Item, le tonnel de vin qui passe la ville doit. . . . . XII d. p.

Item, l'estal de fromaige couvert doit à la feste. . . . . IIII d. p.

Item, l'estal de fromage non couvert doit. . . . . I d. p.

Item, chascun drap deçà l'estant (1) doit. . . . . IIII d. p.

S'il n'en mainne dessus X ou XII, mais s'il en a XX, XL ou L ou LX, on laisseroit passer l'achapt pour III s. p. IIII s. p. ou V s. p., selon ce qu'ilz seroient chargiez.

Et de là l'estant les draps que on mainne en Angleterre.

Item, des draps de Douay la charrecté doit . . . . I d. p.

Item, le cheval chargié de draps de Douay doit. . . . . II s. p.

Item, la brouecte . . . . . . XVI d. p.

(1) *Estant*, *estake* signifie pieu, poteau servant de limite. « Deçà, delà l'estant » veut dire en deçà, d'au delà des barrières établies pour la perception du droit de péage sur les grands chemins à l'entrée du comté.

Item, d'un homme qui porte le drap à son col doit payer... . . . . . VIII d. p.

Item, la charrecte de drap chargié à Saint Omer doit. . . . . VIII d p.

Item, le chariot chargié dudit drap doit. . . . . XVI d. p.

Item, le cheval chargié dud. drap doit. . . . . IIII d. p.

Item, ung cheval qui passe la mer doit. . . . . II d. p.

Item, ung cheval qui retourne de la mer doit. . . . . VI d. p.

Item, de chascun sacq de layne . . IIII d. p.

Item, de chascun cheval que on maine en Angleterre, qui vient de l'estant et de delà. . . . . IIII d. p

Item, de chascun pellerin de deçà l'estant, doit de son cheval passant oultre la mer . . . . IIII d. p.

Item, faulcons en main de marchant doyvent, se on les porte oultre la mer, et à tout ung chien. . . . . . . IIII d. p.

XI. — LES COUSTUMES DE DELFAGE (1).

190. — *Droits à payer par chacun bastel.*

Premièrement chacun bastel alant

---

(1) Delfage pour *teelt-wage*, revenu du transport?... Du substantif flamand *teelt*, fruit, profit, revenu, du verbe *teelen* produire, et de *wage*, chariot, voiture, transport.

hors chargié de billet, pour chascun millier dudit billet (de *bil*, cognée; bois raccourci) . . . . II d. p.

Item, pour chascun bastel chargié de long boys . . . . IIII d. p.

Item, pour chascun bastel chargié de vin, chaulx ou pierres, doit.. . . IIII d. p.

Item, le bastel chargié de vin doit pour chascun tonnel. . . . . RIII d. p.

Item, le bastel doit pour chascune pipe de vin. . . . . VIII d. p.

Item, le bastel chargié de cervoise doit pour chascun tonnel. . . . . IIII d. p.

Item, chascun bastel chargié de vin aigre, verjus, huylle, graisse et telles choses semblables, doit pour chascun tonnel . . . . IIII d. p

Item, le bastel chargié de fruyt de cavesme, c'est assavoir figues, roysins et allemandes (amandes), doit pour chascun freet . . . . I d. p.

Item, chascun bastel chargié de bleds, de poys, de fenez (grains mêlés) d'orge ou de navecte doit pour chascune rasière . . . . I d. p.

Item, pour chascune rasière d'avoyne Ob. p.

Item, pour chascun bastel chargié de fer, pour chascun cent doit . . . IIII d. p.

Item, pour chascune rasière de sel. I d. p.

Item, pour chascun bastel de charbons. . . . . IIII d. p.

Item, d'un cent de laynne chargée
en bastel. . . . . IIII s. p.

Item, pour un bastel chargié de harenc fraiz . . . . IIII d. p.

Item, bastel chargié de harenc en
barril, doit pour chascun barril. . . VIII d. p.

Item, ung bastel chargié de voirres
(verres) doit . . . . Ob. p.

Item, la charrecte chargée de voirres
doit. . . . . Ob. p.

XII. — AUTRES COUSTUMES ET DROITS A PAYER.

191. — *Pour le deffault et coutumasse d'ung homme deffaillant en court.*

Quant ung homme est adjourné à la poursuicte de partie de venir à la court de par le mandement du Bailly, et s'il ne vient point à son jour assigné, il doit pour chascun deffaulx XII s. par.

192. — *L'ordonnance des brasseurs.*

§ 1er Item, chascun brasseur doit à chascune foiz qu'il fait nouvelle cervoyse II lotz.

§ 2e Item, se ledit brasseur envoyoit, par sa charrecte ou chariot, sa dicte cervoyse hors de la conté de Guysnes, il doit payer au Seigneur II deniers parisis, pour la charrecte et, pour le chariot, IIII d. parisis, et se le dit brasseur mectoit sa dicte cervoyse dedens la conté de Guysnes, il n'en doit riens payer pour ce que le seigneur a son cambaige en chascun villaige dedens la dicte conté de Guysnes.

193. — *Se aucun vendoit bestes mises en sa maison, à savoir s'il doit tonlieu ou non.*

Item, se aucun bourgoys ou franc-homme, ou aultre soubz-manant dedens la conté de Guysnes, avoient mises en leurs maisons aucunes bestes à aucune franche feste ou marchié hors la conté, ilz ne payeront riens pour le travers dedens la dicte conté; mais s'ilz avoient achapté aucunes bestes, et ilz veullent aller au machié pour les vendre hors de la dicte conté ou dedens, ilz payeront le travers au Seigneur pour chascune beste, selon les coustumes du pays.

194. —*Du rachapt des biens vendus par la voulenté de partie.*

Item, une personne qui vent ses biens meubles en plain marchié de sa bonne voulenté, sans aucune contraincte de justice, iceulx biens meubles demourront vendus.

195. — *Et s'ilz sont vendus par justice.*

Item, se une personne est obligié devant justice à payer certainne somme d'argent à quelque personne, à certain jour, et iceluy obligié fault du jour et du payement, et la personne à qui on est obligié vient à la justice par deffault de payement, icelluy obligié sera justicié par VII jours entiers avant que on vende ses biens. Et seront iceulx biens meubles ou héritaiges vendus par justice en plain marchié et à jour de marchié, et non à aultre jour. Et aura icelle personne obligée induce et respit de rachapter ses biens meubles et héritaiges ainsi vendus, par le temps et espace de VII jours et de VII nuitz pour payer pour chascune livre IIII d. parisis, et s'il ne les rachapte au jour que dit est, ilz demourront vendus.

196. — *Le droit du Seigneur de ceulx qui vont de vie à mort en la conté.*

La coustume en la comté de Guysnes si est, que se aucun homme ou femme trespassent de vie à mort dedens la dicte conté de Guysnes, et s'il est estrangier comme du pays de Flandres, Hollande, Zellende, etc., ou autres, d'autres seigneuries, et s'il a à son trespassement ung filz ou une fille, ou autre de son pronchain lignaige qui puisse estre son héritier, et le dit héritier demourast dedens la dicte conté, il est coustume que le dit héritier aura partition de la part ou en tout sans payer aucun quint au Seigneur. Et se aucun homme trespassoit, etc., comme devant, et il n'avoit aucuns héritiers demourans dedens la dicte conté, il est coustume que tous ses biens seroient prins et saisiz en la main de justice pour ung an et ung jour, affin que se aucun estrangier vouloit venir prouver luy estre héritier des dits biens dedens le dit terme, il aura adoncques la succession des dis biens, en payant au Seigneur le quint, etc. Et se nul ne vient dedens le dit terme, adoncques le Seigneur sera son heritier en payant ses debtes et son obsèque. *(V. tit. 276, 278).*

XIII. — LA LOY DES BASTARS.

197. — *Poinctz trouvez selon les coustumes du pays sur les bastars.*

A savoir se ung bastart peut faire testament ou non.

§ 1ᵉʳ Trouvé est selon les coustumes du pays, que chascun bastart peut faire testament tel que bon luy plaira de tous ses biens, meubles et acquectz.

§ 2ᵉ Item, à savoir se le Seigneur ou les exécuteurs du testament du dit bastard, lequel doit mectre à exécucion ledit testament ? Trouvé est que les exécuteurs pourront et doyvent mectre à exécucion ledit testament.

§ 3ᵉ Item, à savoir se le Seigneur sera héritier ou non ? Trouvé est que le Seigneur sera héritier en tous les biens du bastart, sauf et réservé l'obsèque, debtes et testament qui doyvent estre payez devant toutes choses.

§ 4ᵉ Item, à savoir se le Seigneur est héritier du bastart et que le dit bastard ait fait testament, se il payera tous obsèques, debtes et testament ? Trouvé est que le dit Seigneur est héritier du dit bastard, le dit Seigneur payera obsèque, debtes et testament, d'autant et si avant que ses biens pourront fournir, et s'il y a et demeure aucune chose de demourant, il appartient au Seigneur.

§ 5ᵉ Item, par les loix du pays nul n'est bastart que par sa mère.

§ 6ᵉ Item, se ung bastart a ung filz bastart, et le père ou filz a une mère, à savoir se le bastart va premier de vie à trespas, se son filz bastart partira aux biens de la mère du premier bastart ? Trouvé est que le filz partira à sa taye (aïeule) d'autant que eust fait son père, en tant que elle n'eust aucuns autres enfans.

§ 7ᵉ Item, à savoir se ung bastard va de vie à trespas sans faire testament et sans avoir hoir et prouvé en loyal mariaige, et qu'il ait plusieurs biens en plusieurs et diverses seigneuries, et en plusieurs lieux, qui partiroit ses biens ? Trouvé est que le Seigneur seroit hoir en payant l'obsèque et debtes tant seullement.

§ 8ᵉ Ainsi est de droit escript, et aussi se accorde la coustume générale de tout le royaulme de France par laquelle chacun bastart peut faire et ordonner de ses biens meubles et immeubles, soit par testament ou aultrement, à son plaisir, son ordonnance vault et se tient, et n'y a Seigneur qui le puisse ne doyve en ce empeschier

---

XIV. — DES TUTEURS DES ORPHAINS.

198. — *Du gouvernement et administracion des mineurs d'aaige orphains.*

§ 1ᵉʳ Combien et quans tuteurs on fait d'ordonnance par deçà des enfans qui n'ont ne père ne mère ; et se on ne fait par loy, savoir est que quelzconques enfans mineurs d'aaige qui n'ont père ne mère, la loy ordonne une personne du cousté de par le père des enfans et une autre personne de par la mère ; et fassent serement sollempnel qu'ilz garderont bien loyamment et justement les biens des ditz enfans, et seront tenuz d'en rendre compte par devant la loy et justice.

§ 2ᵉ Item, s'il convient que une des dictes personnes tuteurs soyent eschevins de la loy, on doit prendre les parents plus prouffitables qui aus diz enffans appartiennent.

§ 3ᵉ Item, les diz tuteurs n'auront riens pour leur paine ne despens, mais seront tenuz de faire enregistrer ou registre de la court et justice, les biens des diz enfans, affin d'en rendre bon et loyal compte aus diz enfans, quant ilz auront leur aaige pour régir et gouverner leurs diz biens. Et ne seront point tenuz iceulx tuteurs de amaindrir les diz biens, mais de les croistre et augmenter au prouffit et avantaige des diz enfans.

§ 4ᵉ Item, ceulx qui auront le bail, gouvernement et administracion des biens des dis enfans, seront tenuz de baíller caucion suffisant à la loy et justice pour les diz biens.

XV. — ORDONNANCES SUR DIVERS CAS.

199. — *Se aucun eschevin revelle le secret de la court, ou dit villennie au Bailly ou à aucun de la loy.*

Est à savoir que se aucun eschevin revelle le secret de la court, ou s'il dit villennie au Bailly, ou à autre de ses compaignons, il doit estre deschargié, expulsé et mis hors de son office, sans jamais y plus estre, et doit l'admende au Seigneur selon l'exigence et qualité du cas, et avec ce, doit estre pugni de prison à la voulenté du Seigneur. Et s'ainsi fust qu'il fust en prison et se départist de la dicte prison sans le gré et voulenté de son Seigneur ou de son Bailly, il le doit admender à la bonne discreccion, plaisir et voulenté du Seigneur et de la loy.

200. — *Se aucun navroit ou baptoit son adversaire leur procès pendant.*

Item, s'il advehoit que deux personnes qui sont en procès devant quelque juge que ce soit, selon la coustume du royaulme de France, et le procès pendant l'ung navrast l'autre à sang courant et playe ouverte, et il fust prins et ce bien prouvé contre luy, c'est amission de vie à la voulenté du Seigneur. Et se on ne le peut prendre, il doit estre banny du pays et perdre son procès, et à l'autre estre adjugié. Et se les dictes parties estrivent devant le juge par parolles folles, maulvaises et injurieuses, le juge les doit mectre en prison, et le doyvent admender au Seigneur à la discrécion du juge pour donner exemple aux autres. Et s'il le bapt.sans playe, il le doit admender au Seigneur à sa voulenté et discrection de son conseil, car quiconcques fait ce que dit est, il enfraint la sauvegarde de son Seigneur : et quiconcques playde devant Roy, Prince ou Seigneur, il est en sa saulvegarde, et doit estre partie réparée honnourablement.

201. — *Se aucun disoit villenie au clerc de la court.*

Item, quiconcques dit villennie à ung clerc séant en jugement pour son office, il le dit au Seigneur et à la loy; et incontinent ces parolles au dit clerc, la justice doit prendre et appréhender icelluy qui ce aura dit et le fère et constituer prisonnier du Seigneur, jusques ad ce que le dit clerc sera réparé de son honneur en la présence de tout le monde, ou autrement ce seroit blasme au Seigneur et à la loy, car c'est le secrétaire de tout, et semblablement le doit admender au Seigneur et à la loy à leur discrecion.

202. — *L'ordonnance des garennes.*

Item, nul ne doit ne peut aller en la garenne d'ung Seigneur sinon par congié du dit Seigneur ou de ses officiers. Et ce aucun est trouvé chassant sans congié, et il est prins en chassant, il est réputé pour larron, ou d'avoir la voulenté du Seigneur en telle et si grant admende qu'il luy plaira ordonner ; soit prins chassant de jour ou de nuyt. Et s'ainsi est que le dit chassant ne soit prins, et le Seigneur est informé qu'il a chassié en la dicte garenne comme dit est, icelluy Seigneur le peut poursuir par toutes justices pour en avoir droit et raison.

203. — *L'ordonnance des volilles et perdrix.*

Item, nul ne peut et doit chasser aux perdrix ne prendre autre vollille où il faille fouyr et faire troux et fossez sans le congié du Seigneur, sur l'admende de LX souls parisis, et *les roiz* dont il volleroit perdues, à la voulenté du Seigneur.

204. — *Se aucun peut aliéner sv terre hors la conté de Guysnes, sans congié du Seigneur.*

Item, se aucun homme peut aliéner, tant seulement dessoubz son séel, sa terre estant et gisant en la conté de Guysnes, sans le sceu et cognoissance du Seigneur ou de ses officiers, ou non ? Pour la décision de laquelle matière la court de Guisnes a envoyé au Bailly et eschevins d'Ardre pour bon et loyal conseil, pour la déterminacion de la mesmes question sur laquelle les diz Bailly et eschevins de la ville d'Ardre, ont envoyé aux Bailly et eschevins de Guisnes leur bon conseil, dessoubz leur scel, en la forme et manière qu'il s'en suit :

Noz très chiers Seigneurs les Bailly et francs hommes de la ville de Guisnes pour le Roy nostre sire ; comme environ le XXVIme jour d'octobre l'an mil IIII^c et XXVI receusmes voz lectres contenans : Se aucun soubz son seel tant seullement pourroit aliéner sa terre à autre personne sans le sceu de son Seigneur. Si est vray que sur ce avons eu délibéracion de conseil, par lequel nous, selon la coustume et usaige de la conté de Guysnes et eschevinaige d'Ardre, disons que nul ne peut donner, vendre ne aliéner sa terre sans le sceu de son Seigneur, et que son dit Seigneur ait les droiz seignoriaulx, c'est assavoir le quint denier et le relief. Et s'il fust ainsi que aucun vendist sa terre et il semblast au Seigneur dont elle est tenue que icelle terre seroit mains vendue que raison, il est au Seigneur de faire prisier icelle terre par dignes de foy, ayans en ce congnoissance, fust icelle vendue à juste prix ou non, et se elle ne fust vendue justement, de icelle faire reprisier et en avoir son juste prix de quint denier, c'est assavoir de cinq frans l'ung. Est tesmoings de ce nous Bailly et eschevins d'Ardre avons scellé ceste cédulle la nuit de Tous Sains, l'an mil CCCC et XXVI, du contre signe aux causes de la dicte ville.

205. — *Se aucun disoit encontre l'escripture du clerc.*

Quiconques dit au contraire de l'escripture du clerc juré de la court, et l'escripture est trouvé bonne, véritable et juste, et icelluy qui ce a dit est poursuyvy, il est et doit estre de droit en l'admende vers le Seigneur de LX livres parisis, ou sa bonne volenté, et le doit admender au clerc honnourablement, voyant et oyant tout le monde, et estre pugny de prison à la voulenté et discrécion du Seigneur. *(V. ci-après tit. 263).*

206. — *Se aucun veult jurer pouvreté.*

Item, se aucun est en volenté de jurer pouvreté, il doit venir en plain jugement, et illec doit jurer sur les Sains Evangilles de Dieu, qui n'a chastelles, ne or, ne argent vaillant dessus V souls parisis; et doit avoir saint une couroye d'estrain, et que jamais il n'aura vaillant plus de V souls parisis, que le résidu ne soit converty à payer ses créditeurs.

207. — *Que nul ne vende sinon par mesure seellée.*

Item, chascun doit tenir juste mesure de vin et de cervoyse, et toutes autres manières de mesures signées et scellées par le signe de son Seigneur, et de la ville, sur la paine et admende de LX souls parisis.

208. — *Le salaire du Bailly se aucun se purge de cas de cryme.*

Item, s'il advenoit que aucun se voulsist purgier par l'enqueste et vérité du pays, il se doit venir rendre prisonnier disant : Monseigneur le Bailly, aucuns mes malveillans et haynneux me mectent et imposent sus villains cas et grans reprouches dont je me sens pur, net, innocent et non-coulpable, et m'en rapporte à l'enqueste et vérité du pays. Et par tant il doit estre receu, et pour le recevoir, le Bailly en a X livres parisis et les frans hommes autant. Et ce doit le Bailly signifier aux souverains par dessus luy par escript. Et pour ce seeller le Bailly et les franc hommes pour leurs seelz en doyvent avoir leur salaire, c'est assavoir le Bailly IIII souls par., et les deux hommes qui seellent avecques luy, chascun doit avoir II s. par. Item, le jour que on tiendra l'enqueste du pays, les francs hommes qui tiendront la dicte enqueste et par jugement doyvent avoir XXVIII s. par. Et se icelluy fust jugié coupable du cas et qu'il en receust mort, le Seigneur doit payer les fraiz. Item, le clerc doit avoir le jour qu'il est receu à l'enqueste, et pour le jour que on tiendra la dicte enqueste, V souls par., et toutes ses autres escriptures à raisonnable prix, et le sergent son salaire que le Seigneur prendra pour prison du jour. Et s'il est gentil homme il doit estre XL jours en prison, et autres XL jours pour oyr les causes et raisons pourquoy etc.

209. — *Le Bailly n'a riens pour lever un corps tuez.*

Item, le Bailly et les frans hommes qui vont pour lever ung corps tués ou noyés, ils n'en ont riens, car nul ne peut, ne doit lever icelluy corps senon le Seigneur dessoubz la jurisdicion duquel le cas sera advenu. Et se aucun avoit levé le corps aultre que le dit Seigneur ou ses officiers, celluy qui se auroit fait seroit en l'admende à la discrécion du Seigneur, et avec ce seroit tenu de restituer le dit corps.

XVI. — LA CHARTE DE LA FESTE DE GUYSNES APRÈS PASQUES.

210. — *Edwardus (III) Rex Anglie concedit Burgensibus ville sue de Guisnes unam feriam singulis annis in quindena pasche* (1369).

Edwardus Dei gracia rex Anglie, dominus Hibernie et Aquitane, archiepiscopis, episcopis, abbatibus, prioribus, ducibus, comictibus, baronibus, militibus, vicecomictibus, præpositis, ministris, majoribus, scabinis, et omnibus ballivis et fidelibus suis, in dominio nostro de Guysnes et alibi existentibus, ad quos presentes litteras pervenerunt, salutem : Sciatis nos de gracia nostra speciali concessisse, et hac carta nostra confirmasse dilectis nobis Burgensibus ville nostre de Guisnes, quod ipsi et heredes sui in perpetuum habeant unam feriam apud villam nostram predictam, singulis annis in quindena Pasche, per sex dies duraturam; nisi feria illa sit ad nocumentum vicinarum feriarum infra dictum nostrum predictum existencium. Quare volumus et firmiter percipimus pro nobis et heredibus nostris quod predictis Burgensibus et eorum hereditores imperpetuum habeant dictam feriam apud villam nostram predictam cum omnibus libertatibus et liberis consuetudinibus ad hujusmodi feriam pertinentibus, nisi feria illa sit ad nocumentum vicinarum feriarum sicut predictum est. Hiis testibus venerabilibus prioribus W. Wyntono cancellario, J. Etieno Theodoro nostro episcopo, Johanne duce Lancastero, Edmondo comite Cantorberence filiis nostris carissimis, Ricardo comite Arnudellense et Willelmo Latymer Senescallo hispicii nostri et aliis. Datum per manum nostram apud Westemenster vicesimo nono die novembris, anno regni nostri quadragesimo secundo.

Woll. (volumus).

Per christum regem.

XVII. — LES COUSTUMES, MISSIONS, FRAIZ ET DESPENS DES PARTIES ET DE LEURS ADVOCATZ.

211. — *Ce qui doit estre payé par chacun jour.*

Premièrement ung homme qui va à cheval par la coustume de Guysnes doit avoir chascun jour X lyons.

§ 2ᵉ Item, ung homme de pié doit avoir pour chascun jour quant aucune personne est jugié en la ville de Guysnes V lyons.

§ 3ᵉ Item, pour un procureur venant de Calais à Guysnes à cheval doit avoir pour chacun jour, s'il n'a fait loyal convenant pour une certaine somme d'argent, il ne peut, ne ne doit mains avoir que X lyons.

§ 4ᵉ Item, pour la partie qui poursuyt ung procès dès le premier jour ne du derrenier, il ne doit riens avoir, et des autres jours depuis la première journée jusques à la derrenière, il doit avoir raisonnable taux, soit venu de pyé ou de cheval, pour l'advis du juge.

XVIII. — QUELLES CHOSES SONT CHASTELZ ET L'ORDONNANCE DE PARTICION.

212. — *Quelles choses sont chastelz et comment les biens doivent etre partis sauf le chief manoir qui est à laisné.*

§ 1ᵉʳ Toutes choses sont chastelz sans riens excepter s'il ne tient à chaulx et à sablon.

§ 2ᵉ Item, tous arbres croissans sont chastelz, sinon chesnes, fresnes et pomiers. Et en tous autres chastelz, la partie qui aura gaignié le jugement partira montié à montié en tous chastelz excepté les arbres dessus nommez.

§ 3ᵉ Item, ung hoir contre l'autre partira en tous grains puisqu'ilz sont abatuz et qu'ilz gisent à terre, et partiront montié à montié.

§ 4ᵉ Item, s'il fust ainsi que l'aisné enfant depuis le trespas de son père ou de sa mère, avant qu'ilz eussent party devant la loy l'ung contre l'autre, feist massonner plusieurs maisons et édiffier sur le fondement et tenement de leur dit père et mère, par loy et justice, tout se doit partir moictié à moictié.

§ 5ᵉ Item, le chief manoir fondé sur la terre que on tient en fief d'ung Seigneur, doit seul, et pour le tout, sans partir demourer à l'aisné hoir, et toutes les maisons et édiffices qui sont dessus.

§ 6ᵉ Item, et s'il fust ainsi que sur autres manoirs qui ne sont point le chief manoir, c'est-à-dire le maistre manoir, et bien y demourassent père et mère, et que toutes les maisons et édiffices fussent toutes massonnées et couvertes de tuylles, tout ce se partiroit moictié à moictié.

§ 7ᵉ Item, depuis que une personne poursuyt ung autre devant juge par procès pour aucuns héritaiges, ou autres chastelz et biens meubles, depuis le jour que la personne sera poursuyvy de sa partie adverse, ne peut, ne doit riens vendre des dits héritaiges et biens, sur paine d'en payer l'admende au Seigneur, et se restituer en la fin du procès à la partie qui gaignera ledit procès.

XIX. — COMMENT ON DOIT APPELLER ET DES COUSTZ ET DESPENS.

213. — *Comment ou doit appeller.*

§ 1ᵉʳ Quiconques appelle du jugement du Bailly et

francs hommes, il est en l'admende de LX souls parisis apartenans au Seigneur, et riens à la partie.

§ 2ᵉ Quiconques appelle selon l'usaige d'Ardre, il ne dira point, ne ne nommera le juge par devant qui il appelle, mais peut attendre XL jours, et icelluy appel relever devant le prévost de Monstereul ; et s'il passe les XL jours sans relever, il peut attendre trois moys et relever ès assises devant Monseigneur le Bailly d'Amiens ; et s'il passe les trois moys sans relever, il peut attendre demy-an et relever à la table de marbre à Paris ; et s'il passe demy-an sans relever à la table de marbre, le jugement que en aura fait sera bon, et payera les dits LX souls parisis.

§ 3º Item, qui appelle de Monseigneur le Bailly d'Amiens, il est en LX liv. parisis d'admende.

§ 4ᵉ Item, qui appelle de la table de marbre en erreur, il est en l'admende envers le Roy de VIˣˣ livres parisis.

214. — *Des coustz et despenz.*

§ 1ᵉʳ Quant les francs hommes ont ung procès dont il faut aller au conseil en quelque lieu que ce soit, c'est à leurs coustz et despens, mais se les eschevins y envoyent, c'est aux fraiz, coustz et despens de partie. *(V. tit. 35 et 204).*

§ 2ᵉ Item, le varlet des eschevins qui va querre devant eulx aucune personne à requeste de partie, il doit avoir de chascune personne IIII deniers parisis que la partie requérant paye aux despens de celluy qui a tort.

§ 3ᵉ Item, se aucun se purge par devant eschevins, et il est trouvé non-coulpable, il paye les inquisitions à leur discrécion, et s'il est trouvé coulpable, le Seigneur paye les dis eschevins.

§ 4ᵉ Item, le Bailly de l'eschevinage n'a nulz despens, ne nulle admende avec les eschevins, mais il a gaiges du Seigneur.

§ 5ᵉ Item, le Bailly souverain en la conté n'a nulle admende, ne les francs hommes aussi, mais se aucun quant il a esté adjourné devant luy, et il ne vient à son jour, il paye X souls parisis au Bailly pour son deffault. Et se aucun reçoit son commandement et il faust du jour, et partie se retrait par devers luy pour deffault de payement, il a X souls parisis pour le retrait et III souls pour seeller l'acte et la commission, et a ses gaiges du Roy et des apartenances seullement des admendes qui viennent devant luy.

§ 6ᵉ Item, ung sergent général en la conté de Guysnes, ne peut arrester quelque personne en nul eschevinaige de la dicte conté, fors tant seullement le Bailly de l'eschevinaige et l'aman ; et en ont XII deniers parisis pour l'arrest ; et ne peut adjourner le sergent général aucune personne fors que par commission et sans commission pour XX souls parisis et au dessoubz.

§ 7ᵉ Item, selon l'usaige, stille et coustume du bailliaige d'Amiens, la prevosté de Monstereul et de la conté de Guysnes si est telle en coustume et usaige, que s'il fust ainsi que la partie deffenderesse se viensist présenter devant justice à l'encontre de sa partie demanderesse, la dicte partie demanderesse peut venir en temps jusquez à heure de XII heures et tant et si longuement que la court se tient.

XX. — COUSTUMES DE L'ESCHEVINAIGE DE LA CONTÉ DE GUYSNES.

215. — *Comment le Bailly de l'eschevinaige tenoit le viescaire et l'office de l'aman.*

Chascunne eschevinaige doit avoir ung Bailly d'eschevins et ung aman qui porte la verge; lequel Bailly et aman, pour l'ancienne coustume, le Bailly souverain de la dicte conté de Guysnes les doit faire créer : pour ce est-il appellez Bailly souverain de tous les autres Baillifz qui sont en la dicte conté.

216. — *Les eschevins ont haulte justice de leurs Bourjoys et habitans de l'eschevinaige.*

Item, le Bailly souverain n'a ne doit avoir nulle congnoissance des causes criminelles ou civiles des bourgoys, habitans et demourans en l'eschevinaige, car les eschevins ont justice haulte, moyenne et basse pour congnoistre de tous cas, si non que les dis eschevins délinquassent en aucun cas, le Bailly souverain les a à reprendre comme ung maistre son escolier.

217. — *Se aucun est arresté dedens l'eschevinaige par le souverain Ballly et ses sergens, il doit estre délivré au Bailly et aman de l'eschevinaige.*

Item, s'il advenoit que aucun débat advienrist (arrivât) en l'eschevinaige et le souverain Bailly et ses sergens y survenissent, prendre les pourroient et mectre en prison ; adonc le Bailly et aman de l'eschevinaige viendront au dit souverain Bailly et luy requerront à avoir les prisonniers chargiez de leurs cas, et pour la cause qu'ilz seront mis en prison ; et fussent iceulx prisonniers de bien lointains pays, veu que le débat sera advenu en l'eschevinaige, pour en faire par les dits Bailly et eschevins raison et justice conme le cas le requerra ; lequel Bailly souverain à la requeste des dis Bailly et aman, est tenu de rendre les dis prisonniers, et les rent chascun jour quand le cas y eschiet.

218. — *La liberté du souverain Bailly en la franche feste.*

Item, le souverain Bailly au jour de la franche feste d'ung eschevinaige peut mectre au marchié le brelencq, et est le prouffit du jour à luy qui vient du dit Brelencq, pour garder luy et ses sergens le temps de la feste durant.

219. — *La liberté du Bailly de l'eschevinaige en le franche feste.*

Item, le lendemain du jour de la franche feste, le Bailly de l'eschevinaige peut mectre le dit brelencq à son prouffit, par le consentement et congié du souverain Bailly.

220. — *Le Bailly souverain ne ses sergens ne pourront arrester en l'eschevinaige.*

Item, le souverain Bailly ne ses sergens ne pevent faire nul arrest en l'schevinaige de la conté.

221. — *Le sergent du Bailly souverain ne peut arrester en l'eschevinaige sans congié du Bailly du dit eschevinaige.*

Item, se ung estrangier venist à ung des sergens à cheval de la dicte conté pour faire adjourner ung bourgois, ou autres manans et habitans en l'eschevinaige, faire le peut; mais le sergent qui aura commission du souverain Bailly ou de son lieutenant pour faire ledit adjournement, il ne le peut faire si par avant il n'a congié et obéissance du Bailly de l'eschevinaige pour ce faire et acomplir.

222. — *Le procès de la requeste du Bailly de l'eschevinaige faicte au souverain Bailly pour renvoyer les bourgoys au viescare.*

Item, et quant ledit bourgoys par la licence du Bailly de l'eschevinaige sera adjourné par devant le souverain Bailly ou son lieutenant, et les francs hommes, à tel jour que le sergent à cheval luy aura assigné, illec viendra le Bailly de l'eschevinaige ou procureur, pour luy requerre le renvoy et congnoissance de la cause de son bourgoys criminellement ou civilement, par devant les eschevins à la première vierscare lequel bourgoys ou autre, comme dit est, luy sera renvoyé, et par jugement des francs hommes de la dicte conté.

223. — *Ung bourgoys ne peut faire adjourner aultre bourgois devant le souverain Bailly.*

Item, un bourgois ne peut faire adjourner ung aultre

bourgoys devant le souverain Bailly, ne devant nul aultre juge, si non par le congié du Bailly de l'échevinaige, sur l'admende de LX sols parisis.

224. — *Se ung bourgoys fust arresté à Saint Omer.*

§ 1ᵉʳ Item, se ung bourgoys de Saint Omer avoit fait arrester ung bourgois d'Ardre audit Saint Omer, et le dit bourgoys arresté envoyast devers son Bailly, il seroit renvoyez à Ardres pour en avoir la congnoissance.

§ 2ᵉ Item, nul ne peut faire arrester ung bourgoys en sa ville où il demeure, et aussi la justice ne le doit point faire ne souffrir estre fait.

225. — *Se ung soubz manant en l'eschivinaige fust arresté par l'aman et disoit qu'il est borgoys, et il ne l'est mie.*

Item, se ung bourgoys, ou autre quel que ce soit, viengne à l'amant pour arrester un soubz manant ou habitant en l'eschevinaige, et icelluy manant ou habitant se dye et renomme estre bourgoys, et que ce qu'il dit il veult prouver par le registre de l'échevinaige, il ne sera point arresté; mais sera à sa requeste regardé au dit registre à ses coutz et despens, et s'il est trouvé bourgoys par le dit registre, il aura bonne et juste cause de soy avoir deffendu comme bourgoys, et s'il n'est point trouvé au dit registre, il sera en l'admende de LX souls parisis.

226. — *Ung habitant non bourgoys ne peut crier bourgoisie.*

Item, ung habitant non bourgoys ne peut crier bourgoisie s'il est assailly d'aucuns pour estre baptu, sur paine d'en payer l'admende au Seigneur. *(V. ci-dessus, tit.* 41*).*

227. — *Comment ung bourgoys doit ayder ung autre.*

Item, se ung bourgoys est assailly pour estre baptu, et il crie bourgoisie, les bourgoys lui doivent venir à secours comme frères, et ce ilz jurent à faire et tenir, sur l'admende.

228. — *Se ung bourgois a fait aucune noise ou débat pour quoy il soit mis en prison.*

Item, s'il feust ainsi que ung bourgoys eust noise ou débat à ung bourgoys ou autre personne et icelluy bourgoys ayant mal fait fust mis en prison, et après ce le dit bourgoys estant en prison se fera requerre par autre bourgoys devers les eschevins et autres bourgoys; lesquelz eschevins et bourgoys iront par devers le Bailly de l'eschevinaige, et luy requerre qu'il leur rende leurs bourgoys pour en faire comme ilz doyvent faire de leur bourgoys, et qu'il les tiengne en leur franchise de bourgoisie comme faire doit; et le dit Bailly leur doit rendre pour en faire comme ilz sont tenuz de faire de leur bourgoys.

229. — *Se ung bourgoys navrast ung autre à la mort.*

Item, s'il advenoit que ung bourgoys navrast ung autre jusques à la mort, et celluy navré eust vie ou corps, ledit bourgois par franchise peut aller camp et voye; et s'il fust ainsi que pour celle cause il fust enprisonnez et que il feust requis par autres bourgoys envers le Bailly, il leur seroit rendu, et ne seroit point ses biens confisquez, mais seroit banny à la discreccion de la loy.

230. — *Nul ne peut faire mestier de bourgoys sans congié.*

Item, nul ne peut faire en l'eschevinaige mestier de bourgoys s'il n'a congié de messieurs les Bailly et eschevins sur l'admende.

231. — *Quel droit ung bourgois doit payer à son entrée.*

Item, quiconques veult estre bourgoys, il doit estre arenti en l'échevinaige et homme ydoyne ad ce. Lequel doit faire serement de ayder à la ville comme la coustume ancienne est et a esté et de aydier et conforter ses compaignons bourgoys selon la coustume de la ville, et payer aux eschevins deux lotz de vin quant ilz auront fait le serement, et au clerc pour son registre XII deniers parisis.

232. — *Quans eschevins doivent estre et leur screment.*

Item, en ceste conté, en chascune viescare à XIIII eschevins, c'est assavoir VII nouveaulx et VII vieilz, lesquelz vieilz séant ou bancq chascun an par le conjurement du Bailli, renouvellent VII nouveaulx, lesquelz jurent à tenir le droit de saincte Eglise, du Seigneur, des vesves et orphains, dont les eschevins nouveaulx en ont l'auctorité l'an durant, et à faire droit et raison à chascune partie quant il en sera par leur droit jugié.

233. — *Du serement du Bailli.*

Item, le Bailli fait pareil serement, et de garder les droiz de la ville et des bourgoys.

234. — *Se ung eschevin alloit de vie à trespas.*

Item, quant il y a ung eschevin allé de vie à trespas, et les autres eschevins vieilz et nouveaulx eslisent ung homme notable ad ce par leur conclusion diffinitive, et icelluy esleu reffuse de l'estre, il est en l'admende envers le Seigneur de LX liv. par.

235. — *Comment le varlet des eschevins doit faire son office.*

Item, les eschevins doyvent avoir ung varlet qui aille querre les parties par devant eulx, à la requeste de partie, et se les dictes parties congnoissent ce que nn leur demande, il leur est chargié par jugement de payer ce qu'ilz auront congneu devoir, dedens VII jours et VII nuyz. Et pour la dicte cognoissance, leurs debteurs les pourroient faire gagier, dont le dit varlet doit avoir de chascune personne qu'il sera allé querre IIII deniers parisis.

236. — *La responce d'ung homme adjourné devant eschevins.*

Item, une personne demandée par le dit varlet devant eschevins, et quant icelle personne demandée aura oy la demande de sa partie adverse et que elle luy demande, il pourra dire et respondre : je n'ay point cy de jour à vous respondre autre chose pour le présent ; la partie demanderesse ne pourra advouer, mais le pourra faire adjourner à la première vierscare en suyvant, et poursuyr son dommage.

XXI. — L'ORDONNANCE DE LA VIERSCARE.

Le Bailly de l'eschevinaige et les eschevins pevent playdoyer de XV jours en XV jours, et bannir le viescare par le conjurement du Bailly dudit eschevinaige devant heure de XII heures et non après, ainsi et par la manière qui s'ensuit.

237. — *Comment le Bailly en la viescare tenoit ung banc et comment l'aman et conseil du Seigneur etc.*

Item, au jour que on playde et tient viescare, le Bailly se asserra sur le bout d'ung bancq au dessus à par luy et l'aman à tout la verge tousjours derrière luy et dessoubz luy pour l'onneur du Seigneur et de la loy, et se pourront venir seoir le curé de la ville, le procureur du Seigneur, le receveur et le contrerolleur, et autres nobles et notables gens, quant il seront appellez du Bailly.

238. — *Comment le Bailly en la viescare sera assis comme est dit en l'article précédent tout seul sur ung bancq, et VII eschevins seront sur ung autre bancq.*

Item, le Bailly en la viescare sera assis tout seul sur un bancq, ainsy qu'il est contenu en l'article précédent, et les VII eschevins seront assis sur ung autre bancq à par eulx, sans que nulle autre personne, quel qu'il soit, y doye seoir, et l'ainsné eschevin doit seoir au milieu d'eulx.

239. — *Sept vieilz eschevins doyvent seoir sur ung autre bancq.*

Item, sur le tiers bancq doyvent seoir les autres VII vieilz eschevins, et quant ils sont tous assis, comme dit est, le Bailly peut faire bannir le viescare par la manière qu'il s'en suit.

240. — *Quans eschevins pevent bannir le viescare.*

Item, on peut aussi bien bannir le viescare par V eschevins que par VII, et non point à mains de cinq.

241. — *Comment le viescare doit commencer.*

Item, quant le Bailly veult bannir le viescare il dit ainsi et demande aux eschevins se le jour est si avant allé que on puist bannir le viescare, lesquelz eschevins luy respondent : nous en adviserons ; adonc ilz se conseillent l'ung à l'autre séans tousjours en bancq, et demandent à basse voix l'ung à l'autre, s'il est heure de bannir viescare, eulx advisez l'eure, ilz dient l'ung à l'autre, oyl, et quant ilz sont ainsi d'acord, l'aisné eschevin demande au Baillly se il leur a demandé s'il est heure de bannir le viescare, lequel Bailly dit oyl, et encores demande adonc; respont le dit avant parlier, voulez entendre pour les eschevins, et le Bailly respont oyl. Et de rechief le dit eschevin dit à haulte voix : il est si avant allé ou jour puisque vous voulez playdoyer, que vous povez bien faire bannir le viescare. Adonc le Bailly dit à haulte voix, le consentez-vous ? Et les eschevins luy respondent d'une commune voix tous ensemble, oyl, et il est heure de playdoyer.

242. — *Comment l'aman doit bannir le viescare.*

Item, ce dit et par jugement, le Bailly dit à son aman : aman bannissez le viescare. Adonc l'aman par le commandement du Bailly et jugement des eschevins dit à haulte voix : Je bannis viescare de par le Roy, ou autre son Seigneur, de par Messeigneurs lez Bailly et eschevins. Que nul ne destourbe le viescare sur LX souls parisis d'admende, et que nul ne parle dedens le banc, mais par le dehors, sur l'admende de III souls parisis, et s'il y a aucun qui y ait à faire y viengne et on luy fera droit et raison, comme à la dicte viescare apartient; et nul n'y peut parler sans congié du Bailly; et les dits III souls parisis d'admende apartiennent seullement au Bailly.

243. — *Nul ne peut parler sans conseil.*

Item, à la dicte vierscare nul ne peut parler sans conseil, et y a deux advocatz qui doyvent conseillier les bonnes gens, et chascun advocat a de sa partie chascun jour qu'il parle pour lui, XII deniers parisis.

244. — *Le droit et salaire du clerc en la viescare.*

Item, le clerc a pour enregistrer les demandes et deffences des parties, de chescune partie VI deniers parisis.

245. — *Comment la partie doit requérir conseil.*

Item, la partie demanderesse ou partie deffenderesse, avant qu'ilz entrent en procès, viennent au bancq et demandent au Bailly : Monseigneur le Bailly vous plaist-il que je parle ? Oyl, que vous plaist-il ? Je requiers conseil et advocat. Adonc demande le Bailly, que voulez-vous avoir ? Je vueil avoir tel, N. Adonc respont le Bailly, bien l'ayez. Et par ce la partie et son advocat vont ensemble à conseil.

246. — *Comment l'advocat doit parler pour son maistre.*

Item, quant ilz reviennent du conseil, l'advocat demande au Bailli, s'il lui plaist qu'il parle pour son maistre, et le Bailly respont oyl, dictes. Adonc l'advocat playde la cause de son maistre pour prouver la cause de son dit maistre, ou à la prendre par serement. § Item, sa partie adverse, par le conseil de son advocat, peut sur ce respondre ce que bon luy semblera au prouffit de son maistre.

247. — *Après la viescare bannye nul eschevin ne clerc ne se peut lever du bancq.*

Item, après la viescare bannye nulz eschevins ne clerc ne se pevent lever du bancq se non par le congié du Bailly. Et quant ilz sont hors et levez du dit bancq par le congié du Bailly, ilz n'y pevent rentrer se non par le congié du dit Bailly. Et se autres personnes ou eschevins venoient au dit bancq sans congié, ilz seroient en III souls paris. d'admende, laquelle admende appartient seullement au Bailly.

248. — *Comment l'aman doit arrester.*

Item, quant une personne requiert à l'aman qui porte la verge et non le Bailly, se non par l'absence du dit aman, qu'il arreste une personne, le dit aman vient à la dicte personne et dit : Je vous arreste, et fault qu'il le touche de la verge, et n'est le dit arrest de nulle valleur se le dit aman n'a deux eschevins avecques luy. Et s'il n'a deux eschevins présentement, il peut dire au dit arresté, venez avecques moy, et sur ce point il s'en fuyt, il ne fourfait point d'admende, mais l'aman peut et doit donner le dit arresté en garde à deux bourgoys jusques ad ce qu'il aura trouvé deux eschevins, et se après il s'en fuit, il sera en l'admende à LX souls parisis.

249. — *Le procès des parties est ou jugement des eschevins.*

Item, quant les eschevins sont venus et l'aman, le demandeur fera sa demande à sa partie, soit grande ou petite. Et quand le demandeur aura fait sa demande à sa dicte partie, il fauldra que la dicte partie confesse et congnoisse, ou denye. Si elle congnoist une partie de la dicte demande et l'autre partie à bon compte en le dit demandeur et deffendeur, les eschevins selon le droit, diront de ce qu'il aura congneu que il le paye dedens VII jours et VII nuytz et l'autre partie qu'il congnoistra à bon compte qu'il le rende bon à sa partie et que l'aman soit sceur de partie qui sera arresté. Adonc le dit aman le charge dudit arrest et fault qu'il luy délivre pleiges et caucions, ou il mectra en prison icelluy qui est arresté. Et se ainsi que le dit arresté s'en fuye, il sera en l'amende de LX souls parisis, et fault que l'aman paye toute la demande dont et pourquoy il est arresté.

250. — *Comment la partie arrestée doit congnoistre ou denyer le debte.*

Item, quant aucun fait arrester ung aultre par l'aman et deux eschevins, et non autrement ne vault l'arrest, il fault que la personne arrestée congnoisse ou denye ce que on luy demande. Se il la congnoist, il est dit et par jugement qu'il le paye dedens VII jours et VII nuytz, et s'il le nye, il est dit et ordonné par jugement que les parties ayent jour l'ung contre l'autre au premier jour que on playdoyera de chastelz, et qu'ilz soyent sceurs de la partie qui denye comme dessus etc.

251. — *De la manière du serement des parties en la viescare*

Item, quant viendra au jour que on tiendra viescare, se les parties ne sont d'acord, le demandeur fera sa demande à bon compte aus ditz eschevins; c'est-à-dire par son serement seulement; et sa partie adverse prendra à contrester le serrement du demandeur se bon luy semble; et s'il le veult contrester, il faudra qu'il fasse cinq seremens sollempnez à genoilz et toujours la main sur la croix, et s'il fault dédire ce que par jugement on luy fera dire, il pert sa cause et se byen la suyt il la gaigne, et se ainsi est qu'il tremble de la main tant seullement, il pert ce qu'il aura fait.

252. — *Se aucun est arresté par l'aman pour debte ou pour héritaige.*

Item, quant aucun fait arrester ung autre par l'aman et deux eschevins pour debte ou héritaige, et ce il prend à prouver, et l'autre partie dit que point ne le saura prouver, il sera dit par jugement que la partie deffenderesse ait jour à la première viescare, et que on soit sceur du dit deffendeur.

253. — *Le conjurement du Bailly en la viescare.*

Item, quant les dictes parties viendront aux plaiz et le demandeur fera sa demande, soit pour héritaige ou pour autre chose, et ce il prent à prouver, et sa partie dira que ce qu'il demande ne sera ja sceu ne prouvé, le Bailly racontera ce que dit est, et en conjurera les eschevins à savoir que on en aura à faire; et sur ce ilz se conseilleront, et après diront et par jugement tout bien entendu que se le demandeur à présent ses preuves, que on aille et procède avant en la dicte cause, et se non, qu'il les admaine à la première viescare, et par tant la cause est playdoyée jusques au premier jour que on playdera en la dicte viescare.

254. — *Quantes preuves sont nécessaires en la viescare.*

Item, quant reviendra au premier viescare et le demandeur n'a ses preuves, c'est-à-dire deux du mains, il pert son procès, et se bien le preuve, il le gaigne. Et s'il falloit de admener les dictes deux preuves, il auroit perdu son dit procès et tous coustz et fraiz, et avec ce seroit en l'admende devers le Seigneur.

255. — *Se ung bourgoys fait adjourner ung autre, comment le bourgoys doit faire et le privilège du bourgoys.*

Item, quant ung bourgoys fait adjourner ung aultre bourgoys son compaignon, faire le peut, le jour devant que on playde en la viescare, par l'aman et deux eschevins, et non aultrement, ou une personne estrange fait adjourner ung bourgoys, comme dit est, pour aucunes debtes, icelluy bourgoys peut demourer en sa maison sans y venir, et ne fourfera point d'admende, et si ne payera nul deffault; mais se il falloit à l'autre viescare de y venir, il perdroit la cause, et fauldroit par jugement qu'il payast la demande de sa partie faist à bon compte, ou autrement, et tous coutz et fraiz de justice.

256. — *Comment ung manant non bourgoys doit estre arresté et non adjourné par l'aman.*

Item, on peut bien faire arrester ung manant en la ville sans estre bourgoys pour debte comme ung estrangiez et non ung bourgoys.

257. — *Comment l'aman peut arrester biens meubles.*

Item, se ung bourgois ou ung autre non bourgoys fait arrester par l'aman et deux eschevins certains biens meubles en or et argent en la main d'ung bourgoys ou d'ung manant en la ville non bourgoys, pour aucunes debtes, et on ne scet trouver la personne à qui iceulx biens sont, et bien le sache l'en trouver, si sera-il dit et par jugement de deux eschevins, que le demandeur le signifie bien et deuement, c'est-à-dire et à entendre avecques deux personnes à la partie, par dedens la première viescare, entant qu'il ayme sa demande.

258. — *Comment la partie doit poursuyr les biens en la viescare.*

Item, quant reviendra à la première viescare et il n'aura peu trouver la partie à qui il aura à faire, il viendra à la dicte viescare requerre que l'arrest se tiengne deuement tant qu'il luy aura peu signiffier, il sera dit et par jugement que autant qu'il ayme son chastel qu'il luy signiffie par dedens la première viescare, et ce il peut faire par trois ou au plus par quatre viescares, et faire son devoir de le querir soit loing ou près où il le cuydera trouver, et de ce admener ses preuves à la dernière viescare.

259. — *Comment la partie doit estre cryée par trois dimenches pour deffendre ses biens, et comment après les biens seront vendus par justice.*

Item, s'il prouve qu'il en aura fait son devoir et qu'il ne l'a peu trouver ou pays, il sera dit et par jugement, que par l'aman il soit cryé par trois dimenches en l'église parrochialle, et par trois jours de marchié à la croix, que tel homme N. a fait tels biens arrester en la main de tel N. pour telle somme d'argent à bon compte, ou fin à fin, et pour telle cause; et se par dedens icelles criées la decte partie ne vient, il sera dit et par jugement que le demandeur aura rataint son clain et demande à bon compte, ou autrement comme et par la manière qu'il aura fait sa demande, et coustz et fraitz ; et partant iceulx biens meubles seront vendus par justice ; et le dit demandeur sera payé par la main de justice pour en rendre compte, s'il le convient ; et en ce n'a point d'admende au seigneur.

260. — *Les causes civilles ne doyvent estre plaidées les jours des cas et causes criminelles.*

Item, on ne doit point plaider et par droit, le jour que on plaide pour cas civil, c'est à dire pour debte, de cas criminel qui est pour faire mourir ung homme par justice.

261. — *Comment le Bailly et eschevins tenoient leur viescare sur la mort et bannissement.*

Item, toutes et quantes foiz que cas criminel sera advenu, soit pour mort d'omme ou de bannissement, ou autre cas criminel, il est au Bailly et eschevins de tenir viescare, toutes et quantes foiz qu'il leur plaira.

262. — *Quans respiz les Bailly et eschevins ont en ung procés en la viescare.*

Item, il est au Bailly d'avoir deux respiz en ung procès et non plus, et aussi les eschevins trois respiz et non plus. Et quant le procès est ainsi demené, et ils ne sont pas saiges pour en déterminer, ils prennent et pevent prendre sens de court, et pourtant le dit procès demourra tant que l'une partie ou l'autre baillera de l'argent pour aller au conseil, aux coustz et fraiz de la partie qui perdra le procès.

263. — *Se aucun disoit encontre les chartres des eschevins.*

Item, quiconques contredit contre les chartres des eschevins, et elles sont trouvées bonnes par information, il est à LX. Livres parisis d'amende envers le seigneur, et restituer l'onneur à la loy à leur voulentez et discrecion. (V. ci-dessus tit. 205.).

264. — *Comment pour le debte congneu les eschevins et aman pevent faire exécucion sur les gaiges d'ung bourgois.*

Item, se ung debte est recogneu par devant deux eschevins, et on va à la maison d'icellui bourgois ou manant avecques l'aman et deux eschevins et non autrement, pour lever gaiges pour iceulx vendre pour payer ce qui aura esté recogneu par avant devant deux eschevins qui est loy, et il se oppose contre ses gaiges, iceulx ne seront point vendus, mais aura jour à la première viescare pour ce qui aura allé contre sa recongnoissance, pour oyr qu'il vouldra dire; mais néantmoins il sera à LX souls parisis d'admende, se l'opposition n'est vaillable disant qu'il a payé ce qu'on luy demande, et ce fauldra prouver et non estre creu par son serement. (V. ci-dessus tit. 13.)

265. — *Se aucuns bourgeois ou soubz manans sont en procès en autre seigneurie pour leur délict.*

Item, se deux bourgoys ou autres personnes manans en eschevinaige ou dessoubz autre seigneur et iceulx se combatent en ung estrange pays et seigneurie, et pour leur délict et combatement ils sont illecques mis en prison, le seigneur dessoubz qui le délict sera advenu aura l'admende ; et se le seigneur du lieu où ils sont bourgois ou manans les envoyent requrre comme ses subgets, il les doit ravoir de droit et raison pour en congnoistre et ordonner par les dits eschevins selon droit et raison et l'exigence du cas.

266. — *Se deux bourgois ou manans avoyent combattu dedens autre seignerie et retournoient sans estre prins, savoir auquel seigneur apartient l'admende.*

Item, et encores s'il fust ainsi que deux bourgoys ou manans en une ville ou dessoubz autre seigneur, par aucune manière se combatissent en une autre bonne ville ou seigneurie, et ilz retournassent en la ville dont ilz sont bourgoys, ou dessoubz qui ilz sont manans, sans estre prins par la justice où ilz auroient fait le délict, ilz payeront l'admende au lieu où ilz demeurent.

267. — *Comment ung peut arrester ung aultre.*

Item, selon la coustume génóralle du royaulme de France, nul ne peut faire arrester autre personne s'il n'a avecques luy lectres de grace du Roi notre sire, lesquelles ne durent que ung an. Et pour ce que vous faictes demande, se on ne peut faire arrester ou playdoyer contre une personne par letres de procuration, sans lettres de grace, selon la coustume du royaulme de France, ès mectes d'Ardre on ne le feroit point. Sur ce on a eu conseil ; et grant advis de conseil veu et considéré que desirer tenir les coustumes et usaiges, à vostre povoir, de ce royaulme et de la conté de Guysnes ; tout bien advisé et trouvé par conseil, il est vray et chose notoire que vous êtes à Guysnes du royaulme d'Angleterre qui n'est mie en plusieurs cas selon le royaulme de France, vous ne obeyrez point, pourquoy vous povez et devez de droit et raison recevoir tant en demandant comme en deffendant par procuration, ainsi et par la forme et manière que l'on fait en la court espirituelle en ce royaulme.

268. — *Comment les baillifs et receveurs et autres officiers du bailliage souverain pourront faire arrester aucuns pour les choses concernans et appartenant leurs offices.*

Item, Baillifs, receveurs, clers, ou aultres officiers du bailliaige souverain ou bonne ville, pevent bien, selon la coustume de ce royaulme, par vertu de leur mandement donné de leur seigneur, touchant leur office, ou les admendes du seigneur par procureur, sans avoir lectres de grâce, poursuyvre ce que on leur doit à cause de leur office, ce certiffié par lettres de la court et seigneur, où ilz seront officiers.

269. — *Comment ung clerc advocat, procureur ou sergent pevent avoir exécucion sur leurs salaires.*

Item, se ung officiers soit clerc, advocat, procureur ou sergent requiert ses salaires en la court du seigneur où il est officier, et en icelle il les a déserviz selon la coustume de ce royaulme, et iceulx salaires sont tauxés par jugement, comme sont obligaçions, commissions, lettres du Bailly, appeaulx, registres descripre, reolles de parchemin et une fueille de papier par articles ; on n'en doit point playder, mais on en doit estre prestement gaigiez, et leurs gaiges vendus par le sergent, pour et autant que le clerc fait demande ou le sergent pour son salaire.

270. — *Encores pour demander les salaires des advocats et procureurs.*

Item, se ung advocat on ung procureur a fait certain marchié et appointement à son maistre pour luy aydier en son procès pour chacun jour, soit ung escu ou plus, ou XVI souls ou XII souls, ou X souls parisis, et son dit maistre ne luy veult paier, soit qu'il perde ou gaigne son procès ; et se le dit advocat ou procureur tant de ses escriptures que de ses journées, veult venir à la court, et il peut prouver ou non ce que dessus est dit ; car à telles choses on y appelle peu de gens ; se par adventure il ne survient, ilz en doyvent estre creuz par leur simple serement sans aucun procès, et de ce qu'ilz auront prouvé ou prins par leur dit serement estre payez sans délay. (*V. ci-dessus tit.* 14).

271. — *Comment ung qui appelle d'ung procès doit trouver pleiges* (1) *pour poursuyr.*

Item, se ung personne appelle d'ung procès, il ne livrera point de pleige pour poursuyr son procès, mais quant il vouldra relever son procès par commission du Bailly ou son lieutenant, devant qui il vouldra obtenir son appel, il fault qu'il livre pleiges jusques à

(1) *Pleiges*, c'est-à-dire caution.

la déffinitive du procès dont il aura appellé, s'il en dechiet pour l'admende du seigneur, et s'il le gaigne, il ne devra point d'admende.

272. — *Previleige pour demander les salaires des officiers.*

Item, tous officiers pour leurs offices et salaires pevent en leur ville ou seigneurie faire par les officiers souverains, faire deffence de par le seigneur, sans arrester nul se non les eschevins leurs debteurs, de quelque lieu ou place qu'ils soyent, et ne seront point renvoyez dessoubz la justice ou ilz demeurent, pour ce que le salaire des officiers est cas previlégié. Et se ilz se départent après la deffence faicte, ilz seront en l'admende devers le seigneur de LX souls parisis dont on les pourroit poursuyr en toutes places.

XXII. — Assises selon la coustume d'Ardres et autres droits. (1)

273. — *Ensuyvent les assises selon la coustume d'Ardre à la réfection de la ville.*

§ 1er Premierement de chascune queue de vin vendue en broche ou paye XL lyons.

§ 2e Item, de chascun tonnel brassé en la ville on paye ung lyons.

§ 3e Item, de chascun tonnel de cervoise vendu en broche brassé dehors la ville, ou paye deux lyons et demy.

(1) Cette vingt-deuxième rubrique renferme les titres 273-282 au nombre de dix.

(1) *Queue,* cuve, futaille.

§ 4e Item de chascune rasière de bled paneté en la ville IIII deniers qui est le tiers d'ung lyon.

§ 5e Item, du tonnel de harenc ung lyon.

§ 6e Item d'ung tonnel de harenc soret ung lyon.

§ 7e Item, dung cheval chargié de harenc ou poisson vendu en la ville pour chascune charge VIII deniers qui sont les II pars d'ung lyon.

§ 8e Item d'une pierre de lyn I denier qui est la XIIme partie d'ung lyon.

§ 9e Item, de drap, soliers et de toutes autres choses quelz conques, tant de bled comme d'autres grains, IIII deniers qui est la quarte-part d'ung lyon; et tout ce par grace du seigneur apartient à la réfection de la dicte ville d'Ardre.

274. — *Les droictures apartenans aux eschevins.*

§ 1er Item, s'ensuivent les droictures apartenans aux eschevins. Premièrement ilz ont la balance; item l'yssue de bourgoys; item le marschip (1).

§ 2e Item, nul ne peut faire mestier de bourgoys, c'est à dire faire marchandise quelle que elle soit, ne vendre vin, ne cervoise, qu'il n'ait fait serement de bourgoys sur l'admende.

275. — *Ung homme peut estre Bourgoys pour V souls parisis de rente.*

Item, s'il est homme notable, et qu'il ait rente en la ville de V souls parisis par an, il peut estre bourgoys.

(1) *Marcktschop*, l'intendance, l'administration du marché.

276. — *Se ung Bourgois trespasoit et ses hoirs demourassent hors du pays.*

Item, se ung bourgoys va de vie à trespas et il a son hoir demourant hors du pays, et il vient partir l'oirrie du dit trespassé ; et icellui hoir ou hoirs ne soient bourgoys, ne ne veultent estre, ilz fault qu'ilz se fondent héritiers, dont les eschevins ont la fondacion qui vault X lyons ; et doubtant que iceulx hoirs emportent soit C liv. L liv. tant du plus que du mains, les eschevins en ont la Xme partie (*V. tit.* 196).

277. — *Se ung bourgoys peut vendre sa rente à ung autre bourgoys.*

Item, nul bourgoys ne peut vendre ses rentes à autre bourgoys, qu'il ne tiengne V souls parisis de rente par an ; et s'il veut toutes ses rentes, il luy vouldra et conviendra payer yssue comme ung aultre, et bien demourra après en la ditte ville.

278. — *Se ung bourgoys trespassoit ayant biens et autres seigneuries.*

Item, se ung bourgoys va de vie à trespas, et ses biens soyent en la ville de Saint-Omer de quelque nombre que la chevance soit, les biens seront prisez et l'argent compté, dont les eschevins où le corps sera auront leur yssue, comme se tout fust en la ville ou le bourgoys serait demourant.

279. — *Se une bougoyse prent ung estrangier en mariaige.*

Item, se une bourgoyse prent ung estrange homme

non bourgoys et il enmaine sa dicte femme hors de la ville et ses biens meubles, il payera yssue de bourgoys.

280. — *Nul ne peut estre bourgoys en deux villes.*

Item, nul ne peut estre bourgoys en deux villes sur certaine admende, et de perdre sa bourgoisie d'une ville et d'aultre.

281. — *Se ung bourgoys banny vient à Guysnes.*

Item, se ung bourgoys d'une bonne ville estait banny et y vienrist demourer en une autre ville, et y faire son mestier, il ne pourra lever son mestier, ne icelluy faire ne exécuter senon par congié du Bailly et eschevins.

282. — *Le droit du seigneur de vin ou cervoise vendus*

Item, le seigneur a de chascune queue de vin vendue à broche II lotz de vin. Item de chascun brassin de cervoyse brassé en la ville, ung lot; et le curé ung lot que le Roi lui donna. Item de chascun tonnel estrange vendu à broche, ung lot et le curé l'autre.

XXIII. Encores les articles du ban d'aoust. (1)

283. — *Se ung desobèissoit au Seigneur.*

Il est ordonné que un personne désobéissant qui ne

(1) Quinze titres sous les n°s 283-297 sont compris sous cette vingt-troisième rubrique.

obeyrait point au sergent de son seigneur, il sera en l'admende de LX souls parisis.

284. — *Ung franc homme ne peut estre advocat ne procureur.*

Item, que nul franc-homme ne soit advocat ne procureur, pour parler pour autre personne en la court de son seigneur, ou du Bailly, sur l'admende de LX souls parisis. (*V. ci-dessus tit.* 11).

285. — *Les sergens de la haulte justice seront creuz par leur serement.*

Item, il est ordonné que les sergens des Barons qui ont haulte justice et seigneurie comme le Conte, ilz seront creuz de leurs simple serement ou parolle d'une admende de LX souls parisis.

286. — *Comment les taverniers et autres seront creuz par leur serement.*

Item, il est ordonné que toutes gens qui vendent denrées et ilz poursuyvent leurs créditeurs par justice, ilz seront creuz par leur serement de V sous parisis et I denier et non plus.

287. — *Nul scigneur ne baron ne pevent tenir les plais le dimenche.*

Item, il est deffendu que nul seigneur en la cónté de Guysnes, ne tiengne ne fasse tenir ses plais sur jour de dimenche sur l'admende de LX souls parisis à payer par le seigneur ou bailly qui tiendront les dis plais, et iceulx plaiz anullez et de nulle valleur ; ne ne tiendront appointement ne chose qui y fust faite. (1)

288. — *Après que ung a congneu ou denyé, en quelle admende est la partie qui délaisse le poursuy.*

Item, se parties sont en cause en aucune court en la dicte conté de Guysnes, après ce qu'il aura congneu ou denyé, la partie qui se déportera de plus poursuyr, sera en l'admende vers le seigneur de XII souls parisis. *(V. ci-dessus tit. 17).*

289. — *Comment toutes cours seront enregistrées.*

Item, est ordonné que, en toutes cours en la dicte conté de Guysnes on escripve et mecte en régistre tout ce qui sera fait entre les parties pour leur sieurté, affin que se lectres en veullent avoir qu'ilz les ayent.

290. — *Le clerc doit signer devant que ou scelle.*

Item, il est ordonné que nul bailly ou lieutenant en la dicte Conté ne donne, ne scelle aucunes lectres que elles ne soyent premièrement signées du seing manuel du clerc servant en la court du seigneur. *(V. ci-dessus tit. 131).*

291. — *Le clerc doit enregistrer devant ce qu'il passe dessoubz le séel.*

Item, que tout ce qui se fait ès cours des seigneurs

---

(1) Dès le berceau de la monarchie on trouve sous les dates de 532 et 585 des decrets de Childebert I et de Goutram qui prescrivent l'observation des dimanches et des fetes (V. D. Bouquet, *Recueil des histor. de France* T. IV p. III et 116). — Des ordonnances des Rois ont à diverses époques renouvelé ces dispositions. (V. Guyot, *Rep. de jurispr.* au mot *Fête*).

Barons de la dicte conté de Guysnes, ou autres en icelle conté soit mis en régistre par le clerc de la dicte court avant que icelluy clerc grosse ne baille aucunes lectres sur l'admende de X souls parisis.

292. — *Comment les XV^{nes} seront proclamées encontre ceulx qui auront fait débat, et le salaire du clerc et du sergent.*

Item, il est ordonné que se aucune personne fait débat ou meslée, ou il y ait sang courant et playe ouverte dont mort ou mehaing en puisse venir, le bailly ou son lieutenant, ou le sergent du seigneur peust faire informacion. Et celluy ou ceulx qu'ilz trouveront coupable en ce, ilz seront appelez de tiercainne en tiercainne et de XV^{ene} en XV^{ne} à paine de bannissement se prins ne pevent estre ; et le seigneur dessoubz qui le cas sera advenu aura LX souls parisis d'admende. Et pour chescune tiercainne et XV^{ne} X souls parisis d'admende aura le bailly de chescune personne ; et le sergent y prendra son salaire, c'est assavoir qu'il aura en chescune X souls, II souls parisis, et le clerc pour son registre de chescune personne et pour chescune III^{ne} et XV^{ne} aura XII deniers parisis.

293. — *Que nul ne tiengne harnas de fillay.*

Item, il est ordonné que nul ne tiengne harnas de fillay ou il convient esticquer en terre (1), ne aussi

(1) C'est à dire ne tienne engin de rets ou filet qu'il faille ficher en terre.

ne fasse hayes, ne taingne (1) sur la seigneurie d'aultruy, sur LX souls parisis d'admende, le harnas perdu, sans la grace du seigneur, en quelque seigneurie que ce soit en la dicte conté de Guysnes.

294. — *Que nul ne preigne les oyseaulx.*

§ 1ᵉʳ Item, il est ordonné que nulz ne desniche oyseaulx de proye sans la grace du seigneur, de quelque condicion qu'ilz soyent en la jurisdiccion d'aucune seigneurie, baron, ou autre seigneur en la dicte conté, sur l'amende de LX souls parisis, et se aucuns oyseaulx y ayent esté prins, iceulx restituer au seigneur où ilz auront esté prins.

295. — *Que nulz ne frappe aultrui.*

Item, il est ordonné que nulle personne ne frappe aultruy de cops orbes, (2) sur LX souls parisis d'amende, et se sang y a et playe ouverte ; et s'ainsi est que le cas adviengne par nuyt, il y aura plus grant admende selon l'exigence du cas. (*V. tit.* 178-182-368-375).

296. — *Contre celuy qui fait noise et débat.*

Item, il est deffendu que nulle personne ne s'avance de faire aucun effray, noyse ne débat par corroux, dont aucun inconvenient en puisse venir, sur l'admende de LX souls parisis. (*V. tit.* 123).

297. — *Le sergent à cheval peut entrer en la seigneurie des barons.*

Item, nul sergent messier, c'est à dire sergent à

---

(1) Ne fasse *hayes ne taingne*, autres espèces de pièges.
(2) *Orbes*, c'est à dire à poing fermé, sans effusion de sang.

pied, ne peut entrer en la seigneurie d'ung des barons s'il ne fait le serement par devant les barons, fors le sergent à cheval de la dicte conté qui y peut bien entrer en appellant les officiers du lieu et non aultrement, sur l'admende XII souls parisis.

XXIV. — DES ARRESTATIONS, POUR *quelles causes et en quelz endroictz* (1)

298. — *Comment ung manant peut arrester l'aultre hors de la dicte conté.*

Il est vray et notoire par tout ce royaulme que plusieurs notables hommes, manans en une ville, qui ont terres, possessions et seigneurie en ung autre pays et seigneurie que là où ilz demeurent, y pevent bien faire arrester et poursuyr l'ung l'autre par devant la justice ou ilz sont demourans, sans forfaire admende en la terre et seigneurie où ilz ont leurs terres et possessions.

299. — *Ung ne peut faire arrester l'autre de la conté pour ung procès jugié en la dicte conté.*

Item, se ainsi fust que deux hommes demourans à Calais qui auroient terre et seigneurie en la comté de Guysnes, eussent playdoyé pour la terre, que ilz y ont en la dicte conté, l'ung contre l'autre, et après que le procès seroit finez par jugement de la court de Guysnes, et icelluy qui auroit perdu le procès poursuyvist l'autre pour aucune chose touchant le dit procès,

(1) Cette vingt-quatrième rubrique contient six titres (298-303).

comme pour les despens ou autre chose, il ne le peut ne doit faire qu'il ne soit en admende devers le seigneur à sa discreccion, s'il ne scet dire cause raisonnable pour quoy.

300. — *Celuy qui a perdu le procès ne doit avoir nulz despens.*

Item, celluy homme qui a perdu le procès n'a nulle cause de poursuyr icelluy qui a gaignié le procès, et ne doit avoir nulz despens.

301. — *Se ung bourgoys de Calais fait arrester ung soubzmanant de Guysnes.*

Item, se ung bourgoys de Calais fait arrester ung bourgoys de Guysnes ou ung autre homme demourant en la dite conté, comme si le bailly le fait requerre, le maire et justice de Calais le doyvent rendre au dit bailly de la dicte conté, selon la coustume et usaige de ce royaulme, si la partie poursuye le requiert.

302. — *Se ung soubzmanant fait arrester l'autre soubzmanant à Calais.*

Item, nul homme ayant tenement ne doit, ne peut puis qu'il touche à la dicte terre, poursuyr en autre court que par devant le bailly de Guysnes, se ce n'est en la court du souverain seigneur duquel la court est tenue, sur l'admende à la voulenté du seigneur, soit de perdre la terre, ou telle admende qu'il plaira au seigneur de qui la dicte terre est tenue. Et s'il fust ainsi qu'il le poursuyvist devant le souverain seigneur, et la partie qui seroit poursuyvye requiert son renvoy, il sera renvoyé par devant le bailly de la dicte conté de Guysnes, selon l'usaige de ce royaulme.

303. — *L'admende encontre celluy qui a fait tel arrest.*

Item, se deux hommes manans en la conté de Guysnes feissent arrester l'ung l'autre à Calais, ilz seront en l'admende devers le roi de LX sous parisis.

XXV. — Octroy d'assises par Henry VI Roi de France et d'Angleterre (1423). (1)

304. — *Les assises de la ville d'Ardre qui doyvent apartenir en tel cas à la ville de Guysnes par la grace du seigneur.* (2)

Henry par la grace de Dieu, roi de France et d'Angleterre à tous ceuls qui ces présentes lettres verront salut. Receu avons la supplicacion de nos bien amez les bourgoys, manans et habitans de nostre ville d'Ardre, consors en ceste partie contenant que les dis sup-

(1) Cette vingt-cinquième rubrique se borne à ce seul tit. 304.

(2) En quelle qualité agit ici le jeune Roi Henri VI alors en tutelle ? Est-ce comme Roi de France ou comme Roi d'Angleterre ? La ville d'Ardres était-t-elle en 1423 soumise à la domination anglaise proprement dite ? Quand, comment les Anglais s'en étaient-ils emparés ?

Cette Charte d'Henri VI de 1423 n'est pas décisive. Il existe aux archives municipales de Douai, layette 130, des lettres par lesquelles Henri *Roi de France et d'Angleterre* supprime dans cette ville de Douai les *six hommes* chargés des travaux et les remplace par un controleur. Or ci il est bien certain qu'Henri VI agissait comme Roi de France ; car amais Douai n'a appartenu aux Anglais.

(Voir dans l'introduction, sous l'année 1423, la réponse à cette observation de M. Tailliar. C'est aussi en qualité de Roi de France, qu'Henri VI a octroyé ces lettres à la ville d'Ardres.)

pliants, obstant les grans fraiz, donmaiges, missions et despens qu'ilz ont eu le temps passé, et ont encores à supporter, tant par le fait et occasion de noz guerres et les grans nécessités de la dicte ville, comme autrement pour le bien de nous et d'icelle ville, ilz ne pourraient d'eulx mesmes, sans nostre provision, supporter plusieurs charges, dont la dicte ville est chargée, ne faire les mises qui seront nécessaires estre faictes pour le bien d'icelle, et pour ad ce pourvoir, ont advisé entre eulx la voye à prendre sur eulx mesmes l'ayde qu'il leur semble la plus gracieuse et convenable ou cas que ad ce vouldrons donner et mectre nostre consentement. C'est assavoir que sur chescun tonnel de vin vendu à broche en la dicte ville sera prins IIII souls parisis ;

De tout le vin vendu en gros en la dicte ville, tant par les habitans comme par les forains, sera prins IIII deniers parisis pour livres. Et su rchescun tonnel de cervoise brassée en la ville XII deniers parisis. Et pour icelle brassé dehors et vendu en icelle, pour petit tonnel II souls parisis. Et pour grant tonnel II souls VI deniers parisis. Les bouchiers pour toutes les bestes qu'ilz achapteront en quelque lieu que ce soit, et seront tuez en la dicte ville, payeront IIII deniers pour livre. Et les poissonniers de mer payeront pour chescune somme de poisson qu'ilz ameneront à cheval en icelle ville, VIII deniers parisis. Et de chascune somme qu'ilz porteront sur le col IIII deniers parisis. Et du poisson qui sera admené à bateaulx sera payé à l'avenant. Et ceulx qui admeneront poisson d'eaue doulce, se ilz vendent jusques à XX souls parisis, ilz payeront IIII deniers parisis tant les dicts habitans comme les forains. Et de chescun millier de harenc sor qui sera vendu, on payera XII deniers parisis. Et du pain qui sera cuyt fournye et vendu en icelle ville, on payera de chescune rasière, IIII deniers parisis, et du plus le plus on payera, et du mains ou payera.... Et du blanc harenc de chescun barril ou caque, on payera XII deniers. Et ceulx qui vendront draps ou demy draps tains ou meslés payeront de chescun drap II souls parisis, et du demy drap XII deniers parisis. Et aussi de chescun blanchet ou gris qui sera vendu en la dicte ville, on payera XII deniers, et du demy drap VI deniers parisis. Et de chescun millier de glœz(1) de bois qui sera vendu en la dicte ville, on payera IIII deniers pour chescune livre. Et de tout autre boys qui sera charpenté, vendu et achapté, pareillement pour chescune livre IIII deniers parisis. Et aussi les mareschaux payeront pour le fer qu'ilz auront et distribueront en la dicte ville pour chescune livre IIII deniers parisis. Et de toutes autres denrées et marchandises qui seront vendues en icelle ville on payera IIII deniers parisis pour livre, excepté de compenage, (2) de poullaille et autres menues denrées portées à bras qui ne se vendent point à poix.

Savoir faisons que nous, ces choses considérées, qui voulons de nostre cueur pourveoir à nostre villé,

---

(1) *Glœz, gleüe.* bûche de bois fendu.

(2) *Compenage,* toute espèce d'aliments dont on fait provision pour les manger avec le pain, *cum pane.*

affin que elle ne soit désemparée à iceulx supplians avons, pour consideracion des choses dessus dictes et autres à ce nous mouvans, octroyé et octroyons, de grace espécïal, par ces présentes, que semblable ayde que dessus est dit, ilz puissent par eulx et leurs commis, à ce cuillir et lever, en la dicte ville, pour les deniers qui en ystront, trouver et convertir ès neccessités de la dicte ville, tant qu'il nous plaira, par l'advis et ordonnance du bailly et eschevins de la dicte ville, et des plus notables d'icelle ville avec eulx apellez ; si donnons en mandement à nos amez et feaulx conseilliers les trésoriers et généraulx gouverneurs de nos finances, et à tous noz autres justiciers et officiers, ou à leurs lieutenans, et chescun d'eulx, si comme à luy appartiendra, que le dit ayde par la forme et manière dessus dicte, ou cas que la plus grant et saine partie des dis bourgoys, manans et habitans se consentira ad ce, et que nos aydes n'en feront diminuer, ilz facent, souffrent et laissent cuyllir et lever par les dis supplians, ou leurs dis commis, qui seront tenus d'en rendre compte et reliqua, là où quant il appartiendra, et que les deniers qui en ystront seront couvertis ès réparacions et neccessités de la dicte ville, et non ailleurs. En tesmoin de ce nous avons fait mectre nostre seel à ces présentes lectres. Donné à Paris le XXVIme jour de juing l'an de grace mil CCCC et XXIII et nostre règne le premier.

XXVI. — *Franchises et libertés octroïées par le conte de Guysnes.* (1)

(1) Un seul tit. (305).

305. — *Ce sont les franchises et libertés que donna le conte de Guysnes à ses hommes et Barons. (1273)*

Ernoul conte de Guysnes, fais savoir à tous ceulx que ces présentes lectres verront ou orront, que, comme je eusse fait nouvellement requeste à mes barons, à mes hommes et à mes tenans de toute ma conté de Guysnes et des apartenances de mavoir donné aucun ayde pour moy délivrer et acquicter des griefs debtes dont je estoye chargié et obligié à griefves usures et en autre manière, pour lesquelles payer il m'a convenu par néccessité faire maulvais marchié et avoir vendu mon héritaige à grant dommaige de moy et de mes hoirs, se ilz ne m'eussent fait ayde; lesquelz mes barons, hommes et tenans, désirans de me aydier à ceste cause par leur commun accord et consentement, après qu'ilz ont eu conseil ensemble, m'ont donné et baillié en deniers contans de toutes les terres qu'ilz tiennent de moy, c'est assavoir de chescune mesure de terre tenue de moy en fief XII deniers parisis, et de chescune mesure de terre qu'ilz tenoient, dont ilz me devoyent rente, VI deniers parisis. Laquelle somme d'argent, j'ay mis et converti entièrement à mon grant prouffit et acquit de mes debtes dessus dictes. Pour laquelle chose, je, pour le commun prouffit de mes barons, de mes hommes et de mes tenans devant dis, et pour la paix commune de ma conté et de ma terre, et pour oster toutes mauvaises coustumes, au prouffit et salut de mon ame, je leur ay octroyé et octroye à tousjours ce que s'enssuyt c'est assavoir :

§ 1ᵉʳ Que jamais, moy ne mes hoirs puissions ne

doyons demander, prendre ne faire taille, ne assise, ne prière, ne registre par nous, ne par aultruy de par nous ayans nostre cause, en nostre dite conté et terres, à nos barons, à nos hommes, à nos tenans, et à nos hostes, ne quelque personne demourant en nostre dicte conté et terres de Guysnes, ne aux hommes, ne aux tenans, ne aux hostes de noz barons, et de noz francs hommes, pour besognes, grieftez, ensoinnes, ne dommaiges, ne pour prison, ne autre occasion que puist advenir à nous et à noz hoirs, se ce n'estait tant seullement pour nous, ou pour noz hoirs délivrer de prison, se moy ou aucun de mes hoirs fussions prins au secours et ayde de nostre chier seigneur le conte d'Artois, pour la deffence de sa terre d'Artois, ou de nostre conté et terres de Guysnes.

§ 2e Et si leur ay octroyé et octroy à tousjours que moy ne mes hoirs, ne doyons, ne puissions doresnavant prendre, arrester, emprisonner ne détenir par nous, ne par noz baillyfz, ne par aultruy, noz barons, hommes, tenans, hostes, ne les francs hommes, ne les hommes qui doyvent rentes à noz barons et francs hommes, ne les hostes de nos barons et francs hommes, ne aucun d'eulx, ne riens de leurs biens prendre, saisir, lever, ne emporter, ne tenir, pour quelque cas, ne pour fait quelconques qui aviengne, ne pour coustume, ne pour usaige que nous ou nos ancestres avons usé, se nous ne les faisons pas loy et par enseignement de noz barons et de nos francs hommes, sauf que on feist villennie à ma personne, à mon bailly souverain de Guysnes, d'Ardre, d'Audruick et de Tournehen. Celluy qui ainsi auroit meffait, je pourroye prendre et arrester, et prendre l'admende, ainsi comme on en a usé en ma conté de Guysnes, ou en la conté d'Artois. Et sauf ce, se aucun de ma conté de Guysnes vient devant la loy de mes dictes villes, et si oblige par foy et par paine, en aucune somme d'argent ou d'autre chose par sa voulenté ou par sa requeste, je vueille, s'il est en deffaulte de payement de ce dont il sera obligiez, que on le peust arrester dedens l'eschevinaige là où ilz pevent jugier, ainsi comme on y a usé acoustumé. Et sauf se aucun apporte mauvaise chartre dont je doye avoir la congnaissance de l'admende, je la vueil avoir ainsi comme on en a usé. Et se aucun feist en ma conté et terre, murde, homicide, larrecin, ou autre villain fait, je le pourroy prendre et arrester, et le mener par loy, ainsi comme on en use par droit. Et s'il advenoit que je le feisse ou aucun de mes hoirs ou ayans cause de par moy, ou bailly, ou autres de par nous, jusques adonc que noz barons et noz juges ne devroyent faire loy, enseignement ne jugement pour nous, ne pour nous, commant, ne par le commandement du bailly, ne d'aultruy de par nous, ains en doyvent cesser plainement jusques ad ce que nous ayons la prinse rendue, et l'arrest quitié et délivré, sans coustz, fraiz, despens et dommaiges. Sauf se aucuns des hommes, des tenans ou des hostes de noz barons ou de nos hommes, devoyent à moy ou à mes hoirs aucune debte, si comme de vente de noz boys ou de noz maraiz, monstrer le devrions par nous ou par nos gens suffisamment, aux seigneurs de qui ilz tiendroient. Et s'ilz estoient deffaillans de faire avoir le nostre, nous pourrions justicier par nostre justice les debteurs devant diz, pour avoir le nostre par loy, et sauf ce, que noz bailly et sergens jurez à nous ne puissent estre aydiez ne deffendus par point qu'il soit en ceste chartre tant comme ilz seront en nostre service.

§ 3ᵉ D'autre part je leur ay octroyé et octroy que jamais baillifz ou sergens que j'aye ou mes hoirs et ayans cause, tant qu'ilz seront en noz services ou à nos robbes, ne doyvent ne puissent aller, ne estre à jugement, ne à conseil de noz barons, ne de noz hommes tant qu'ilz soyent conjurez de droit, se ilz n'y sont appellez des hommes ou des juges.

§ 4ᵉ Apres ce pour maulvaises coustumes abatre, nous voulons, octroyons et ordonnons que doresnavant et à jamais que moy ou mes hoirs ayons sergens, que iceulx sergens ne autre personne de quelque condicion qu'il soit, ne puissent prendre ne demander deniers en nostre terre pour prinse de loups. Et que moy et mes hoirs ou ayans cause doresnavant nayons ne doyons avoir garenne de grosses bestes ne d'aultre, se elles ne sont encloses de mur ou de palliz, mais les habandonnions communement à prendre hors d'enclos de mur ou de palliz, par tout nostre dicte conté et terre de Guysnes, fors tant seullement de conyns, dont je réserve la garenne de Sangate, le parc de Tournehen, la Larewaise, le Hay de Guysnes. Et sauf ma garenne de toutes bestes en mon parc de le Montoire.

§ 5ᵉ Avec ces choses je prometz et me oblige moy et

mes hoirs que doresnavant à tousjours, nous ferons faire et avoir à tous ceulx de nostre terre qui le demanderont droicte devise en toutes choses dedens le moys que nous en serons requis.

§ 6° Tous les octroy, convenances et promesses et toutes les choses devant dictes et chescune d'icelles, j'ai fait bien et loyaument pour l'octroy et consentement de Baudin mon aisné fils et mon hoir apparant, et les promesses. Et suy tenus par la foy et serement de mon corps, de tenir, garder et acomplir bien et loyaument en tous articles et en tous poins, sans aller ne venir, ne faire aller et venir à l'encontre. Et ad ce je oblige espécialement moy et tous mes hoirs, présens et advenir, si comme ilz viendront de hoir en hoir à la terre, qu'il soyent tenuz de jurer ès sains euvangilles de Dieu, avant que les barons et les francs hommes de la conté leur facent hommaige, que ilz tenront, garderont et acompliront loyaument toutes les choses qui sont contenues en ceste présente chartre, en tous poins et en tous articles.

§ 7° Et je Baudin de Guysnes chevalier, ainsné filz et hoir le plus apparent à Monseigneur mon père Ernoul conte de Guysnes, ay mis et metz mon octroy, et mon consentement à toutes les choses dessus dictes et à chescune d'icelles et les promctz à tenir et garder et garentir loyaument en toutes parties sans en riens aller à l'encontre, ne faire aller par aultruy. Et ad ce je oblige moy et mes hoirs espécialement. Cès choses devant dictes sont faictes et octroyées de nous.

§ 8° Et nous conte de Guysnes et Baudin de Guysnes

bien et loyaument par devant les barons de la conté et terre de Guysnes, c'est assavoir Guillaume seigneur de Fienne, Marlz par la souffrance de Dieu abbé d'Andernes, Engueram seigneur de Lisques, Robert seigneur de Berlinghen, Ansel seigneur du Val, Baudin seigneur de la Mote, Baudin seigneur de Bavelinghen, La Dame de Seltun, Thomas seigneur de Bouvelinghen, Baudin d'Alembom et Baudin de Pichem qui à ces choses furent comme Barons de nostre conté de Guisnes. Et par devant noz frans hommes et le commun de nostre terre, et par l'octroy et assentement d'eux tous.

§ 9ᵉ Et pour ce que ces choses devant dictes et chescune d'icelles soient et demeurent fermes et estables à tousjours, Je Ernoul conte de Guysnes, et moy Baudin de Guisnes son filz devant dit, avons ces présentes lettres scellées de noz seaulx, prions et requerons à nostre chier seigneur le conte d'Artois, que à toutes les choses devant dictes il mecte son octroy et son consentement, et les promecte à garder comme seigneur souverain, et que il nous et noz hoirs constraigne, comme souverain seigneur, tenir et garder à tousjours toutes les choses devant dictes fermes et estables, se nous ou noz hoirs voulions aller à l'encontre, quelle chose n'aviengne ;

Et en tesmoingnage de ces choses, vueille mectre son séel à ces présentes lectres qui furent faictes en l'an de l'incarnation nostre seigneur mil CCLXXIII ou moys de may etc. Et nous conte d'Artois avons mis nostre seel en confirmacion des choses devant dictes à ces présentes lectres faictes l'an et jour dessus dicts.

XXVII. — CHOSES NOTTOIRES DEUEMENT REGONGNEUES. (*)

306. — *Nul homme ne peut faire mestier dedens la ville, s'il ne fait serement à ladicte ville.*

Item, il est vray que nul homme demourant en une bonne ville où il y a bourgoisie, ne peut faire nul mestier de bourgoys, s'il ne fait serement bourgois à tenir les franchises de la ville et droitz de bourgois, que premièrement il ait congié du Bailly et des eschevins, sur l'admende de LX souls parisis, et luy estre deffendu de par la dicte loy, de faire gaing de Bourgois ung an entier, sur l'admende de LX liv. parisis, ou la vollenté du seigueur, s'il va contre la deffense de la dicte loy. *(V. ci-dessus, tit. 14.)*

307. — *L'ordonnance de la balance de la ville au prouffit du seigneur.*

Item, en toute ville de loy et de justice doit avoir une balance pour poyser tout ce qui vient en la dicte ville par pois, et nul autre eschoppier ne doit peser quelque chose puis qu'il passe une livre de pesant, se ce n'est ce qu'il veut en sa maison, sur l'admende, se non par congié de celluy qui tient la balance de la ville ; et tout ce que icelluy qui tient la dicte balance qu'il poise, doit avoir son salaire raisonnable. Et est

---

(*) Cette vingt-septième rubrique embrasse les titres 306-311 au nombre de six.

baillée icelle ballance à ferme par la loy à celluy qui la tient en faisant sairement qu'il tiendra en son droit la dicte mesure, et que il baillera ou fera bailler juste mesure. *(V. ci-dessus, tit. 172.)*

308. — *Nul homme de religion ne peut faire Warpe ne congnoissanee devant loy.*

Item, il est vray et nottoire en ce royaulme, que homme ou femme de religion ne peut faire Werpe ne nulle congnoissance devant loy qui ait valeur ; il ne pevent les parens et amis charnelz partir des biens et héritaiges que icelluy religieux auroit acquis ; mais les amis des religieux pevent faire par de ça toutes congnoissances aux religieux. *(V. ci-dessus, tit. 2 et 43.)*

309. — *Le père ne la mère ne doyvent estre constrains pour le fourfait de leurs enffans.*

Item, on ne peut constraindre le père ne la mère de leur faire payer de leurs biens meubles aucune admende, se leur enfant aagié à fourfait aucune admende. (1)

310. — *Le Bourgois se peut deffendre en sa maison sans admende.*

Item, il est vray que se on vient en la maison d'ung bourgois ou aultre pour le bapstre ou villenner, il se peut bien deffendre sans admende.

---

(1) C'est ici une sage application du principe que les délits sont personnels et que nul ne peut être puni de la faute d'autrui;

311. — *Le père peut aydier ses enffans et les enffans leurs père sans admende et semblablement frères et sœurs.*

§ 1ᵉʳ Item, aussi est bien vray que se ung homme voit baptre sa femme et il luy peut bien aidier, et aussi la femme son mary, et si pevent leurs enffans, et les enffans leur père et mère, mais que premier l'ung d'eulx soit assailly par ung estrange, sans admende.

§ 2ᵉ Item, se ung frère bapt l'autre son frère, ou autre personne, leur autre frères, seurs, et père, et mère, pevent bien aydier leurs enffant qu'est baptu, de ce qu'ilz auront en leurs mains, si non armures deffensables, sans admende.

XXVIII. — L'ENQUESTE DU PAYS ET LES ARTICLES AVECQUES LES LECTRES D'ICELLE ET CONCLUSIONS. (1344) (*)

Cy après ensuyvent les manières et ordonnances comment et par quelle manière ung homme est receu à l'enqueste du pays, et comment on le doit signiffier, et en quel lieu et places pour avoir seure sentence de vie pour aller fréquenter et hanter par tout le monde, et que partie ne le pourroit poursuyr de nul cryme ne villain cas

312. — *Comment ung homme peut estre purgié en quatre cours.*

Premierement, se ung homme se purge ou veult purgier pour mort de homme ou autre villain cas, il

---

(*) Sous cette vingtième rubrique sont compris vingt titres sous les Nᵒˢ 312-332.

se peut purgier en quatre cours se il est clerc. C'est àssavoir : 1° en la court espirituelle ; 2° dessoubz son seigneur soubz lequel il demeure ; 3° ou dessoubz son souverain seigneur ; 4° ou dessoubz le seigneur où le délict a esté fait et advenu en sa terre et seigneurie.

313. — *Comment ung homme peut estre purgié au lieu et seigneurie où le délict a esté fait, et à quelles personnes il doit estre certiffié par lectres.*

Item, se ung homme non clerc se met à l'enqueste où le délict est advenu, il faut qu'il le signiffie et face assavoir par lectres au lieu où il demeure à son seigneur, à son souverain seigneur, et au seigneur qui est par dessus son souverain seigneur, et la partie qui se complaindra du dit homme qui se mect à l'enqueste, et signiffier aus dis seigneurs le jour que le dit homme tiendra son enqueste ou codempnacion, ou absolucion, et tout par lectres, comme cy après seront divisées, ou autrement sa purgacion est de nulle valleur ; et ce doit estre publié par deux ou trois jours de marchié en la ville et seigneurie où le dit homme se mectra à l'enqueste ; et s'il n'y a point de marchié, par trois jours sollempnelz en l'église parrochialle.

314. — *Par quel temps doit estre en prison celluy qui veult estre purgié.*

Item, se ung homme qui se mect à l'enqueste du pays, soit pour mort de homme, pour larrecin, pour violler femmes, ou pour avoir meffait aucun villain cas par la commune renommée du pays, il doit estre en prison XL jours, ains qu'il puisse avoir sentence pour luy ou contre luy, se il est gentil homme ; et ung autre homme de quelque condicion qu'il soit, se non homme de sainte église dont la loy et justice n'a ne ne doit avoir la congnoissance, se non que ce ne soit contre lez magesté, XX jours.

315. — *Se ung enforçoit une femme et se mect à l'enqueste du pays.*

Item, se ung homme qui se mect à l'enqueste du pays pour avoir efforcié une femme oultre sa volenté, et elle se vient plaindre de force du dit homme, il faut que elle monstre cry et hu, et que ses drappeaulx soient rompuz et dessirés, ou sa plainte ne vauldra riens que l'omme en doye recevoir mort. Et se ce elle peut prouver, et elle ne se veult repentir de sa plaincte, icelluy homme est fol qui se mect à l'enqueste du pays, se il n'a paix, à sa partie, car nul homme qui sent avoir partie ne se doit mectre à l'enqueste du pays, puisque sa partie adverse peut prouver sa complainte.

316. — *Comment ung homme prins par suspection peut estre purgiez.*

Item, ung homme qui se mect à l'enqueste du pays qui est souppeconné d'avoir emblé ou murdry par la commune voix du pays, par aucuns de ses hayneux, et nul ne se fait partie contre luy, il y sera receu ; et se peut mectre à l'enqueste dessoubz la justice où il demeure soit en eschevinaige, ou ailleurs, et ce doit estre signiffié par ung sergent du lieu où il se mect à l'enqueste, ayant commission pour ce faire du Bailly où le dit homme se mect à l'enqueste au souverain seigneur du pays, à Monstereul, à Saint-Omer et ailleurs. Et de tout ce le sergent qui aura fait les dictes significations doit raporter certifficacion des seigneurs bailly, et procureurs des seigneurs où il aura esté ; et tout aux despens de l'omme, puisque de sa bonne voulenté se mect à l'enqueste, ou autrement l'enqueste n'est de nulle valleur, car se l'omme ne faisoit ainsi il ne seroit pas bien pargié.

317. — *Le jour que on tient l'enqueste le prisonnier doit estre franchement defferré et peut demander noms et surnoms des tesmoins.*

Item, se justice par aucune renommée prent ung homme pour aucun villain cas, et il demandait : Messeigneurs que me demandez-vous ? je n'ay meffait à nully ; et la justice luy dira : Nous sommes bien informez de voz faiz, vous viendrez avecques nous. Et il respondra : Messeigneurs, je ne say comment vous estes informez de moy, je me vueil mectre à l'enqueste du pays. Receu y sera, et se justice sent que elle ne soit point bien informée, elle se doit bien adviser avant qu'elle mecte ung homme à l'enqueste ; car tout homme qui est receu à l'enqueste, au jour que on tiendra la dicte enqueste, doit estre franc et délivré de fers, et ne doit estre nulle part lyéz, ne tenuz, et doit seoir devant les francs hommes sur une petite sellecte. Et là on luy demandera se il veult oyr pour luy ou contre luy. Et il respondra et son conseil dira : Messeigneurs, nous requerons les noms et surnoms des tesmoings. Adonc nommer les luy convient. Et se il dit, je les débaz et leurs déposicions, car ilz sont tous mes haynneux, il sera receu, et ne pourra la justice plus avant procéder, jusques ad ce qu'il aura rapporté à la court les reproches des diz tesmoings. Et s'il est trouvé qu'ilz soyent ses hayneux, et l'omme se plaint au seigneur souverain des seigneurs à qui on l'aura signiffié, la justice et les tesmoings qui par dénonciation l'auront donné à entendre, l'admenderont grandement audit homme, qui ainsi et par telle manière sera mis à l'enqueste.

318. — *Les causes pourquoy celluy qui a fait aucun délit doit rapaisier sa partie adverse.*

Item, se ung délict pitoyable fust advenu en la ville de D et ailleurs, d'ung des subgets de ceste ville de Guysnes, pour mort d'aucune personne, fust petit ou grant, dont il fauldrait attendre l'enqueste du pays, icelluy subgect de Guysnes se pourra venir mectre à l'enqueste au dit Guysnes. Mais avant qu'il se mecte, s'il est saige, il doit avoir apaisié sa partie adverse, car nul homme ne se doit mectre en enqueste se il ne sent sa partie adverse doulce et gracieuse envers luy. Et dès que ung homme se mect à l'enqueste puisqu'il sent sa partie adverse doulce et piteuse devers luy, c'est pour le doubte que ou temps advenir, c'est pour le doubte comme dessus que aucuns autres amis du dit mort qui alors estoient petit, et pour la doubte de justice ou temps advenir. Et ce doit estre signifié par ung sergent et lectres de commission, comme dit est, au sénéschal de Pontieu et procureur du dit lieu, aux mayeur, bailly, eschevins et procureur de la dicte ville de D., aux parens et amis du dit mort, au prevo de Mostereul, à Saint-Omer, au bailly et officiers de Bredenarde, et publié et cryé en la ville de Guysnes et halle du dit lieu, et de tout ce par le dit sergent rapporter lectres aux coustz, fraiz et despens du dit homme qui se mect en enqueste, ou aultrement sa dicte enqueste et purge ne luy vauldroit riens ; car se ou temps à venir les parens et amis du dit mort poursuyvoient le dit homme, et qu'il ne peust monstrer ce que cy dessus est dit, ilz le pourroient faire mectre à mort, ou luy faire payer très grand somme d'argent, ou ses hoirs, se ilz ne monstroient ce que dit est.

319. — *Se ung homme emmaine la femme d'aultruy par le pays, et le mary de la dicte femme le poursuit.*

Item, ung homme qui emmaine la femme d'aultrui par le pays et tant fait qu'ilz tiennent mesnage ensemble en une autre ville et dessoubz quelque seigneur ou seigneurie que ce soit ; et l'ome à qui la femme est, et il veult, peut venir à la justice et soy plaindre disant : Messeïgneurs, voyez icy ma femme et mon catel, et les me a emblez et emmenez par force, icelluy homme qui ainsi aura enmené la dicte femme, se il le requiert, il sera receu à l'enqueste ; et se il ne la requiert point, si sera-il mis en prison à la requeste du mary de la femme ; et envoyera le seigneur en la bonne ville où il sera tenu en prison, ung de ses sergens et deux eschevins de la ville, ou deux francs hommes avec le dit sergent, à tout unes lectres requisitoires adressans au bailly et justice où le dit homme marié demeure, et par ce la dicte justice sera et est tenue de donner lieu et place au dit sergent, eschevins, ou frans hommes pour faire informacion aux gens du dit pays, se la femme fut ravie et enmenée par force et oultre sa voulenté, et signiffier au bailly et justice du lieu où le dit mary demeure et pareillement au dit mary le jour que on tiendra l'enqueste ; et s'il est trouvé qu'il ait emmenée la dicte femme par force et oultre la volonté de elle, mais que ce ne soient point tesmoings hayneux de celluy qui l'aura enmenée. Et avec ce on examinera la femme et les voisins ou ilz demeurent, pour savoir comment ilz se gouvernent. Et aussi les dis sergens et hommes qui seront envoyéz pour faire informacion comment la femme est enmenée. Premièrement et avant tout euvre feront informacion du mary, comment ilz se gouvernoient ensemble, et de quel vie le mary estoit avec autres femmes, ou s'il estoit jalouz de sa femme sans cause, ou qu'il est trop vieil, pourquoy une femme a grant desplaisir ; car quant elle voit que son mary luy mainne maulvaise vie sans cause, et qu'il est trop vieil, elle est plus enclinée de soy traire et habandonner au péchié du monde. Et se ilz treuvent que le mary gouvernoit sa femme doulcement et honnestement, et qu'il se maintenoit paisiblement et hounourablement avecques elle, sans aucun villain souppeçon, et qu'il est jeune homme, et que celluy qui la enmenée la conquesta par argent, ou par maquerelles qui déçoyvent une femme par maintes foiz, et que la dicte femme ne entendoit au dit homme autrement. Et ou ilz demeurent à présent il luy est maulvais, et que de ce elle s'est complainte à ses voisines, il en doit recevoir mort, se la femme a renommé d'estre femme de bon gouvernement et honneste vie, sans avoir nom d'avoir esté deshonnestement avec autre homme que son mary ; se elle est renommée ce avoir fait, justice y doit aviser et en avoir pitié, car d'une malvaise femme ne peut venir nul bien ne honneur.

320 — *Excusacion pour ung homme qui enmaine la femme d'aultruy.*

Item, se ung homme enmaine une femme et autres chastelz, et le mary poursuit icelluy homme qui ainsi enmaine sa femme et son catel, partout où il trouve sa dicte femme et ses dicts chastelz, icelluy mary peut venir à la justice où il les trouvera et faire arrester le dit homme, sa femme et chastelz, mais qu'il preuve qu'ilz soient siens. Et en sera l'homme en grant dangier de sa vie, se la femme ne dit : c'est de ma bonne voulenté qu'il est venu avecques moy, et n'est que mon varlet, car je l'ay loué pour porter mes biens, pour faire ung pélerinaige que j'avoye à faire, car mon mary ne me voulut oncques donner grace ne induce de le faire. Et se elle dit ce, l'omme qui ainsi l'aura enmenée, n'en sera en nul dangier ; et ce advient bien souvent. Et se le mary les treuve demourans ensemble, il faut faire comme en l'article précédent est contenu : Mais de tout ce il faut prendre lectres aux personnes que ainsi sont, ou ilz ne seront point bien seurement en temps advenir, se aucuns les poursuyvoient en autres pays que où le cas seroit advenu.

321. — *Ensuyvent les lectres des articles dessus diz ; et premièrement commission requisitoire pour purgier ung homme de mort, pour ung cas piteusement advenu.*

Guillaume de Louche escuier bailly souverain pour le roy nostre sire, en la ville et conté de Guysnes, au premier sergent royal qui sur ce sera requis salut, A. B. nous a donné à entendre que, pour ce que contre raison, il a esté ou est renommez avoir pieça en la ville de D., au jeu de l'arbaleste, traict une vire dont par cas de fortune C. D. fut blécié, dont mort s'est ensuye en sa personne ; et du dit cas et de tous autres dont on le vouldroit poursuyr et accuser, il se dit estre pur, innocent et sans coulpe, il s'est venu de sa vonlenté rendre prisonnier par devers nous. Et les francs hommes, juges en la court et haulte justice de Guysnes, offrant et prendre droit, et estre à droit contre tous ceulx qui l'en vouldroient chalenger requerans sur ce provision. Pour ce est-il que nous vous mandons et commandons, de par le roy nostre dit seigneur, que la detempcion et choses dessus dictes vous signiffiez deuement à tous les justiciers, officiers, amis charnelz du dit mort, et à toute personne où il appartiendra, et dont requis serez, en leur donnant et assignant jour à Guysnes au XXIIIIeme jour de ce present moys de may, en leur signifiant que au dit jour l'enqueste du prisonnier sera ouverte et oira droit pour luy ou contre luy. Et que si ilz ou aucun d'eulx y veullent venir ou en dedens heure compectent pour dire, proposer et conclurre contre luy ce que bon leur semblera soit par voye d'accusacion, denonciacion en eulx faisans partie ou autrement, voulentiers les orrons, et dudit prisonnier leur ferons accomplissement de justice, en eulx intimant qu'ilz viengnent ou non au dit jour, nous procéderons à sa délibéracion ou condapnacion comme il apartiendra. Et pour ce que on nous a donné à entendre que les dictes justice, vesve et amis charnelz du dit mort, à qui les choses dessus dictes apartiennent, sont demourans hors de nostre bailliage, requerans en ayde de droit, de par le roy nostre Sires, prions et requerons de par nous, à tous seigneurs et gardez de justice, et par espécial à hounourable personne le bailly de Coln dessoubz qui les dits vesve et amis charnelz du dit mort sont demourans, que il leur plaise et à chescun d'eulx, à la requeste de vous, ou du porteur de ces présentes, faire ou faire faire bien et deuement les adjournemens, significacions, intimacions et assignacions et choses dessus dictes et déclairées, et en faire tant qu'ilz vouldroient que nous feissions pour eulx en cas semblable ou greigneur, ce que voulentiers ferions, se en tel cas par eulx en fussions requis, et nous rescripre et rectiffier ce que fait en sera. De ce faire vous donnons povoir et commandement à tous autres à qui il apartient, requerons tous autres que à vous en ce faisant, entendent diligenment et obéissent. Donné à Guysnes soubz le seel du dit bailliage le XVme jour d'avril l'an mil III^{c}XLIIII.

322. — *Relacion du sergent sur la dicte commission d'avoir fait l'adjournement tant à la dicte vesve et amis carnelz du dit mort.*

A noble homme mon très chier seigneur et maistre monseigneur le souverain bailly pour le roy nostre sire, en la ville et conté de Guysnes ou son lieutenant, juge en la court à hautte-justice du roy nostre dit seigneur à Guysnes, Adrien de la P. sergent royal en la conté de Guysnes, prest et obéissant à tous vos commandements, plaise vous savoir mon sch seigneur et maistre, pour entériner voste commission par moy, à laquelle ceste mienne relacion est atachée, je le XVIme jour d'avril l'an mil III^c XLIIII, me transportay en la ville de Monstereul et approuchay à hounourable et saige homme J. D. lieutenant de monseigneur le bailly d'Amiens en la dicte ville de Monstereul, et prevost ; et moy à luy pourtant, je luy requis obéissance de exhiber et enteriner vostre dicte commission, laquelle obéissance il me donna. Et après sa dicte obéissance, sans en avoir ne lever de luy autre commission, je luy donnay et assigné jour à estre et comparoir par devant vous ou vostre lieutenant et les francs hommes jugans en la court et haulte justice du roy nostre sire à Guysnes, à l'encontre de Jehan de V. prisonnier au dit lieu de Guysnes, pour le cas dont vostre commission fait mencion, au XXIIIeme jour de may prochain ; venant, luy signifiay et intimay qu'il vinst au dit jour que l'enqueste du dit prisonnier seroit ouverte, et orroit droit pour luy, ou contre luy, et au sur plus seroit procédé par vous ainsi et par la manière que vostre dicte commission le contient et selon la teneur d'icelle; en luy intimant que veinst ou non au dit jour, vous procéderez à sa délivrance ou condampnacion. Item incontinent me transportay devant nostre dame en Darnestal, en la dicte ville de Monstreul, et moy parlant aux personnes du mayeur et eschevins de la dicte ville et procureur du roy de la dicte ville et prévosté, et leur, comme à justice royal, signifiay et intimay en la manière comme fait avoye à monseigneur le lieutenant de monseigneur le bailly d'Amiens, lesquelz d'ung accord me respondirent qu'ilz ooyent bien ce que je leur disoye, et que le dit prisonnier estoit en justice royal pour en faire raison et justice selon que seroit trouvé en la bonne enqueste du pays, et en l'informacion qui seroit faicte en la bonne ville d'Abbeville où le délict est advenu. Item le XVIIme jour du dit moys je me transportay au dit lieu de Calonne, et approuchant au bailly et officiers de la dicte ville de Calonne, et leur requis obéissance de vostre dicte commission, laquelle obéissance ilz me donnèrent voulentiers; et après leur obéissance, je leur requis qu'ilz veinssent avecques moy pour acomplir la teneur de vostre dicte commission et y vindrent voulentiers; et en leurs présences je aprouchay aux persennes de Ysore Gustin, et Jehan son frère, lesquelz sont tuteurs et curateurs de Thomassin Cousin, mineur d'aage, le plus prouchain hoir et héritier du dit feu Malin Warocquier, auxquelz bailly et officiers du dit Calonne, et Ysore et Jehan Gustin, ayans le gouvernement du dit Thomassin Cousin, je leur assignay et intimay à estre et comparoir par devant vous, et par la manière que dit est cy-dessus, à l'encontre du dit prisonnier, pour dire et proposer contre luy ce que bon leur sembleroit en le accusant, et que on leur feroit raison et justice, comme à tel cas apartient, du dit prisonnier ; et leur intimay que veinssent ou non au dit jour, vous procéderez à sa délivrance ou condampnacion comme au cas apartiendra. Et me respondirent les dis bailly et officiers de Calonne qu'ilz avoient bien oy que j'avoye dit, et les dits Ysore et Jehan Gustin, ou nom du dit enfant, me direni qu'ilz estoient en justice royalle pour en faire droit et raison de justice, selon qu'il seroit trouvé en la bonne enqueste ; et se il avoit bien fait il trouveroit bien. Et tout ce j'ay fait selon la forme et teneur de la dicte commission ; lesquelles choses je vous certifie estre vrayes par ceste mienue relacion scellée de mon seel, faicte et escripte l'an et jour dessus dit.

323 — *Comment par trois jours on doit publier aux jours de marchié en la halle, ou par trois dimenches en l'église parrochialle, où il n'a point de jour de marchié en une ville, l'enqueste d'ung homme ou femme, par le seigneur du lieu, présens deux eschevins ou deux francs hommes du roy ou d'autre seigneur.*

Oez, oez, on vous fait asavoir de par le roy nostre sire, ou de par le seigneur dessoubz lequel ung homme ou femme se mect à l'enqueste, que Jehan

Deval est renommé par aucun de ses haynneux ou pays, avoir jà piéça en la ville D. au jeu de l'arbaleste traict une vire dont par cas d'aventure Malin de V. fu blécié dont mort est ensuye en sa personne. Soy disant dudit cas et de tous autres vilains cas dont le vouldroit poursuyr ou accuser, il se dit estre pur, innocent et non coulpable. Et pour luy estre à droit de justice contre tous ceulx qui luy en vouldroient aucune chose demander soit en accusant, ou en demourant, ou en soy faisant partie, ou autrement, de sa bonne voulenté, s'est venu rendre prisonnier du roy nostre sire, en ceste ville, par devers monseigneur le bailly et les francs hommes du roy nostre sire, pour y prendre et avoir justice selon l'enqueste du pays, laquelle enqueste sera ouverte au XXIIIe jour de may prochain venant. Pour ce s'il y a aucun de vous qui du dit cas, ou d'autres villains cas lui veillent aucune chose demander, viengnent audit jour, et on leur fera raison et justice selon que on luy imposera. Et venez ou non au dit jour, on procédera à icelluy jour à la délivrance ou condampnacion comme il appartiendra. Et ce fait à savoir à chacun se bon vous semble.

324. — *Relacion du sergent et de deux francs hommes qui ont par les dis trois jours de marchié en la halle, ou trois dimenches en l'église parrochialle publié et crié la dicte enqueste. Et se doit faire ceste relacion par les dis sergens et francs hommes de bouche sans escript, et en plain jugement.*

A nostre très chier monseigneur le souverain bailly

pour le roy nostre syre ou son lieutenant, et les francs hommes jugeant au dit lieu de Guysnes, nous Frossart le Verrier, sergent royal au dit bailliage, Jehan de R. et Jehan de D. francs hommes du roy nostre dit seigneur, vous certiffions de bouche, par le serement que nous avons au roy nostre sire, que bien et deuement, selon la teneur de vostre commission et commendement, avons icelle publiée de mot à mot par trois jours de marchié en la halle.

325. — *Lectres de la renonciacion des parens et amis charnelz du mort, quant partie à fait son traictié de paix aus dis amys de leur poursuicte.*

A tous ceux qui ces présentes lectres verront ou orront, Willam de Ronche, escuier, bailly souverain pour le roy, salut, savoir faisons que par devant nous en la présence de J. V. et P. R. francs hommes du roy nostre sire, de son chastel de Guysnes, sont aujourd'huy venuz et comparus en leurs personnes Ysore Gustin et Jehan Gustin, advouez, tuteurs et curateurs de Thomassin Cousin, mineur, dans le plus prouchain hoir et héritier du dit feu Malin W. lesquelz ou nom du dit Thomassin, mineur d'ans, cousin du dit mort, de leur franche et libéralle voulenté, sans aucune violence, force, doubte ne induccion, eulx vueillans ou nom dudit mineur d'ans, deuement acquictez envers Dieu et le monde, et non vueillans à aultrui contre raison bailler charge, deshonneur, ne empeschement, ainsi qu'ilz disoient, ou nom du dit Thomassin ; nous dirent, reconnurent et desclairèrent comme Jehan de

V. par aucun ses haynneux et contre-vérité, eust esté souppeconnez de eulx, ou nom dudit Thomassin, avoir en la ville de D., au jeu de l'arbaleste trait une vire et blécié Malin W. dont mort est ensuye en sa personne ; pour lequel souppeçon le dit Jehan de Vale, de sa bonne voulenté, se alla rendre prisonnier, soit de se purgier comme innocent, sans aucune coulpe, et pour estre au droit de justice. Sur ce le dit Jehan Du Val, de sa bonne voulenté, se alla rendre prisonnier par devers vous et les francs hommes du roy nostre sire, jugant à Guysnes, pour respondre à tous ceulx qui aucune chose l'en vouldroient chalengier, accuser ou poursuyr fust par voye d'acusation, dénoncion, faisans partie ou autrement, comme par A. De P. sergent royal et le vostre, nous a esté intimé en la ville de Calonne, ou nom du dit Thomassin Cousin le plus prouchain hoir du dit mort, et assigné jour par devant vous ou vostre lieutenant et les francs hommes, etc. Au XXIIIe jour de may prouchain venant, dirent que finablement, en la personne du dit Jehan de V. ilz ne virent oncques que tout bien et honneur, leur a tousjours semblé et sembloit bon homme, paisible et de honneste conversacion, ne leur fist ne dist oncques aucune injure, ne desplaisir ; et estoient et sont desplaisans et corrociez de l'empeschement que le D. Jehan de V. en avoit, pour ce qu'ilz scevent de vray et pour certain, que c'est à tort et contre raison ; se tenoient bien et plainement contans et satisfaiz du dit Jehan de V. De tout ce que pour ceste cause ou autrement, ilz lui eussent peu ou volu clamer ou demander ou nom du dit Thomassin, cousin du dit mort, renonçans à luy jamais aucune chose prétendre ou demander, ne jamais en complaindre, ne doloir, ne faire doloir le dit Thomassin, ne autre personne, à quelque justice ne ailleurs. Vouloient et accordoient ou nom du dit Thomassin, mineur d'ans, que à la délivrance du dit Jehan de V. et absolucion, fust procédé premièrement et de plain, contre lequel ilz n'eurent oncques voulenté de procéder, ne eulx ou nom du dit enffant, faire partie contre ledit Jehan De Val. Et si aucunes parolles ou murmuracion par eulx ou autres en avoient esté dictes et proférées, ce avoit esté contre raison et sans aucune cause. En tesmoing de ce nous avons mis le seel du dit bailliage à ces présentes lettres faictes et recongnuez en la dicte ville de Guysnes, le XXe jour de may l'an de grace mil CCC. XLIII. Prions et requerons aus dits francs hommes, que en approbacion de vérité, ilz vueillent mectre leurs seaulx à ces présentes lectres, avec le seel du dit bailliage que mis y est. Et nous D. L. et H. R., francs hommes du roy nostre sire dessus nommez, qui fumes présens et appellez à recongnoistre ce que dit est, avons approbacion et tesmoignage de vérité des choses dessus dictes, mis noz lectres avec le seel dudit bailliage que mis y est, l'an et jour dessus dits.

326. — *Si les amis d'ung mort ne veullent poursuyr.*

Item, se les amis charnelz ne se vouloient venir opposer que traictié et accord fust fait entre celluy qui se mect à l'enqueste du pays, et bien demourassent C. XL. ou XX lieuez loings, tant du plus que du moins, si leur fault-il signiffier le jour de l'enqueste par le sergent de Guysnes ou autre personne ayans lettre contenant commission, requisitoire et certiffication à toutes justices, où les dis amis seroient demourans, pour aus dis amis signifier par le sergent de Guysnes, par le congié de la justice du dit lieu et ville où ilz seroient demourans, ou par leurs sergens ayans commission de la dite justice. Et se le sergent ou messaige de Guysnes, ou le seigneur de la ville, où les dits amis demeurent, icelluy qui aura signiffié l'enqueste et le jour aus dis amis, doit rescripre sur son seel la responce et parolles des dits amis, et leur doit signifier, présens la justice du lieu, et de ce prendre de la dicte justice lectres de certificacion sur leur seel aux causes, et viengnent ou non viengnent, on procédera au jour que l'enqueste sera ordonnée à son absolucion ou condampnacion, comme cy dessus on peut veoir ès lettres qui faictes en sont.

327. — *Le jour que l'enqueste doit estre ouverte pour toutes gens venir.*

Item, le jour que une enqueste est ouverte pour faire droit et raison de justice ains que on fera quelque exploit de justice, soit en absolution ou condampnacion, il faut actendre jusques à heure de doze heures devant none. Et doit la justice à chacune porte de la ville où l'enqueste se tient, envoyer deux frans hommes et ung sergent, à savoir se les portes sont ouvertes pour faire raison et justice à chacun qui venir vouldra, et regarder aussi loings qu'ilz pourront regarder et veoir pour savoir se nul ne vient qui à la court peut avoir à faire pour le dit cas ou pour autre ; et ce qu'ilz auront trouvé rapporter à la court par leur serement ; et se ilz ne voyent nulz venir puis que XII heures seront sonnées, on procédera à la dicte enqueste. Et les dis sergent et francs hommes rapporteront qu'ilz ont veu venir aucune personne, combien qu'il soit loings et qu'ilz soient XII heures au jour, le dit bailly ou son lieutenant actendra à ouvrir la dicte enqueste jusques ad ce qu'il pourra estre venu en la dicte ville, par demye heure ou plus, et regarder à la porte se il veult venir à la ville, affin que nul ne se puisse doloir ne plaindre de sa dicte enqueste.

328. — *La conclusion comment on doit estre purgiés.*

Item, nullement ne autrement on ne peut ne doit faire enqueste fors par la manière que cy dessus est escript pour être vallable et saulver la vie de celluy ou de ceulx qui se mectent à l'enqueste du pays, puis qu'ilz ont partie tant soit petite et povre de chevance, car pour vray et pour certain quant autrement seroient purgiez fors ainsi que dit est, et ilz fussent poursuys par aucuns de leur partie ou haynneux devant autre justice tant fust la justice de petit povoir, car nulle justice n'est petite puis que on requiert raison que elle doye faindre, ou dissimuler, ou faire justice, ilz seroient mis à mort, et par ainsi ceulx qui ainsi ne sont purgiez, ilz ne sont nulle part franchis fors au lieu ou ilz ont esté purgiez, et encores s'il faist ainsi que les amis ou haynneux venissent à icelle justice que iceulx auroient ainsi purgiez, sans leur avoir fait savoir le jour de l'enqueste, il fauldroit qu'ilz leur en feissent autre raison, ou se ilz poursuyvoient, et icelle justice n'en feist autre chose, la justice seroit confisquée au souverain seigneur, et n'auroit la dicte ville, ne pays, plus de justice. Et par ainsi iceulx qui ainsi seroient purgiez induement seroient en la main du souverain seigneur pour en faire raison et justice ou ilz leur conviendroit et fauldroit eulx en fouyr hors du pays et du royaulme pour estre seurement. Et encores où qu'ilz seroient, se ilz fussent poursuys, ne seroient point seurement, car il n'est nulle justice séculière qui n'ait justice dessus eux, se non l'empereur, dont le saint père de Romme a le gouvernement ; et dessus le saint père n'est nul fors Dieu, etc., dont toutes justices quelles que elles soient se doivent bien conseillier par les droiz et loix de justice, affin que elles ne soient reprinses en négligenee, car il n'est nul petit ennemy, et on ne peut avoir trop grant amy.

329. — *Lectres de l'absolution de l'enqueste dessus escripte et jugée par sentence de jugement.*

A tous ceulx qui ces présentes lectres verront ou orront William De Roche, escuyer Bailly souverain pour le roy nostre sire, en la ville et conté de Guysnes, salut, savoir faisons que au jour d'uy XVme jour de mars lan mil III^c XLIII, par devant nous et en la présence de A. B. C. D. E. F. G. H. I. K. et L. francs hommes du roy nostre sire, à cause de son chastel de Guysnes fu fait ce qui s'en suit : Sur ce que Jehan Du Val, bourgeoys de la dicte de Guysnes, subgect justiciable du roy nostre dit seigneur de sa conté de Guysnes, à la dénonciacion ou instigacion d'aucuns ses haynneux, il a esté, et est renommez d'avoir jà pieça en la ville d'Abbeville, au jeu de l'arbaleste, traict une vire dont par cas d'aventure fu bléeié M. N., dont mort est en suye en sa personne, pour laquelle mort il a esté et est ès prisons du roy nostre dit seigneur à Guysnes, offrant son corps estre à droit en la dicte court contre tous ceulx qui aucune chose luy vouldroient ou sauroient demander pour le souppeçon de la mort du dit malin, ou d'autres vilains cas ou reprouches ; soy disant, de tous cas, et du dit cas à luy imposé, et dont on le vouldroit suyr et accuser, estre pur, nect, innocent et non coulpable. En nous requérant à grant instance que à la dicte enqueste le voulsissions recevoir, voullant prendre droit de justice, et par icelle enqueste fust en condampnacion de mort, ou absolucion d'icelle mort. Sur quoy après ce que de Jehan R, procureur du roy nostre sire en la dicte conté de Guysnes, et est accusé plainement de la mort du dit malin, prismes conseil et conclusion à l'encontre du dit Jehan de V ; affin que pour icelle, il fust justicié exécuté de corps à la mort, ainsi et comme en tel cas apartient. Et par le conjurement de nous les dis francs hommes dirent et par jugement, et pour droit, que considéré les offices du dit Jehan de V. et le style et usaige en tel cas acoustumé, nous le dit Jehan de

V. devions prendre à la dicte enqueste, et recevoir prisonnier du roy nostre sire; nous en suyvant le dit jugement, du consentement du procureur du roy nostre dit seigneur, en la conté de Guysnes, receusmes le dit Jehan de Val prisonnier du roy nostre dit seigneur par la manière que dit est, et luy assignasmes jour de icelle enqueste faire, crier, publier et signifier ès lieux et places acoustumés, et par espécial à très hounorables et saiges monseigneur le bailly d'Amiens ou son lieutenant en la dicte ville de Monstereul, le procureur du roy nostre sire ou dit bailliage, monseigneurs le prevost de Monstereul, mayeur, eschevins et procureur du roy nostre sire en la dicte ville de Monstereul, à très hounourables et saiges le seneschal de Pontieu et procureur du dit lieu, aux mayeur, eschevins de la ville d'Abbeville où le cas est advenu, aux parents et amis du dit feu malin, et à la justice où les dis parents et amis demeurent, et partout ailleurs où il apartiendra pour en icelle dicte enqueste procéder le XXIII° jour de may prouchain venant ; et icelle enqueste et lectres sur ce faictes rapporter en la dicte court du roy nostre sire, pour y procéder fust en condampnacion de corps ou absolucion ainsi qu'il en apartiendra. Laquelle enqueste on a fait et sommé au lieutenant de monseigneur le bailly d'Amiens ou le prevost de Monstreul, au procureur du roy en la dicte prevosté, au prevost mayeur, eschevins et procureur de la dicte ville de Monstreul, à monseigneur le seneschal de Pontieu, au procureur de Pontieu pour le roy nostre sire, aux parens et amis du dit feu malin, au bailly, et officiers de Calonne où les parents et amis demeurent, au procureur du roy en la Conté de Guysnes, au bailly de la ville et eschevins de Guysnes ; et publier par trois jours de marchié en la halle du roy nostre sire à Guysnes, le peuple assemblé, en eulx et chacun d'eulx adjournant, sommant intimant, et faisant savoir le dit jour et enqueste, comme il apert par leurs lectres de ce faisant mencion, offrant à eulx ou à chacun d'eulx, et à tous autres qui aucune chose vouldroient dire, administrer ou déclairer en faisant partie ou autrement, contre le dit Jehan Duval prisonsonnier, faire raison et justice ; lesquelz ne aucun d'eulx ne sont venus ne comparus dire contre le dit prisonnier. Et à nous bailly dessus nommé pour le roy nostre sire en la ville et conté de Guysnes, au dessus dit XXIIIeme jour de mai, et rapporté et desployé en la dicte court, toutes les lectres et certiffications des officiers dessus nommez, infixées et annexées parmy les nostres, avec les informacion que faicte en a esté ou pays, et tous les noms et surnoms des tesmoings produiz en icelle enqueste, monstré et nommé les noms d'iceulx tesmoings ; ne contre leur depposicion n'a voulu aucuns reprouches, ne blasmes bailler, en soy rapportant et accordant, prendre et avoir droit par icelle informacion ou condamnacion de son corps, ou absolucion. Et pareillement fait le procureur du roy en la dicte conté de Guysnes par ce qui est et sera trouvé en la dicte informacion, en laquelle ont esté produiz et oys plusieurs tesmoings et lectres mises en preuve. Veu laquelle enqueste et informacion et tout ce que par icelle ayt et qui mouvoir peut, les dis francs hommes dessus nommez et autres francs hommes cy dessoubz nommez, eu sur ce advis et delibéracion de conseil et heure de XII. heures suffisamment attendu, à nostre conjurement ont dit, jugié, dient, jugent pour droit que le dit Jehan de V. est pur nect, innocent, et non coulpable de la mort du dit malin W., et de tous villains cas, blamez et reprouchés, et l'en ont délivré et delivrent comme preudomme et de bon renom, en mectant son corps et ses biens pour ce empeschiez à plaine et entière délivrance. Et nous bailly dessus nommé pareillement, en suyvant le dit jugement, en tesmoing de ce nous bailly dessus nommé avons mis le seel du dit baillaige à ces présentes lectres faictes, écrités et prononcées à Guysnes le XXIIIme. jour de mai, l'an mil III^c XLIIII. Prions et requerons aux francs hommes du roy nostre sire, qu'ilz mectent leurs seaulx à ces présentes avec le seel du dit bailliage, que mis y estoit; en signe et approbacion de vérité. Et nous soussignés B. X. O. I. P. J. L. W. L. H. O. et plusieurs autres francs hommes du roy nostre sire à cause de son chastel à Guysnes, en signe et approbacion de vérité de toutes les choses dessus dictes, et de chacune d'icelles, qui présens fusmes et jugeasnes l'absolution du dit Jehan de V., avons mis noz seaulx avec le seel du dit bailliage que mis y est à ces présentes lectres faictes et prononcées au dit lieu de Guysnes, le XXIIIme jour de may l'an dessus dit.

330. — *Le salaire du bailly, des francs hommes et du clerc pour tenir l'enqueste.*

Item, toute l'enqueste se fait aux coustz, frais et despens de cellui ou de ceulx qui se moitent de leur voulenté à l'enqueste, et pour faire la dicte enqueste par la manière que dit est, le bailly doit avoir XLI. parisis. Les francs hommes au jour qu'il est receu par jugement à la dicte enqueste, doyvent avoir XXVIII. souls parisis. Et au jour qu'il sera jugié quicte et délivré, ilz doyvent aussi avoir XXVIII souls parisis. Et le clerc au jour qu'il est receu V. souls parisis ; et au jour qu'il est jugié V. souls parisis, avec ses autres escriptures. Et s'il est jugié à mort, la partie qui poursuyt, doit payer les coustz et frais dessus dits. Item, et s'il a esté prins par justice, et il n'a nulle partie qui le poursuyve, fors la justice, s'il est jugié à mort, le seigneur doit tout payer, etc.; car l'homme fait payement de son corps.

331. — *Ung clerc ne peut estre jugié par justice laye.*

Item, la justice laye ne doit avoir nulle congnoissance sur ung clerc. Et se ung clerc estoit purgié par la justice laye, et se son droit ordinaire le savoit, il l'amenderoit très grandement à la court de son dit ordinaire.

332. — *Se ung homme est blécié par un archier.*

Item, se ung homme est blécié d'ung archier, lequel quant il tira en son arc ne fist ne crye, ne hu qui est chose de trayson, puis qu'il vey aller la personne devant luy ; et pour savoir la vérité du cas qu'il en seroit en la conté de Guysnes ; il est bien vray que celluy qui ce auroit fait, et le blécié alast de vie à trespas, et il fust prestement prins, il seroit mis à mort. Item, et se on ne le povoit tenir, il seroit appellé aux droiz du roy nostre sire et banny hors du royaulme de France. Et puisque celluy qui est blécié n'a garde de mort, il luy doit payer le mire et ses vacacions, qu'il ne peut gaignier son pain. Et s'il fust ainsi que celuy qui est blécié fust affolez de membre, icelluy qui aura fait le fait est poursuy par justice par le dit blécié, il est tenu de luy assigner sa vie soit par rente ou autrement, raisonnablement. Et ce est droit et raison de Justice.

XXIX. — ENSUYVENT LES ARTICLES D'UNG HOMME QUI ACCUSE UNG AUTRE DE CRYME A JUSTICE. (1)

333. — *Ce que doibt faire le bailly à qui ung cryme est annuncié.*

S'il fust ainsi que ung homme meu de maulvais corage, se transportast devant le bailly et luy dise : monseigneur le Bailly, voyez cy ung tel qui est larron ; et puis se départ du Bailly. Mais le Bailly est tenuz de demander à celuy qui luy vient les dictes choses annuncier : vous en voulez vous faire partie contre luy et je le irai querre ? s'il respont oyl, le bailly le doit

---

(1) Cette vingt-neuvième partie contient quatre titres sous les n°⁸ 333-336.

mectre en prison, et en bons fers, comme il fera celluy que on luy a accusé, jusques à ce qu'il sera informé du fait.

334. — *La pugnition de celuy qui accuse ung autre sans cause.*

Item, s'il fust trouvé que celluy qui auroit l'autre accusé du crime qu'il auroit tort, il seroit digne de recevoir toute telle mort et pugnicion en laquelle il vouldroit avoir mis celluy qu'il avoit accusé, et ses parens et amis seroient tenuz d'en faire admende honnourable et prouffitable à la personne qui seroit ainsi sans cause accusé, et luy restituer toutes ses pertes et dommaiges.

335. — *L'admende du seigneur en cause de cryme, et comment le cryme est hors par eslargissement de prison.*

Item, se une personne vient devant le Bailly et luy dit: monseigneur le Bailly, je say ung tel homme qui a emblé ung cheval, et le Bailly luy demande en offrez vous faire partie contre luy, et il respont oyl, le Bailly ira querre sa partie et dira à celluy qui sera accusé : Veez cy Jehan qui vous mect seure que vous avez emblé ce cheval ? lequel respondra : non ay, je l'ay achapté, et ce je vueil prouver. Adonc ilz doyvent tous deux estre mis en prison pour le cryme, jusques ad ce qu'il sera prouvé. Et s'il fust ainsi que par prière, et requeste, tant d'ung cousté que d'autre, ilz fussent eslargiz de prison, adonc le cryme est hors, et icelles deux parties sont en procès l'ung contre l'autre. Et quiconques le gaigne, le seigneur en doit avoir admende de XLI. parisis à sa discrecion. Et icelluy qui le pert le doit payer et admender à la partie qui le gaignera honnourablement et prouffitablement avec ses coustz, fraiz et despens, et si doit estre banny à tous jours hors du pays en la volonté du seigneur.

336. — *Se aucune personne laissoit de poursuyr son accusacion, comment il doit admender au seigneur, au bailly et à la partie.*

Item, se ung homme vient au Bailly, et dit, monseigneur le Bailly, je accuse, William qui est larron ou qui a murdry quiconques, cryme de mort. Et puis que ce venu à la congnoissance du dit William, et icellui William le poursuyt de l'accusacion que le dit homme a faicte contre lui, et le dit homme qui l'aura accusé au bailly se départ de son accusation, il le doit admender honnourablement et prouffitablement au dit William, se il le poursuit, et le dit accuseur en payera au seigneur telle et si grant admende qu'il en pourra avoir, car en ce ne doit point avoir de conscience, et aussi la dicte admende n'est nulle part tauxée, mais payer doit sans miséricorde selon la faculté de ses biens et pour le blasme et honte qu'il aura dit au dit William ; et doit estre banny du pays à la voulonté de justice, et payera aussi au bailly XLI. parisis d'admende.

XXX. — DES DONATIONS ET ORDONNANCES DE TESTAMENT (1).

337. — *Ensuyvent les questions d'une personne de loyal mariage gisant en son lyt mortel; s'il peut donner ses biens meubles et héritaiges.*

Se ung homme ou femme gisant en son lyt mortel peut donner ses biens meubles et héritaiges pour desheriter sa femme, son filz ou sa fille, selon les coustumes et usaiges, nulle personne ne peut donner ses héritaiges qui luy sont venuz de ses ancestres, puis qu'il gist en son lit mortel, ne estant en bons sens et bonne mémoire, que ce ne soit par le gré, octroy, et consentement de son plus prouchain hoir.

338. — *Comment ung homme peut deshériter son hoir.*

Item, s'il fust ainsi que homme ou femme fust en voulenté de deshériter son droit hoir, s'il vouloit faire don prouffitable à celluy à qui il le vouldroit donner, il fauldroit qu'il vendist son héritaige, et qu'il jurast sur les saints euvangiles que povreté ou nécessité luy fait faire, et puis après ce il pourroit rachapter nouvel héritaige, et icelluy héritaige qu'il auroit achapté, donner à qui il vouldroit, et encores c'est charge de conscience.

339. — *Comment ung estant en son lyt mortel peut donner ses héritaiges qu'il a aquestez.*

Item, homme ou femme gisant en son lyt mortel pourroient bien donner les héritaiges qu'ilz auroient acquestez durant la conjonccion de leur mariage, mais

---

(1) Cette partie qui s'étend du titre 337e au 347e comprend onze titres.

il fauldroit qu'ilz se feissent vestir et chaulsier et qu'ilz alassent champ et voye, et que à ce fussent prés ens le Bailly et cinq hommes du seigneur de qui l'héritaige seroit tenu, ou qu'il fust fait devant deux tabellions apostoliques.

340. — *Comment ung homme marié peut donner ses propres acquestz et la femme aussi.*

Item, se ung homme ou femme, ains qu'ilz soient adjoins par mariaige, eussent acquestés plusieurs héritaiges comme cens, rentes et revenues, et donc après le mariaige soit fait entre eulx deux, il est en eulx quant ilz gerront en leur lyt mortel, chescun peut faire son plaisir de ses acquestz par devant la loy dont les dis acquestz sont tenuz, en la présence et par devant II. tabellions.

341. — *Se ung homme peut donner à sa femme.*

Item, ung homme ains qu'il preigne femme par mariaige peut donner à sa femme qui sera, soit héritaige ou certain nombre d'argent à prendre sur son héritaige, ou sur ses biens meubles après son trépas devant tous partaiges.

342. — *Comment ung homme peut donner à sa femme et la femme à son mari.*

Item, homme et femme conjoins par mariaige, ne pevent riens donner l'ung à l'autre, mais bien en pourroit l'omme à sa femme, ou la femme à son mary, donner au plus longuement vivant tous ses biens meubles, soient bestes ou autres choses, ou ses acquestz, et ce doyvent recongnoistre en leur plaine vie devant la justice, et tant que il ou elle vivra ne peut riens vendre. Et après le trespas du derrain vivant, les hoir tant d'ung costé comme d'autre partiront les biens meubles, et les acquetz se retourneront aux hoirs de celluy qui les aura acquestés.

343. — *Se ung homme ou femme gisant en son lyt mortel peut donner pour le salut de son ame et comment.*

Item, homme ou femme gisant en son lyt mortel peut bien donner pour le salut de son ame, pour dire messes, le revenu de sa terre trois ans durans et non plus ; se ce n'est par l'octroy et congié de son droit hoir. Et si peut bien chargier son héritaige pour avancer ung sien enffant soit par mariaige ou autrement, de mil II^c V^c VI^c frans, et tant du plus que du moins; et ce don passe bien devant le curé, sans tabellion, avec deux ou trois personnes, et ce don sera valable.

344. — *Quelle somme d'argent peut donner une personne pour le salut de son ame.*

Item, homme ou femme gisant en son lyt mortel peut bien donner et aumosner héréditablement pour le salut de son ame jusques au nombre de XL. S. parisis, c'est assavoir pour avoir deux ou trois obiz par an, et ce pevent bien rachapter les hoirs pour une somme d'argent, et de ce peut chargier son héritaige sans en parler à son hoir.

345. — *Comment le père et la mère pevent partir, sur leur lyt, leurs biens à leurs enffants.*

Item, homme et femme gisant en son lyt mortel qui ont quatre et cinq enffans, et qui ont plusieurs rentes et héritaiges venuz de leurs ancestres, ilz pevent bien, sans aller devant justice, par l'ordonnance de leur testament, fait devant leur curé, de leurs enfans donner et ordonner sa part et porcion de l'éritaige, mais qu'il soit bien enregistré par leur testament ; et par ainsi l'ordonnance sera tenue à toujours par le consentement de leur aisné fils, et autrement ne se peut faire.

346. — *Comment une personne peut chargier son héritaige pour certaine somme d'argent, et comment le seigneur doit estre quintié.*

Item, se ung homme et une femme avoient plusieurs enffants ensemble par conjonction de mariaige, et l'omme ou la femme eust une seigneurie, fust baronnie, parie, ou terre tenue en fief valant par an cent ou deux cens livres parisis de rente, leur aisné filz ou fille auroit tout ; excepté que la dicte seigneurie seroit quinte, ou tous les autres enffans partiroient ; mais le père ou la mère de qui la dicte seigneurie seroit venue pourroit bien chargier la dicte seigneurie de certaine grant somme d'argent, que le dit aisné filz leur seroit tenu de payer quant besoing seroit. Ou s'il luy plaisoit, il pourroit bien laissier joyr ses frères et seurs de la dicte seigneurie certain temps et terme tant que la dicte somme seroit payée.

347. — *Se ung homme avoit esté marié à deux femmes et il eust plusieurs enffants des dictes deux femmes, comment doit estre départi son héritaige.*

Item, s'il fust ainsi que ung homme qui autrefois esté marié, et eust vivant du dit mariaige plusieurs enffans, fils ou filles, et icelluy homme eust une noble seigneurie qui vaulsist III. ou IIII. livres parisis de rente par an, laquelle seigneurie luy seroit succédée et advenue de ses ancestres ; et puis après il se remariast à une autre femme, duquel mariaige il auroit plusieurs autres enffans, le premier aisné filz de sa première femme, après le trespas, auroit seul et pour le tout, la dicte seigneurie, excepté que elle seroit quinctie autant aux derrains enffants que aux premiers. Et s'il fust ainsi qu'il n'eust eu que filles de la première femme, et de la derraine il n'eust que ung filz ou plusieurs filles, le filz de la derraine femme auroit la dicte seigneurie, et les autres n'auroient que le quint : et pareille chose seroit d'une femme.

XXXI. S'ENSUYVENT LES ARTICLES D'UN BASTARD DONT IL Y A PLUSIEURS MANIÈRES DE BASTARDS. (1)

348. — *Bastards en avotrie* (2).

Il y a bastards en avotrie, lesquelz sont gaignies de homme et de femme mariez, par raison puisqu'il est

---

(1) Dans cette trente-unième partie sont repris les titres 348-359 au nombre de douze.

(2) *Avotrie*, c'est-à-dire adultère.

scieu, ilz ne doyvent partir en quelque chose de par père ne de par mère.

349. — *Bastards de prestres et de nonnains.*

Item, il y a bastards de prestres et de nonnains sasacrez qui nullement n'ont rien de par père ne de par mère en manière quelconques.

350. — *Bastards d'ung homme marié et de femme non mariée.*

Item, il y a bastards d'ung homme marié à une femme non mariée lequel bastard de par sa mére est hoir de sa mère ès terres rotières, c'est à dire de terre qui doit rente à son seigneur, et en tout chastelz et biens meubles.

351. — *Bastards de chevalier et femme non mariée.*

Item, il y a bastards qui sont enffants de chevalier à femme non mariée.

352. — *Bastards de jeunes gens non mariez.*

Item, il y a bastards de jeunes gens non mariez ; mais nul n'est bastard de par sa mère se non de nonnains sacrées.

353. — *Comment ung bastard peut donner en son lit mortel.*

Item, ung bastard de quelque condition devant dite qu'il soit, se par don d'aumosne luy est donné aucun héritaige héréditallement et à tousjours, pour luy et pour ses hoirs, et que devant justice, il soit mis ou dit héritaige, et il n'a nul enffant, et gist en son lit mortel, il ne le peut ne vendre ne donner, mais retournera au seigneur de qui l'éritaige est tenuz, ne de ses autres héritaiges acquestez et biens meubles, se ce n'est par le gré de son seigneur, il ne peut faire plus grant don de testament que de V. souls parisis, mais est bien vray que quant il est en son bon sens et bonne santé, bien vivant, bien maugant, et allant et venant par les rues, sans estre occupé d'aucunes malladiez que on puisse savoir, de tout ce qu'il aura acquesté par son bon gouvernement, soient terres, cens et rentes, et toutes manières de chastelz, il en peut faire sa bonne voulenté, sans congié de personne, ne de seigneur ne d'autre, mais qu'il soit incontinent emporté, après qu'il aura fait le don.

354. — *Se ung bastard donnoit et avoit donné ses biens en sa plaine vie.*

Item, s'il fust ainsi que ung bastard en sa plaine vie eust acquesté plusieurs cens, rentes et autres biens meubles quelconques, et en sa plaine vie, il donnast tous ses biens meubles et de ce eust fait faire bonnes lectres au prouffit de la personne à qui il l'auroit donné, et ce fait il alast de vie à trespas, et iceulx biens meubles fussent après son trépas trouvez en sa maison, le don, ne les lectres ne seroient de nulle valleur, mais seroit tout au seigneur dessoubz qui il seroit demourant.

355. — *Se ung bastard peut donner à son fils bastard et comment.*

Item, se ung bastard estant en bonne vie qui auroit acquesté en sa vie plusieurs héritaiges, et icelluy eust ung enffant bastard, il pourroit bien donner à son dit bastard tous ses acquestz, fussent terres, seigneuries, ou autres, mais que en sa plaine vie, il alast devant la loy et justice, de qui les dictes terres et seigneuries sont tenues, et qu'il fist mectre par loy son dit bastard ès dits héritaiges, et qu'il payast les droictures à son seigneur, ou seigneurs ; mais en son lit mortel il ne peut faire nul don.

356. — *Se ung bastard n'a nulz enffans en mariage.*

Item, se ung bastard eust certains héritaiges, ou biens meubles que par aumosne luy seroient donnez, par ses parens et amis, s'il n'a enffans de loyal mariage ou sa plaine vie, ne autrement, il n'en peut faire don, mais convient que tout retourne à son seigneur, se par avant que le don luy fust fait par ses parens et amis ne feissent traictié au seigneur de qui les héritaiges seroient tenuz, et que de ce il eust bonne lectres ou bons tesmoings.

357. — *Se ung bastard ou bastarde est hoir de son père ou de sa mère, selon les coustumes de la conté de Guysnes.*

Item, selon l'usaige et stille de la dicte conté de Guysnes, nul n'est bastard de par la mère, car il apprehendera toutes terres, cens, rentes qui furent et appartindrent à sa mère, et en tous biens meubles, excepté en terre que on dist fief, ou autre noble terre ou seigneurie. Et s'il fust ainsi que aussitot que le dit enffant auroit relevé les dictes terres du seigneur de qui elles sont tenues, alast incontinent de vie à trespas, les hoirs du dit bastard ou bastarde auroient les dits tenemens et biens meubles.

358. — *Se une fille bastarde doit partir avecque sa seur non bastarde.*

Item, s'il fust ainsi que ung homme eust une fille bastarde et une fille de loyal mariaige d'une autre femme, et toutes deux sont mariées, et la fille de loyal mariaige va de vie à trespas, son père ne sa mère n'en seront point héritiers ; mais se elle a ung frère ou seur, ilz en seront héritiers en tous biens, meubles et héritaiges, et se elle n'eust frère ne seur, ilz viendroient à son oncle ; mais se elle n'avoit oncle, yroient les dis héritaiges à ses autres hoirs, fust cousin jusques au IXme membre, car jamais ne viendroient au père ne à la mère en eschevinaige ; mais en la conté de Guysnes, ilz viendroient au père et à la mère puisque l'enfant n'auroit point esté marié, et que la table du père et de la mère seroit entière.

359. — *Conclusion de la prouchaine question dessus escripte.*

Item, nullement ung fils ou fille bastard ne peut estre hoir de son frère ou seur de loyal mariaige, se on ne luy donne par force et vigeur de testament, ou que son frère et sa seur de loyal mariaige en leur plaine vie, en la présence de celluy de qui les tenemens seront tenuz et devant la loy ; ou que ilz luy donnent en leur plaine vie aucuns biens meubles, et prestement icellui bastard ou bastarde les emporte avecques luy.

XXXII. — LES ARTICLES POUR APPELLER (1).

360. — *De l'appel devant les pers de la conté.*

Quant il y a aucune personne en la conté de Guysnes qui appelle du jugement des francs hommes de la dicte conté, on dit que anciennement leurs appel se relevoit dedens XL. jours devant les pers de la dicte conté.

Item, quant on avoit appellé des dis pers, on relevoit son appel dedens trois moys devant les barons de la dicte conté.

Et quant par les barons estoit jugié de leur jugement n'avoit point d'appel.

361. — *Ensuyvent les noms des XII. pers de la conté de Guysnes.*

Premièrement Ardre, appellez Autingues, Alembon, Mailnebourse, Settin, Surques, Bonnellinghen, Lœdeharne, Foncquehone, Froyton et Néell (2).

---

(1) Cette matière comprend les deux titres 360-361.

(2) Ces noms sont ainsi écrits dans la copie de M. Marmier. Nous igno-

XXXIII. — DES ÉRITAIGES ET SUCCESSIONS (1).

362. — *La déterminacion se l'éritaige vient de par le père ou de par la mère, et comment hoir peut succéder.*

Item, s'il fust ainsi que une femme eust plusieurs héritaiges, et que elle se mariast, et de son mary eust ung enfant ; après que elle seroit vesve de son dit mary, elle se remariroit à ung autre homme ; tant que elle vit, la terre lui apartient et non à son enfant. Et quant elle aura esté mariée la seconde foiz, elle ira de vie à trespas, et son dit second mary demourra en vie, et sera la terre de sa femme semée ou temps de sa vie, le mary et son enfant partiront moictié à moictié des biens croissans sur la dicte terre, sans ce que le dit second mary donne riens au dit enfant, ne l'enfant ne donnera riens à son dit beau père ; Et fauldra que l'enfant relièvre la dicte terre de son seigneur à ses coustz et fraiz. Et aussi partira le dit enfant contre son dit beau père, et le dit beau père contre le dit enfant moictié à moictié en tous les biens meubles ; et payeront ensemble toutes les debtes moictié à moictié.

Item, le testament et obseque de la dicte femme

---

rons s'ils le sont de même dans le manuscrit, mais il y a évidemment ici une erreur. Ce paragraphe doit être lu ainsi :

« Premièrement Ardre, Nieille (lez-Ardres), Autingues, Courtebourne,
» Seltun, Surques, Bouvellinghem, Locdebarne (Lostbarne), Frethun et
» Nielle (lez-Calais). »

(1) Cette trente-troisième partie se borne aux trois titres 362, 363, 364.

payera tout le dit enfant, et prendra le dit second mary autant à l'encontre que le dit testament aura cousté à faire.

363. — *Se l'éritaige vient de par le père.*

Item, s'il fust ainsi que la terre et héritaige venist de par le père du dit enfant, icelle terre et fief seroit à l'enfant et non à la mère, mais tant que elle vivroit elle y auroit son douaire, c'est à dire la moitié de la terre ou de la rente.

Item, et s'il fust ainsi que la terre qui ne seroit que douaire à la dicte femme, et icelle fust semée, et elle allast de vie à trespas, le mary n'y auroit riens.

364. — *Comment le hoir peut succéder ès deux articles dessus dis, etc.*

Item, en quelque temps que la femme à qui la terre est de son droit héritaige et qu'elle ait ung enfant de son premier mary, va de vie à trespas, soit en yver ou en esté, puisque elle est semée, le second mary en aura la moictié de la rente, se la dicte terre est mise à louaige, ou se elle a aucune rente par an, le dit second mary en aura la moictié de la dicte rente, puisque le terme que on doit la rente est passé.

XXXIV. — DU DROICT DU SEIGNEUR SUR BESTES ESTRANGES ET CHEMINS (1).

365. — *Du droict du seigneur sur bestes estranges (étrangères) perdues.*

Item, il est vray et notoire en la conté de Guysnes et ailleurs, que se une beste est estrange, le seigneur la peut faire prendre et la tenir pour sienne jusques ad ce que le maistre à qui elle est et apartient viendra ; et adonc le seigneur la peut rendre et en prendre la garde que elle aura cousté.

366. — *Se aucun prent à garder bestes d'estrangiers sans congié du seigneur.*

Item, s'il fust ainsi que une personne estrange eust donné à garder et herber, vaches, moutons, brebis, ou autres bestes à ung homme qui demeure en une ville ou il y a communité d'erbes et de boys, et icelluy homme qui a en garde les dictes bestes les laisser aller pasturer en la dicte communité que faire ne doit, car s'il est saige il scet bien qu'il ne le peut ne doit faire ; car s'il est sceu que bestes estranges soient en la dicte communité, le seigneur les fera prendre et seront consignées à luy s'il luy plaist, ou il en aura son bon plaisir ; mais pour vray et pour certain ce n'est point au dommaige de celluy qui les aura bailliées et données à herber et à garder ; mais est tout aux cotz, frais et

---

(1) Cette trente-quatrième partie embrasse les titres 365, 366, 367.

despens de celluy qui les prent à garder. Et se le seigneur retient icelles bestes pour luy, si convient-il que icelluy qui les a à garder, les restitue et rende à celluy de qui il les a en garde, et est vray et notoire ce que dit est.

367. — *Comment le seigneur doit admender les chemins en deffault des tenans.*

Item, il est ordonné que chescun après le cry fait ès paroisses par le sergent du seigneur, que chescun admende les chemins contre son tenement par dedens VII. jours et VII nuytz, tellement que on y puisse aller à pyé et à cheval, et carier, sur III. souls parisis d'admende. Et ou cas que deffault y auroit, et iceulx chemins ne fussent faiz et admendés, le seigneur les feroit faire aux despens de celluy deffaillant ; et si payeroit XII. souls parisis d'admende au seigneur.

XXXV. — DE QUICONQUE BAPT *navre ou tue*, OU COMMET LARRECIN, OU GARDE LES CHEMINS POUR BAPTRE OU VOLER (1).

368. — *Ensuyvent les articles qui fait à sa concubine, à sa femme, ou à son varlet aucun empesehement* (ou blessure).

Quant ung homme tient une concubine avecques lui demeurant en sa maison, et il la bapt et navre de bastons ferrez, ou d'autres armures, et elle se vient

(1) Huit titres sous les N^{es} 368-375 sont compris dans cette trentecinquième partie.

plaindre à justice, se c'est fait en eschevinage, il payera au roy ou au seigneur LX. souls parisis, soit de jour et de nuyt ; et seroit tenu pour murdre.

369. — *Se aucun navroit son varlet ou sa chamberière.*

Item, se ung homme tient ung varlet ou une chamberière son argent gaignant, et il le bapt et navre, et justice en est informée, soit par le dit varlet ou chamberière, le dit maistre payera l'admende au seigneur, c'est assavoir en l'eschevinaige LX. livres parisis, et ou bailliage LX. souls parisis comme dit est.

370. — *Se ung homme bapt sa femme à sang courant.*

Item, se ung homme bapt sa femme à playe ouverte et à sang courant, le seigneur n'en a nulle admende ; mais s'il est trouvé par informacion qu'ils mainnent maulvaise vie, de combatre et tencier souvent, le seigneur les peut et doit bannir tel et si longtemps que bon luy semble, soit à tousjours ou autrement, à la discretion de luy et de sa justice.

371. — *Se aucun tuoit sa femme.*

Item, se ung homme tuoit sa femme, il seroit pendu au gibet, comme il seroit s'il avoit tué aultruy ; et, on ne le pouvoit prendre, il seroit banny à tousjours. (*V. ci-dessus, tit.* 185).

372. — *Se ung homme marié apportoit son larrecin en sa maison, sa femme n'en sera pas tenue coulpable.*

Item, se ung homme marié estoit larron, et toutes

les nuyts il apportast son larrecin en sa maison, sa femme n'en seroit point tenue coulpable ; mais ung homme qui tiendroit une concubine avecque luy, et il fist aucun larrecin ou murdre, sa concubine seroit aussi coulpable que luy, et elle emporteroit telle pugnicion de corps comme feroit son amy.

373. — *Se ung homme marié tenoit varlet, ou chamberieres larrons en sa maison.*

Item, et pareillement s'il fust ainsi que ung homme fust marié, et il eust varlet ou chamberière, et il seust qu'ilz fussent larrons ou murdriers, et il les soustenoit en leurs maulx faiz, luy et sa femme seroyent aussi coulpables du fait que se eulx mesmes le faisoient, et emporteroient toute telle pugnicion comme feroient les dis varletz et chamberieres, à la discrecion du seigneur et de la justice, mais de droit faire le devroient.

374. — *Se aucun gardoit les chemins pour baptre ung autre, et il est prins.*

Item, s'il fust ainsi que aucun meu de maulvais courage et menast avecques luy X ou XII. compaignons autant du plus que du mains ; et iceulx alassent avecquesluy en sa compaignie, et icelluy qui seroit le maistre en meist cy deux, cy trois pour garder le chemin soit de jour ou de nuyt, et ce fait d'aguet à pensé, sans ce que celluy à qui ilz ont à faire en soit informé. Et il advient que par adventure, icelluy passe le chemin qui ne se doubte de nulluy, et bien se doubtast, se on ne luy a fait à savoir, et il est bléció ou navré par un tant seulement d'iceulx compaignons, qui ainsy le gardoient sur le chemin, tous seront coulpables du fait, et s'ilz sont prins par justice, ilz sont dignes de recevoir mort, ou payer telle et si grant admende qu'il plaira au seigneur, et par droit et raison de justice il fauldroit qu'ilz attendissent l'enqueste du pays avec la grace du seigneur.

375. — *Si celluy ou ceulx qui ainsi garderoient les chemins ne povoient estre prins.*

Item, s'il fust ainsi que nulz d'iceulx compaignons ne fussent prins, qui ainsi auroient, de fait appensé et d'aguet, gardé ung homme sur le chemin, et la justice en est justement informée, ilz doyvent estre bannys à tousjours sur la teste.

XXXVI.—DES DROITS DE VENTE ET RELIEFS DEUS AU SEIGNEUR(1).

376. — *Des droictures et reliefs, quant une personne vent sa terre ou seigneurie, et comment il doit relever à son seigneur.*

Nul ne peut vendre nullement sa terre ou seigneurie devant autre justice que devant le seigneur, ou devant la loy du seigneur, car la dicte vente ne seroit autrement de nulle valleur.

---

(1) Cette trente-sixième partie renferme les titres 376-382 au nombre de sept.

377. — *Se aucun vendoit sa terre devant autre justice que la justice où seroit la dicte terre située et assise.*

Item, s'il adveinst que ung homme de maulvese voulenté qui auroit une terre ou seigneurie tenue d'ung seigneur, et que la dicte personne de maulvaise voulenté alast à ung autre seigneur et luy deist : Monseigneur, je tieng ma terre de vous, car j'en suis informez. Et ce dit et fait pour frauder son premier seigneur, il iroit vendre sa dicte terre par devant la loy du derrain seigneur, il se passeroit par devant le dit derrain seigneur, mais la vente ne seroit de nulle valeur, se le premier seigneur poursuyvoit le derrain seigneur par justice, et qu'il gaignast le procès, la terre ou seigneurie seroit confisquée au dit premier seigneur, et l'admenderoit le vendeur à son dit premier seigneur de tous coustz, fraitz et despens qu'il auroit euz ou dit procès, et du surplus à la voulenté du seigneur.

378. — *Le relief d'une baronnie de Guysnes.*

Item, se aucun tient une baronnie du roy nostre sire à cause de sa Conté de Guysnes, qui vaille par an IIII^c. ou VI^c. livres de rente, il ne payera que X livres parisis de relief, et XX souls parisis pour cambrelage ; et pareillement de toutes les baronnies et parries de la dicte conté de Guysnes.

379. — *Les reliefs de ceux qui tiennent XXX ou XL. mesures de terre, etc.*

Item, ilz sont plusieurs personnes en la conté de

Guysnes qui tiennent du roy nostre sire, des barons ou pers de la dicte Conté de Guysnes, fiefz adités qui contiennent XXX ou XL. mesures de terre qui à cause d'icelluy fief ont bailly et hommes, et autres hommes V ou VI. qui ont chescun V ou VI mesures de terre tenues du fief dessus dit, et pareillement doyvent de relief au roy ou au baron, ou au per de Guysnes, X livres parisis et XX. souls parisis de Cambrelage.

380. — *L'autre manière de relief.*

Item, plusieurs personnes sont en la dicte conté qui tiennent terre du roy, d'ung baron ou d'ung per, laquelle terre s'appelle fief contenant XII. X. V. VI. III. IIII. I^e. mesure de terre, et d'icelluy fief en paye de chescune mesure, XII. S. parisis de relief et IIII ou V souls parisis de Cambrelage.

381. — *Se aucun achapte terre ou seigneurie sans en donner la congnoissance au seigneur par XXX ou XL. ans.*

Item, se aucun avoit achapté une terre ou seigneurie en la conté de Guysnes, sans en avoir payé le relief et droictures à son seigneur, et en eust joy par le temps et espace de XX ou XXX ans, et après ce venist à la congnoissance du seigneur, il est en la puissance du dit seigneur d'avoir par sa justice adjugié, et par jugement, qu'il auroit la prinse de chascun an, la despouille de chescune mesure autant que la despouille vauldroit ; et fauldroit payer le relief et cambrelage, et les droictures de la vente, mais la terre ou seigneurie ne seroit pas confisquée.

382. — *Se aucun tenoit aucune seigneurie XX ou XXX ans sans relief.*

Item, se aucun joyst d'une terre ou seigneurie sans l'avoir relevée à son seigneur par l'espace de XX ou de XXX ans, et après ce, il vient à la congnoissance du seigneur que la dicte terre ou seigneurie n'est pas relevée, le seigneur par droit joyra autant de temps de la dicte terre, et par tel terme, s'il luy plaist, comme aura fait icelluy qui n'aura point relevé, et enfin de temps, se icelluy veult relever, faire le pourra en payant les droiz, et ne sera point la terre confisquée au seigneur.

XXXVII. — ARTICLES DE LA FRANCHISE DE SAINCTE ÉGLISE (1).

383. — *De celluy qui doubte d'estre arresté et va en ung atre.*

Se une personne qui vient en la ville de loy se doubte d'aucune debte, et il voit la justice venir devers luy, et se doubte d'estre arresté, il peut bien aller en ung atre, et illec ne le peut la justice arrester ne faire nul jugement sur luy, mais s'il plaist à la justice, elle le peut garder tant qu'il en ystra ; et quant il en sera yssuz ung pyé ou demy on le peut bien arrester.

384. — *Ung homme peut demourer en l'église ou en l'atre XL jours et non plus.*

Item, une personne qui aura navré ung aultre à

---

(1) Cette trente-septième partie se compose de neuf titres, depuis le 383° jusqu'au 391°.

sang courant, peut aller en l'église, et y demourer XL jours et non plus ; mais au XLe jour il peut aller hors de l'atre, s'il n'est trop près gardé un pyé ou deux, et y peut rentrer et avoir encores XL jours francs comme devant ; et ainsi il peut tousjours faire tant qu'il aura paix à sa partie, sans ce que justice luy puisse aucune chose faire ; car en ce justice n'a nul droit ne nulle congnoissance.

385. — *Se aucun est banny, il peut demourer en l'église.*

Item, se aucun estoit banny hors de la conté pour debte pour estre hors par certaine espace de temps et de terme, icelluy banny pourroit bien aller en l'église, et y estre autant de temps et de terme qu'il seroit banny, mais que de XL jours en XL jours, il veinst ung pié ou deux hors de l'atre et puis y rentrast.

386. — *Se aucune personne faisoit sacrilège en l'église.*

Item, se aucun emble quelque chose en l'église que on dit estre sacrilège, icelluy larron n'est point franc en l'église, et le pourroit la justice prendre sans meffait ; et jamais icelluy larron ne se pourroit aydier des franchises de l'église.

387. — *Comment l'atre peut estre interdit et non point l'église.*

Item, se deux hommes se combatoient en l'atre ; l'atre seroit interdit et non pas l'église, et n'y pourroiton enterrer. Et pourroit la justice prendre iceulx combatans ou dit atre sans meffait, mais ilz seroient francs en l'église.

388. — *Se l'église est interdite l'atre est interdit.*

Item, se aucun par débat interdit l'église, adonc l'atre est interdit, et n'y peut on chanter ne célébrer le divin serviee, jusques ad ce que l'église et l'atre seront reconciliez.

389. — *Se aucun après qu'il est à refuge en l'église n'avoit un autre hors l'atre.*

Item, s'il fust ainsi que aucun fust à refuge en l'église et il veinst hors pour maulvais coraige et navrast ung autre, et puis ce fait il refuist en l'église, il n'y seroit point franchement, mais pour ce l'atre ne l'église ne seroient point interditz, et le pourroit la justice prendre sans meffait, mais qu'ilz le alassent dire au curé, et le informer selon l'exigence et vérité du cas.

390. — *Se aucun tout armé a reffuge en l'église.*

Item, s'il fust ainsi que X ou XII, tant du plus que du mains, eussent tué ung homme ou deux, et il veinssent tous armez en l'église, ilz seroient francs, mais la justice y pourroit venir et leur hoster et emporter leurs armures sans en parler à quelque personne, et pour ce ne seroit point l'église violée ne interdite.

391. — *Ung traitre n'est point franc en l'église.*

Item, tous larrons sont francs en l'église ou en l'atre XL jours, et puis faire comme dessus, s'il ne emble à l'église ; et ung traitre n'y est point franc ; et fust assis sur l'autel où ce on diroit messe, la justice le pourroit prendre sans meffait, et ne seroit point l'église violée ne interdite.

XXXVIII. — ENSUYVENT LES ARTICLES SUR PLUSIEURS CHOSES ET MANIÈRES USÉES ET ACOUSTUMÉES FAIRE EN LA CONTÉ DE GUYNES, TOUCHANT FAIT DE BANNISSEMENT, D'OMICIDE ET DE LARRECIN, BANNIS DE PLUSIEURS PAYS (1).

302. — *Une personne bannye d'une conté pour omicide peut bien aller demourer en une autre conté.*

S'il fust ainsi que aucun ou plusieurs fussent bannys du pays de Flandres, et ilz fussent bannis pour omicide, c'est-à-dire pour mort d'omme, se ilz pourroient venir demourer en la conté de Guysnes, il n'est mémoire du contraire de ce royaulme de France que quelconque personne qui soit banny d'une conté, il peut bien aller demourer en une autre conté de divers nom, combien que icelle autre conté soit et apartiengne au seigneur dont il est banny de la première conté, soit pour omicide, larrecin ou autre quelconque meffait.

393. — *Ung banny peut demourer en la conté de Guysnes, et pour quelles causes et raisons.*

Item, et aussi s'il fust ainsi que aucun fust banny de la conté de Flandres, de Saint-Omer ou d'ailleurs, pour mort d'omme, de larrecin ou d'autres choses, et

---

(1) Cette partie qui va du titre 392 au titre 404, comprend treize titres.

icelluy banny alast demourer en la conté de Guysnes, faire le peut, à doubte de justice, se il ne fait ce entendre à la justice dessoubz laquelle il va demourer.

394. — *Comment les bannys pevent demourer en la Conté de Guysnes seuremenţ et sauvement.*

Item, se ung banny ou plusieurs bannys, tant de Flandres comme d'ailleurs, viennent à la justice, où ilz ont intencion de demourer, eulx doubtans de partie, et ilz accusent leurs meffais à la dicte justice, soit en ceste dicte conté de Guysnes ou d'ailleurs, la dicte justice doit adviser et entendre leur accusation, se elle est criminelle ; et la justice bien informée d'icelluy cryme, ilz laissent iceulx délinquans demourer en leur seigneurie, et les doyvent de droit garder comme eulx mesmes pour quelque plaincte qu'il leur viengne, veu que par eulx et pour avoir refuge d'eulx, ilz leur ont donné à congnoistre leur meffait, ilz ne les doiyvent débonter non plus qu'ilz feroient leurs autres habitans, se de nouvel ilz ne font mal.

395. — *Les salaires des francs hommes et du clerc d'ung homme qui seroit banny pour avoir dit maulvais langaige.*

Item, il est vray et chose notoire en ce royaulme, que quelque homme qui soit banny d'aucune ville par maulvais langage qu'il ait dit à aucune personne, et icelle personne poursuyt l'autre qui luy aura dit injures, par justice, c'est à dire les francs hommes ou les eschevins avec leur clerc, seront salairiés par la partie qui poursuyvra l'autre et payera les coustz e fraiz.

396. — *Le seigneur n'a nulle admende d'un banny hors de la conté.*

Item, se aucun est banny hors de la Conté pour avoir dit aucun langaige à ung autre et soit tout banny à rappel des seigneurs de la loy, ains qu'il revingne en la dicte ville ou pays dont il sera banny, il payera tous coustz et fraiz, se partie le requiert, et n'en aura point le seigneur d'admende. Et par raison icelluy banny ne peut ravoir sa paix, s'il n'a fait accord et paix à sa partie, ou se sa dicte partie ne fait aucun fait contre raison de justice, sur aucun des amys de celluy qui est banny.

397. — *Ung banny hors de la Conté ne doit payer nulz dépens de prison.*

Item, nul seigneur n'a admende en ceste conté de Guysnes puisque aucun est banny, car il porte son admende avecques lui honteusement, veu qu'il est banny du pays et de la dicte conté, comme chescun peut bien entendre. Et de droit, se, pour l'accusation d'aucun, il estoit mis en prison et puis banny, il ne doit payer nulz despens de prison, ne d'autre chose, et doit tout payer le seigneur ou sa partie qui l'aura fait mectre en prison.

398. — *Se on bannist aucune personne hors de la conté le seigneur ou la partie payeront les despens.*

Item, se aucun seigneur tient aucune personne en prison pour accusation d'aultrui ; et il soit trouvé par justice et bonne informacion de trois personnes créables et dignes de foy, sans faveur, estre examinez par leur serement, et sur la dampnacion de leurs ames, l'ung en absence de l'autre, et ilz soient trouvez d'une voix sans variacion, et que icelluy prisonnier soit banny, le seigneur ou la partie plaideresse payera tous les coustz et fraiz.

399. — *Le juste procès, comment ung homme doit estre banny.*

Item, se aucun vient au seigneur par haynne ou par envie, ou autrement, soy plaindre d'aucune personne, d'avoir dit injurieuses parolles de luy ; avant que le dit seigneur mecte ou face mectre icelle personne en prison, se lui mesmes ne la oy ou personnes dignes de foy ou créables en la présence de plusieurs autres ; car nul n'est de tous amez, ne de tous haiz, et doit chescun estre particulièrement et singulièrement examiné à par luy. Et se icelluy accusé est trouvé coulpable justement, que icelluy complaignant ne soit son haynieux, il doit estre banny sans autre admende, s'il ne touche litemagesté que on dit trayson. Mais, selon droit, se icelluy dont on se complaint sans trayson, aura nom et surnom des tesmoings contre luy produis, puisque c'est fait par aucun de ses malveillans, il les déboutera par droit et raison, et tant que le procès durera, on n'aura nulle justice sur luy. Et se c'est par erreur de prince, on s'en rapporte au droit, tant de sa personne comme de son catelle.

400. — *Ung homme banny ne doit perdre nulz de ses biens.*

Item, nul banny soit pour crime ou autrement, s'il ne touche trayson au seigneur en la conté de Guysnes, ne pert nulz héritaiges, ne biens meubles.

401. — *Se aucun est banny hors du royaulme de France.*

Item, se aucun est banny hors du royaulme de France, il n'est nulle part franc ou dit royaulme, pour quelque cause que ce soit, s'il est trouvé et il soit poursuy ; car chescun ne congnoist point l'ung l'autre, se on n'est poursuy par aucun.

402. — *La justice doit garder secretement l'onneur des bannys.*

Item, s'il fust ainsi que aucun fust banny de Flandres ou d'ailleurs, fust pour cryme ou d'autres villains cas, et il aille demourer dessoubz aucun seigneur, et secretement, sans complaincte de partie, la justice soit informée par composition secrete, affin que se de celluy aucune complaincte venist, que en bonne foy, ou luy garde son honneur saulve, sans prendre quelque gratuite.

403. — *La justice laye ne peut bannir ung clerc ne ung prestre, fors de lite magesté.*

Item, selon les coustumes du royaulme de France, se non par erreur de prince ou par justice qui seroit informée de trayson, on ne peut prendre ne emprisonner nul prestre, ne sur icelluy, ne clerc ayans couronne, faire nulle justice par bannissement ne autrement, mais qu'ilz facent apparoir de leur privilège de prestrise, ou de clergie, sur paine d'excommeniement, et de mettre le ces en l'église ou ses églises de la ville ou seigneurie dont ilz seroient bannys. Et si auroient tous coustz et frais, et seroient restitués raisonnablement de leurs injures, de la partie pour qui ilz seroient bannys, car sur nulle personne on ne peut faire justice qui soit droicturière, se icelle justice n'est informée justement et raisonnablement de la vraye et juste partie aïant droit de sa complaincte ou de partie denonçant, etc , ou par commune renommée du pays.

404. — *Comment une justice peut poursuyr ung banny devant autre justice où il demeure pour l'admende.*

Item, se aucun fust banny de Flandres, d'Artois, de Saint-Omer ou d'ailleurs sur la teste, comme on fait bien à Saint-Omer et ailleurs, pour avoir dit aucunes parolles injurieuses, laquelle admende de la teste touche au seigneur ; et la rachapte l'en bien souvent aux officiers du seigneur, et par iceulx officiers dont il seroit banny, il seroit poursuy devant le seigneur ou dessoubz le seigneur où il seroit demourant, on n'a cause de le poursuyr, fors tant seullement pour LX livres etc, car icelluy bannissement n'est que civil etc.

XXXIX. — ENSUYVENT LES ARTICLES APARTENANS A HOMME MIS EN PRISON TANT POUR CAS DE CRYME COMME POUR DEBTE (1).

405. — *Quant un debteur, mis en prison pour debte, s'enfuit, la garde des prisons doit payer la somme.*

Premièrement se ung debteur est mis en prison par justice pour certaine somme d'argent; et pour icelle somme la garde des prisons le prent à garder, et icelluy prisonnier s'enfuit, la garde des prisons payera la somme pourquoy le dit debteur y sera mis, à celluy qui l'aura fait mectre en prison, se il veult. Et qnant on pourra apprehender le dit debteur, il payera au seigneur LX souls parisis d'amende.

406. — *L'admende de celluy qui partiroit de la ville, quant il en seroit parti, après que on luy auroit deffendu.*

Item, se ung sergent à la verge deffendoit à aucune personne le partir, et que de ce faire il eust le commandement du bailly ou de son lieutenant, et la dicte personne s'en allast oultre sa deffence, mais qu'il le peust monstrer, la dicte personne en payeroit au seigneur LX. souls parisis d'admende.

---

(1) Cette trente-neuvième partie contient les titres 405-409, au nombre de cinq.

407. — *Se ung prisonnier eschappe hors de prison.*

Item, se ung malfaiteur fust mis en prison pour sa vie ou autre cause criminelle, pour perdre aucun membre, ou pour estre banny par la justice, et que icelluy malfaicteur eust été délivré au chepier juré ; et icellui malfaicteur eschappe avant qu'il soit enferré, par la négligence du dit chepier ; et ce bien approuvé, ou qu'il en soit comme renommée, le dit chepier est en la pugnicion du seigneur et de la loy à leur bonne discrecion.

408. — *Se aucun prisonnier estoit bien enferré par le regard de la justice et après s'enfuist.*

Item, s'il fust ainsi que ung chepier eust en garde ung prisonnier pour cas de cryme, et il fust bien enferré par le regard de justice, et icelluy prisonnier se defferast et s'enfuist, le dit chepier doit estre pugny de prison et bien et estroictement enferré à la voulenté du bailly et des officiers du seigneur.

409. — *Ung chepier doit garder l'onneur de son seigneur.*

Item, ung chepier désirant le bien et honneur de son seigneur, doit estre soigneux et diligent de ses prisonniers pour quelque cause qu'il soient mis en prison, s'il aime son bien et prouffit.

XL. — ENSUYVENT AUTRES ARTICLES POUR TESMOINGS PRODUIS BONS OU MAULVAIS (1).

410. — *Par deux tesmoings vraiz on peut bien juger.*

Selon la saincte escripture par deux tesmoings vraiz et véritables qui depposeront et parleront tous d'une voix et manière, sans varier, on peut bien faire jugement, soit criminellement ou civillement.

411. — *Se on peut jugier par trois tesmoings depposans par oyr dire par commune voix.*

Item, selon la coustume qui est à présent, on juge par troys tesmoings qui tesmoigneront d'avoir veu et oy la cause dont ilz seront requis par trois autres qui l'auront oy dire en commune voix.

412. — *Par l'informacion des tesmoings le bailly peut emprisonner ung homme.*

Item, se dix ou doze tesmoings de bonne fame et renommée, sans varier en leur tesmoignaige, viennent au bailly et justice, et eulx informez d'aucun délit criminel ou autre; et par leurs tesmoignaige et informacion icelluy bailly prent ou fait prendre et emprysonner icelluy malfaicteur pour mort d'omme, faire le peut et doit, par l'informacion des dis tesmoings.

413. — *Comment faux et maulvais témoings seront pugnis.*

Item, s'il fust ainsi que après informacion de X ou de XII tesmoings preudommes, sans avoir haynne à

---

(1) Huit titres sous les N°s 410-417 forment cette XLe partie.

aucun malfaicteur, en revenist XX ou XXIIII autres tesmoings, gens de plus grant richesse que n'auroient esté les X ou XII tesmoings que par avant auroient fait leur complaincte au bailly et officiers. Et iceulx XXIIII. tesmoings deissent le contraire au bailly et justice du dit malfaicteur pour mort de homme ; mais que il n'y eust nul des dits XXIIII. tesmoings qui fust hayneux des autres XII tesmoings, ou parent du dit malfaicteur ; car nullement XII preudommes, comme chacun doit entendre et savoir, ne vouldroient tesmoigner chose non véritable, se ce ne fust par promesse d'or ou d'argent, et s'ainsi estoit ilz ne seroient mie preudommes ; et iceulx XII tesmoings qui faulsement et par faveur de promesse auroient tesmoignié, ilz devroient par droit et raison estre pugniz grandement de prison, et l'admender au seigneur selon la faculté de leurs biens, à la discrecion du seigneur, ou perdre du moins la langue, et l'admender au prisonnier.

414. — *Comment faulx tesmoings doyvent satisfaire la partie.*

Item, icellui homme qui par faulx tesmoignaige seroit mis en prison, doit estre mis hors et réparé de son honneur bien grandement, tant pour aller en certains pellerinages et autrement de chevauché, se avoir le veult, ou faire fonder une chappelle pour célébrer et dire messes. Et tout ce doit estre fait et réparé par les dessus dis faulx tesmoings, ains qu'ilz soient délivrés de prison.

415. — *Se faulx tesmoings s'enfuyent, comment ilz doyent estre bannys sur la langue.*

Item, se iceulx faulx tesmoings s'enfuyent, et que on ne les puisse prendre, le seigneur doit mectre main à tous leurs biens et héritaiges, tant qu'il ait ses admendes à sa discrecion, et que icelluy prisonnier par eulx faulsement accusé, soit réparé comme dit est. Et iceux faulx tesmoings doyvent estre bannys sur la langue, à la discrecion du seigneur, soit à tousjours ou autrement.

416. — *Douze hommes en un lignaige tesmoings en une chose sont ung tesmoing et non plus.*

Item, s'il fust ainsi que XII. hommes de bonne condicion, d'ung lignage et parens l'ung à l'autre ; car en parentaige il y a variacion, car ilz doyvent estre tous d'une voulenté puisqu'ilz sont ensemble pour tesmoigner la voulenté l'ung de l'autre. Et ad ce doit la justice avoir regard et la personne contre qui ilz tesmoigneront, fust pour cas de crime ou aultrement ; car de droit tous le XII hommes ne vauldroient que ung tesmoing, et par icelle personne qui auroit tesmoignié contre luy, ne devroit estre en nul dangier de sa vie, veu que par ung tesmoing on ne peut jugier ; mais se icelle personne estoit riche, il pourroit bien lever et fonder ung procès contre iceulx tesmoings pour estre réparé et récompensé de son honneur.

417. — *Comment tesmoings pevent débatre de leur déposicion.*

Item, se XII personnes non parens l'ung à l'autre et non haynneux à la personne contre qui ilz tesmoignent, à la requeste de partie, tesmoignent d'une voix ; autres XXIIII. tesmoings ne les pevent débatre de leur déposicion, fust pour cryme ou autrement, mais pevent bien faire procès l'ung contre l'autre puis qu'ilz veullent débatre la déposicion des dis XII tesmoings ; et aussi chacun doit entendre que comment que aucun des XXIIII tesmoings soient parens l'ung à l'autre, ou qu'ilz soient haynneux à aucun des autre XII, ou à leurs parens, néantmoins se aucun par la déposition des dits XII. tesmoings, fust mis en prison pour cas de crime ou pour autre chose, sinon par le seigneur, icelluy prisonnier demourroit en prison tout le procès durant, car se il estoit mis en prison pour mort d'omme, et il fust mis dehors de la dicte prison, le crime en seroit hors.

XLI. — ENSUYVENT LES ARTICLES, COMME SE AUCUN FUST MIS A MORT, EN LA MAISON OU MAISONS D'AUCUNS (1).

418. — *Tout maistre d'ung hostel où aucun est mis a mort doibt le faire savoir par cry, sur peine d'estre en dangier envers la justice.*

Se en ung hostel où le maistre et la dame sont avec leurs enffans et mesnye, et ou dit hostel et maison une

---

(1) Cette XLIe partie se compose des cinq titres 418-422.

personne soit occis et mis à mort, et icelluy maistre ou dame ne le font à savoir par cry et hu, le maistre du dit hostel, selon que on use, seroit en dangier envers la justice, et fauldroit qu'il attendist du mains l'enqueste du pais.

419. — *Comment ung homme peut estre en dangier par sa renommée.*

Item, se ung homme fust occis en la maison d'aucun qui seroit renommé d'avoir fait autre foiz telle chose ou d'estre de maulvais coraige, combien qu'il fist cry et hu, si seroit-il aucunement en dangier de la justice veu son autre fait et sa renommée.

420. — *Se ung homme fust occis en une taverne.*

Item, se aucun fust occis en la maison d'un tavernier ou autre qui vent bruvaige, et il n'eust point d'enseigne dehors, le dit tavernier seroit en l'admende de LX. liv. par., pour ce qu'il n'avoit point mis dehors son enseigne non-obstant qu'il fist cry et hu.

421. — *Se aucuns fust occis en la maison d'ung notable homme.*

Il est à savoir que se aucun fust occis en la maison d'ung notable homme et de bonne renommée, et il face cry et hu, il n'en sera en nul dangier, se luy mesmes ne l'a fait.

422. — *Comment ung homme doit faire quant son varlet est occis par son chariot ou charrecte.*

Item, j'ay ung varlet par loage ou autrement, et le

mainne avecques moy ou autrement au boys, ou ailleurs à mes affaires, et par ma négligence il soit mort, et je le say bien, et que je pense que on ne le peut prouver, et je le laisse là, sans le faire savoir, et secrètement je m'en revois en ma maison à tout mon harnas, le harnas est fourfait au seigneur ; car de droit et de raison il fault que je saiche que mon varlet est devenu, ait son aage ou non. Et fault que s'il veult estre non coulpable du fait, qu'il en actende l'enqueste du pays, et faire paix aux amys du dit mort, ou autrement ne vault riens sa purge ; car le roy ne donne nul pardon s'il n'a paix à sa partie, mais bien deffend à ses baillifz et officiers qu'ilz ne le preignent point en son royaume. Ce ne peut faire nulle justice à autre de droit et de raison, s'il n'est fait à savoir par la justice dessoubz qui l'enqueste se fait aux autres justices qui sont dessus eulx, et par tant il est franc par tout le monde ; car une justice seulle ne peut faire enqueste vallable. Et mesmement quant le roy donne ung pardon, si faut-il le faire cryer à Amyens et par tous les bailliages et prevostez de ce royaulme où on a acoustumé de faire crys et publications ou autrement, il ne seroit de nulle valleur.

XLII. — ENSUIT LE STILLE, COUSTUME ET USAIGE DU PAYS, COMMENT UNG HOMME VESVE ET UNE FEMME VESVE DOYVENT PARTIR L'UNG CONTRE L'AUTRE, APRÈS LE TRESPAS L'UNG DE L'AUTRE, PUIS QU'ILZ SONT ENSEMBLE PAR MARIAIGE, ET BIEN AYENT ENFFANS ENSEMBLE (1).

---

(1) Cette XLII⁰ partie contient quatre titres (423-426).

423. — *Que quant l'un des conjoinctz fait ung tres grand don a aultruy le survivant doibt en prendre et avoir autant, et après ce partir par moictié avec les hoirs du defunct.*

Quiconques va premier de vie à trespas, soit l'omme ou la femme, et il face un très grand don de testament, soit à l'église, soit pour dire messes, ou que il donne ung grand don d'argent à ses parens et amys. Et icelluy qui demourra vivant prendra et aura premièrement, et avant tout euvre à l'encontre, autant que le testament et le don montera, soit C. II^c. mil ou II. mil escuz, tant de plus que du mains, sans aucun contredit. Et après ce partira moictié à moictié contre les hoirs, et par ce il payera la moictié des debtes ; car une femme vesve ne rapporte point en son mariage la moictié des biens meubles apartenans à elle, ainsi que fait l'omme. Et par ce une personne peut faire sa voulenté de sa moictié, mais non au préjudice d'aultruy, car ce seroit au préjudice et partie de l'ung ou de l'autre, se ne fust par la manière que cy dessus est dicte ; car aucune foiz, se ne fust ce que dit est, l'omme ou femme qui sont en maulvais discort aucunez foiz, donroient et feroient si grans dons et testamens par l'enortement d'aucuns, que au derrenier vivant ne demourroit que peu de chose.

424. — *De plusieurs choses apartenans à ung trespassé.*

Item, il y a plusieurs choses apartenans à ung trespassé, dont le derrain vivant doit avoir autant à l'encontre. Lesquelles choses ne sont point déclairées à présent, pourquoy etc. Si maintenez pour droit ce que dessuz est dit, et vous ferez ce que vous devrez, car c'est la coustume du pays, et chose notoire, véritable et manifeste.

425 — *Se ung riche homme prend une pouvre femme, et se une riche femme prent ung pouvre homme en mariage.*

Item, s'il est ainsi que ung très riche homme preigne une pouvre femme en mariaige ou une riche femme preigne ung pouvre homme, neantmoins la moictié des biens meubles du riche homme appartiennent à la pouvre femme ; et la moitié des biens meubles de la riche femme appartiennent au pouvre homme, et ne pourroit le riche homme faire don ne testament que sa femme n'eust autant à l'encontre, ne la riche femme pareillement.

426. — *Comment à la requeste que le mary fait à sa femme elle peut donner de sa part ; ou à la requeste que la femme fait à son mary, il peut donner semblablement de sa par, par leur testament l'ung à l'autre.*

Item, s'il fust ainsi que à la requeste que l'omme feroit à sa femme, ou la femme à son mary et par son accort, elle luy accordast et octroyast de sa bonne voulenté, de faire si grant testament et don qu'il luy plairoit à faire, et pareillement feist l'homme à la femme. Le derrenier vivant n'auroit à l'encontre que la moictié du testament et don, pour ce que de son bon gré et voulenté, elle l'auroit accordé à faire, ou l'omme à sa femme ; mais il y a encores autres petites choses apartenans au corps que on appelle obsèque, comme dessus ou second article est faicte mencion, dont le derrain vivant en auroit autant à l'encontre à desclairer en temps et lieu.

XLIII. — ENSUYVENT LES ARTICLES PAR QUELLE MANIÈRE ENFFANS ET HOIRS DOYVENT PARTIR EN BIENS MEUBLES ET HÉRITAIGES LES UNGS CONTRE LES AUTRES (1).

427. — *Que l'enffant d'ung puisné survivant à son pere le représente en succession de tous héritaiges et en prent sa part sauf pour le fief qui est à l'aisné.*

Se ainsi estoit que ung homme eust trois enffans en loyal mariaige, et iceulx trois enffans feussent mariez, et adveinst que le premier n'eust nul enfant, le moyen enfant va de vie à trespas, et laisse ung enfant derrière luy et le tiers va aussi de vie à trespas sans enfant avoir ; selon l'usaige, stylle et coustume du pays, l'enfant de loyal mariaige d'icelluy moyen partyra en tous biens meubles avec le premier enfant, que on dit en françois l'aisné, et en tous héritaiges, se non en terre et héritaige que on dist fief.

428. — *Comment le père et la mère seront héritiers de leurs enffans en l'eschevinaige, et en la conté de Guysnes.*

Deux personnes mariez ensemble aurent plusieurs

---

(1) Six titres composent cette XLIIIe partie qui va du titre 427 au titre 432.

enffants lesquelz vont de vie à trespas sans estre mariez, et demeurent iceulx deux personnes en vie, qui seront père et mère des dessusdis enffans, et dont après ce le père ou la mère va de vie à trespas, ou tous deux ; selon l'usaige de la conté de Guysnes, se ilz vont de vie à trespas hors de l'eschevinage, le père et la mère seront hoirs de leurs enffans ; mais se ils meurent en l'échevinage, ilz ne le seront point, mais le seront leurs cousins germains, et non pas leurs frères ne seurs.

429. — *Comment le seigneur partira contre la vesve ès biens de son mary qui sera bastard.*

Item, se deux personnes sont mariez ensemble dont le mari ne sera point de loyal mariaige, et il soit riche homme, et il va de vie à trespas, le seigneur sera son héritier et partira contre la vesve, mais il payera la moictié des debtes, soit en héritaiges qu'il aura aquestez en sa seigneurie, et en toutes autres rentes et biens meubles.

430. — *Comment le seigneur seroit hoir en deffault que héritiers ne se appairront dedens ung an.*

Item, aussi s'il advenoit que deux personnes mariez venissent demourer ou pays, et ilz fussent riches, et tous deux alassent de vie à trespas ou dit pays, le seigneur sera hoir et héritier d'iceulx, et prendra tout en sa main, jusques ad ce que hoir s'apperra deuement dedens ung an après leur trespas. Et se nul ne se appert, le seigneur demourra vray hoir et héritier de tous héritaiges et biens meubles, et sur ce le seigneur fera faire leur ordonnance et service.

431. — *Comment les hoirs qui tiennent rente hérédilable doyvent relever et dedans quel jour, et comment le seigneur peut contraindre pour son relief.*

Item, s'il fust ainsi que deux personnes tenissent à héréditable rente que on dit à tousjours, plusieurs terres d'ung seigneur, et l'ung d'eulx alast de vie à trespas, avant que les hoirs du dit trespassé peussent joyr de leur part des dits heritages, il fauldroit que ilz relevassent iceulx héritaiges du seigneur de qui ilz les tienroient, avant qu'ilz en peussent joyr, c'est à savoir se ilz les tiennent à quatre lyons, il en faudroit payer de chescune mesure huit lyons, et doyvent relever dedens XL. jours, ou sinon les biens qui seroient sus, le seigneur en pourra faire sa voulenté ; se ce sont boys croissans, ou bledz ou autres grains, ilz pevent bien actendre de relever jusques à tant qu'il sera temps de moessonner ; et s'il est temps de moessonner les dis bledz et grains, le seigneur les peut faire moessonner hastivement à son prouffit et non laisser iceulx gesir sur la terre ou ilz ont creu ; mais les doit incontinent faire caryer, ou mectre sur une autre terre qui soit tenue de luy, car se iceulx biens estoient trouvez sur la terre où ilz auroient creu, l'éritier les peut venir caucionner, et ad ce doit estre receu jusques ad ce qu'il aura payé son relief à son seigneur ; et en ce faisant ne seroit point en l'admende, car il ne relieve qui ne veult.

432. — *Se ung homme donnoit à sa fille cent frans en mariaige, et la ditte fille trespassoit sans avoir enfans, son père et sa mère seroyent ses hoirs.*

Item, il est chose notoire que se ung homme et une femme mariez ensemble ont une fille, et ilz la donnent en mariage à ung jeune homme, et donnent à la dicte fille pour son mariaige cent frans ou plus et autant du plus que du mains ; et après icelle fille va de vie à trespas sans avoir hoirs de son corps ; et son père et mère vivent après icelle leur fille, certes ilz auront, se tant y est trouvé, autant qu'ilz donnerent en mariage avec leur dicte fille, et pareillement feroit son mary, se il alloit de vie à trespas devant elle, mais payeroient les debtes moictié à moictié, et le testament du trespassé tant l'omme que la femme seroit prins et payez des biens d'icelluy qui seroit allé de vie à trespas.

XLIV. — ENSUYVENT LES ARTICLES COMMENT ET EN QUELLE MANIÈRE UNE LOY PEUT ET DOIT RAPPELLER UNE PERSONNE BANNYE D'UNE VILLE OU D'UNG PAYS, MAIS QUE LA DICTE LOY ET JUSTICE EN SOIT REQUISE PAR LA PARTIE BANNYE, OU DE SES PARENS ET AMYS (1).

433. — *Le Bailly ne peut rappeller une personne bannye que par le consentement des francs hommes et eschevins qui icelle personne auront banny.*

Se une personne bannye par la loy et justice à l'instance d'aucuns ses hayneux, et icelle personne est

---

(1) Cette XVLIVᵉ partie contient sept titres sous les Nᵒˢ 433-439.

bannye au rappel de la loy, c'est à dire à la voulenté de la loy par jugement ou conjurement de leur bailly, le Bailly ne peut nullement rappeller, se ce n'est par le consentement des francs hommes et eschevins qui icelle personne auront banny, et par leur consentement le bailly et eulx le pevent rappeller à leur plaisir, mais que du mains icelle personne ait esté dehors XV. jours.

434. — *Se une personne est banny à temps, il ne peut estre rappellé devant le dit temps.*

Item, se une personne est bannye à temps, c'est à dire X. ans, XII. ans, IIII. ans ou I. an, autant du plus que du mains, on ne peut le rappeller que son temps et terme ne soit premièrement parvenu et accomply ; et son temps passé, icelluy banny peut bien venir en la ville, ou pays dont il aura esté banny, sans meffait et sans estre rappellé de justice.

435. — *Comment une personne bannye sur la teste, etc. peut estre rappellée à la voulenté du seigneur.*

Item, une personne qui sera bannye sur la teste, sur la langue ou sur amission d'autre membre, à tousjours, il est du seigneur de luy pardonner toutes et quantes foiz qu'il plaist à sa bonne discrecion, soit par admende d'argent, ou d'autre admende, à son bon plaisir.

436. — *Comment ung banny pour ung an et jour ne peut revenir sans la voulenté de la loy.*

Item, se une persoune par ses démérites est bannye

III. ans. IIII. ans, I. an et I. jour, tant du plus que du mains ; et que les III. ans ou IIII. ans, ou I. an et I. jour soyent passez, si ne peut icelle personne bannye revenir dedens que ce ne soit à la voulenté de la loy et justice du lieu, pour ce que on ne nomme point le propre jour, et par ce il paye telle admende qu'il plaist à la justice du lieu.

437. — *Comment ung banny à tousjours ne peut revenir sans lettres patentes de son seigneur.*

Item, se une personne est bannye pour mort d'omme, ou pour avoir bouté feu, ou pour avoir parlé contre son seigneur, ou contre la ville où il est démourant, jusques à cent ans, ou à tousjours, et bien survive les dits cent ans, s'il ne peut-il revenir ou pays, s'il n'a lectres patentes de son seigneur, et qu'il paye l'admende de son meffait à la loy et justice de la ville dont il aura esté banny, à leur discrécion et voulenté.

438. — *Comment ung bourgoys doit estre banny.*

§ 1er Item, on ne peut bannyr, ne pendre nul bourgoys que il ne soit premièrement delaissié de sa bourgoisie, et ce fault estre fait et délaissié par le bailly et eschevins de la ville, ou mayeur et eschevins.

§ 2e Item, nulle personne demourant en la ville ou pays dont une personne est banny, ne doit, ne ne peut soustenir, ne receler icelluy banny, sur la mesmes pugnicion, ou sur telle admende qu'il plaira au seigneur, ou à la justice de la ville.

439. — *Nul Bailly seul ne peut faire rappel sans hommes.*

§ 1ᵉʳ Item, ung bailly seul, puis qu'il juge par frans hommes, ou eschevins, ne peut faire nul rappel, ne jugement à part luy seul.

§ 2ᵉ Item, ung bailly ordinaire, qui juge proprement de sa bouche, sans hommes et sans eschevins, peut jugier et rappeller à sa conscience, comme fait le bailly d'Amiens, le bailly de Vermendois et autres.

XLV. — ENSUYVENT LES ARTYCLES D'UNE PERSONNE FAISANT SON TESTAMENT EN SON BON SENS ET MÉMOIRE, DE SA DERRENIÈRE VOULENTÉC, COMMENT ET PAR QUELLE MANIÈRE LE SEIGNEUR ET LES TESTAMENTEURS SE DOYVENT GOUVERNER EN CE (1).

440. — *Comment le don du mary à la femme et le don de la femme au mary ne sont vallables que du consentement de leurs hoirs.*

Selon la coustume du royaulme nul estant en son lyt mortel, ne peut faire don à sa femme, ne la femme à son mary, se ce n'est par l'accord et voulenté des hoirs d'icelluy qui veult faire le dit don ; mais l'omme ains qu'il soit espousé, c'est à dire par avant le mariaige, peut bien donner à la femme qu'il prendra tel et si grant don qu'il luy plaist, et mesmement luy pourroit donner son heritaige en payant les drois seignoraulx à son seigneur, pour en joyr héréditablement par elle et ses hoirs.

---

(1) Dans cette XLVᵉ partie sont compris sept titres (440-446).

441. — *Se ung homme a donné par avant mariaige.*

Item, s'il fust ainsy que ung homme eust donné par avant mariaige quelque grand don ou petit à sa femme, et il allast par devant elle à trespas, elle ne rapporteroit riens dedens, mais luy demourra seul et pour le tout. Et pareillement se la femme aloit de vie à trespas avant son mary, les hoirs de la femme auroyent le don que son mary auroit fait à sa dicte femme.

442. — *Comment le testament d'ung homme peut estre et doit estre décretez devant la loy, et comment les testamenteurs en doyvent rendre compte.*

Item, une personne estant en son lyt mortel, en son bon sens et bonne mémoire, peut faire son testament raisonnablement de ses biens, et eslire deux testamenteurs ou trois pour acomplir son dit testament. Et pour icelluy testament acomplir à la voulenté de celluy qui l'aura fait, il convient par droit et par raison, pour doubte que les hoirs ne veuillent contredire, que les dis exécuteurs se facent décréter ou dit testament de par le roy, et tout aux despens des biens, en rendant compte en fin de l'an où il appartient.

443. — *Comment la loy doit faire se ung homme trespassoit sans faire testament.*

Item, s'il fust ainsi que ung homme ou femme alast de vie à trespas, et ilz fussent riches, sans faire aucun testament de grand valeur pour quoy il ne fauldroit point de exécuteurs, il est en la loy et justice du lieu de y mectre et pourveoir deux proviseurs pour le bien du seigneur et des hoirs ; lesquelz proviseurs auroient le gouvernement des biens et héritaiges tant qu'il plairoit au seigneur et à la loy, et tout aux despens des biens, en rendant compte au seigneur et à la loy, etc.

444. — *Comment ung homme peut eslire sa femme à testamenteur.*

Item, il est de droit en homme ou en femme quant il veult faire son testament soit XX ou XXX ans en sa bonne vie, et tant du plus que du mains, ou estant en son lyt mortel, de eslire l'omme sa femme ou la femme son mary à testamenteur, et luy donner en nom de testament une somme d'or ou d'argent, telle qu'il luy plaira, et ne peut point donner plusieurs chastelz, mais ung seul catell, de tel et si grant prix qu'il luy plaist, soit ung hanap ou coppe d'or ou d'argent, cheval, lyt, estoffe etc. Et autrement ne peut l'omme donner à sa femme ne la femme à son mary. Et la cause pour quoy le don est de valeur, est pour la paine et travail que luy ou elle avec les autres exécuteurs auront pour acomplir et pervenir le dit testament. Et quelque don grant ou petit, que le mary aura fait à sa femme ou la femme à son mary comme exécuteur, est et sera vallable et n'en doyvent riens rapporter dedens, quant se vient à partir, car il demoura seul et pour le tout à icelluy ou celle exécuteur.

445. — *Comment le derrenier vivant partira aux biens du trespassé et aux debtes.*

Item, il est vray et notoire coustume en ce royaulme

que quiconque fait son testament soit homme ou femme, soit le testament de grand ou petite valeur, soit aussi montant à la somme de cent ou de deux cens livres, tant du plus que du mains, et icelluy va de vie à trespas, le derrain vivant aura autant que le dit testament montera, et puis après partira par moictié et payera le moictié des debtes.

446. — *Quelles choses sont et apartiennent à testament, esquelles choses le derrenier vivant ne seroit point chargié.*

Item, toutes choses qui touchent au corps sont à compter testament, c'est assavoir messes, vigilles, fosse, sonnerie, cyre et plusieurs autres choses, desquelles le derrenier vivant aura autant à l'encontre que les choses dessus dictes vauldront en argent, comme du don du dit testament.

XLVI. -- ENSUYVENT AUTRES ARTICLES COMMENT LA LOY ET JUSTICE DE LA VILLE SE DOIT GOUVERNER APRÈS LE TRESPAS D'UNG HOMME ET D'UNE FEMME, PUIS QU'ILZ ONT HOIRS DE LOYAL MARIAGE AYANS LEUR AAGE, OU SOYENT MINEURS D'ANS OU NON, AYANS NULZ ENFFANS ET L'OMME OU LA FEMME DEMEURE ENVIE (1).

447. — *L'ordonnance des inventoires.*

Quant une personne est allé de vie à trespas, la justice du lieu doit faire inventoire de biens pour le prouffit de l'omme ou de la femme vesve et de leurs hoirs,

---

(1) Cette matière embrasse les neuf derniers titres (447-455).

s'ilz sont mineurs d'aage ou demourans hors du pays, aux fraiz et despens des biens. Item, se leurs enffans sont grans, et qu'ilz demeurent avecques leur père et mère, dedens XL jours ilz doyvent avoir party moictié à moictié contre leur père ou mère, et l'ung contre l'autre, s'ilz sont plusieurs enffans, sur l'admende chesscun par qui le deffault sera de LX. souls parisis.

448. — *Quelle personne doit garder l'inventoire fait par la loy.*

Item, quant la loy aura fait l'inventoire, elle le baillera en garde à la veuve pour son prouffit et pour le prouffit du seigneur ou des hoirs. Et supposé que le dit trespassé eust fait exécuteurs, fust sa femme ou autres, si ne pevent les dis exécuteurs faire ne accomplir le testament, se par la loy ou seigneur du lieu ne sont fait décréter ou dit testament, sur l'admende à la discrécion du seigneur et de la loy.

449. — *Si les exécuteurs faisoient particion sans congié de la loy.*

Item, s'il fut ainsi que ceulx qui se diroient exécuteurs du trespassé, sans estre decretez par le roy ou seigneur, venissent à la vesve disans, nous voulons avoir les biens meubles que vous avez par inventoire, et d'iceulx biens ilz facent particion, sans le congié ou licence du seigneur ou de la loy, ilz le doyvent admender au seigneur et à la loy à leur discrecion, veu qu'ilz y sont allez et venuz frauduleusement, car nul disciple n'est dessus le maistre. Et quelque particion qu'il soit, il faut de droit que la vesve ait comme testamenteur son don hors part et moictié du résidu.

450. — *Comment les exécuteurs doivent traicter ta vesve gracieusemnet et lui faire doulcement etc. quant ilz sont decretez par la loy.*

Item, s'il fust ainsi que ceulx qui se dient exécuteurs et fussent décrétez ou dit testament de par le roy ou seigneur, et preissent à la vesve ou aux hoirs aucunes lectres obligatoires montans certaine somme d'argent, sans la voulenté de la dicte vesve, ilz le doyvent admender au seigneur, car ilz n'ont point de prinse, et seroit dit, selon nostre usaige et coustume, force et violence qui est chose moult grant. Item, s'il fust ainsi qu'ilz fussent décrétez ou dit testament, se ne sont-ilz point seigneurs, mais doivent doulcement, gracieusement et amoureusement demander à la vesve et hoirs ce qu'il leur fault pour acomplir le dit testament. Et se la dicte vesve ne le veult faire, les dits exécuteurs la doyvent faire venir dévant la justice et lui demander la cause et la raison pourquoy elle ne veult point délivrer les biens pour acomplir le dit testament. Et de droit et raison la dicte vesve par le conseil de ses amis, elle se doit et peut tenir nantie et acomplie de son don de testament come exécuteur, et de la moictié de sa part des biens meubles. Et se les exécuteurs font autrement ilz le doyvent admender au seigneur à sa discretion, car la vesve ne doit riens perdre, et s'ilz ont prins aucunes lectres ou autres choses, se non par la voulenté et consentement de la vesve, de fait et de droit ilz luy doivent rendre, et ad ce les doit la justice contraindre, et puis après ilz pevent poursuir par justice, laquelle leur fera droit et raison.

451. — *Quelles choses les testamenteurs doyvent avoir en leur garde, et se aucune chose est encores redevables par don de mariaige.*

Item, s'il fust ainsi que les exécuteurs du trespassé fussent informez que la vesve et ses amis fussent encores redevables du don de mariaige qui a elle fust promis à son mary trespassé, ce semble chose bien merveilleuse, car selon nostre coustume *qui femme prent et terre veut, il doit estre asseur de son argent,* les amis en doyvent estre creuz à leur simple serement. Et de ce les dis exécuteurs ne les pevent par raison poursuyr, s'ilz ne sont fondés suffisamment par les hoirs du trespassé. Et bien fussent fondés suffisamment, et par elle et ses parens fut cogneu, que encores en fust redevable aucune chose, sans en plus playder, et autant que elle cognoistroit à devoir, ses amis qui le doyvent le pevent retenir jusques ad ce que elle sera remplie comme testamenteur, et de la moictié des autres biens meubles. Et se les exécuteurs dient le contraire, ilz n'ont cause, car ilz vont contre leurs serement, et ne doyvent avoir autres biens meubles en gouvernement fors la moictié apartenant au trespassé. Et s'ilz font autrement, la justice en doit déterminer, et les dix exécuteurs le doyvent admender au seigneur et à la vesve, car il vont contre droit et raison.

452. — *Se l'inventoire est fait par la loy comment la vesve sera creue par son serement.*

Item, s'il fust ainsi que les exécuteurs suffisamment fondez, feissent aucune demande à la vesve des biens meubles plus que par l'inventoire que la justice aurait fait, elle en sera creue par son simple serement sans la plus poursuyr. Et aussi se elle congnoist d'en avoir aucune chose, elle le peut bien rendre sans préjudice, car un homme et femme ont mainctes choses l'ung de l'autre; dont quant l'ung ou l'autre va de vie à trespas, il n'en souvient point pour le cueur qui est si corrocié, et partant nul ne meffait au seigneur, à la loy, aux exécuteurs, ne aux hoirs, et de ce qui a honneur en lui n'en doit parler.

453. — *Comme la vesve et hoirs pevent contraindre les exécuteurs pour rendre le compte.*

Item, s'il fust ainsi que les exécuteurs qui ne sont créez que pour ung terme, dient blasme ou villenie à la vesve pour aucuns biens meubles qu'ilz veullent avoir, eulx qui ne sont que varletz et serviteurs, pour leur loyer ung espace de temps, ilz lui doyvent admender honnourablement, et ad ce les doit contraindre la justice, car il fault, se le seigneur, la vesve et hoirs veullent, qu'ilz rendent compte, comment et par quelle manière ilz auront acomply le testament. Et se faire ne le veullent, la dicte vesve et hoirs les pourront à ce contraindre par justice et par raison, selon tout droit et coustume.

454. — *Comment la vesve seroit contraincte par la loy et justice de rendre la moictié des biens du trespassé et non par force ne autrement.*

Item, s'il fut ainsi que les exécuteurs eussent aucunes lectres prinses et ostées à la dicte vesve, et pour icelles ravoir elle poursuyvist les dits exécuteurs par justice, faire le doit par droit et sans meffait, car par force ilz ne pevent riens avoir d'elle ; mais luy doyvent dire par doulce manière : rendés nous et faictes avoir la moictié des biens du trespassé, ou si non nous vous poursuyvrons par justice. Et sans plus plaider, la justice doit contraindre la dicte vesve de rendre la dicte obligacion.

455. — *Comment les exécuteurs doyvent rendre pleiges de paix et pour la partie de la vesve et hoirs.*

Item, s'il advenoit que le frère et les hoirs du mary trespassé menasassent de villenner la dicte vesve qui leur est estrange et qui ne demande que le sien en tout droit et raison, ou ses parents et amys pour elle qui sont bons marchans et vaillans gens, et qui ne demandent que paix et amour à un chesscun ; se ilz requièrent estre asseurés, il est droit et raison que les exécuteurs livrent pleiges, et que eulx ne autres de par eulx ne mefferont, ne feront mesdire ne meffaire à la dicte vesve, ne à ses parents, amis et bienveullans, sur le hart, avant que la dicte vesve responde à droit à eulx en aucune manière. Aussi la dicte vesve sera tenue de ne leur respondre ne dire aucune chose qui leur déplaise, affin que bonne paix et amour puisse estre tousjours entre les parties. Ça une loy et justice ont en garde toutes vesves et orphenins, et qui meffait ou mesdit à vesves et orphenins, en requérant leur droit par justice, il est et doit estre en admende devers le seigneur de LX livres parisis, ou sa discrecion puisque elle poursuit de blasme et de villenie que on lui a fait ; et de ce doit icelle vesve estre réparée honnourablement et prouffitablement ; et la dicte loy et justice peut et doit en ce contraindre les dis exécuteurs, car justice n'a que paix, droit et raison. Et toutes les choses contenues en ce présent livre sont vrayes, notoires et manifestes, de droit, usaige, coustumes et vray stille en ce royaulme.

Explicit.

Fini de copier et de collationner le 22 Juillet 1847.

A.-J. MARNIER.

Ci est la table de ce présent livre, des loix, usaiges et coustumes de la ville et conté de Guysnes, ainsi que bien et ouvertement on pourra veoir et congnoistre en ceste dicte table ainsi que cy après ensuit.

I. — *Comment les XIII barons de la conté de Guysnes estoient assemblez chaque an. — De la court des francs hommes, de ses officiers, des plaiz et jugemens d'icelle* (titres 1-36).

	Pages
1. L'Ordonnance des barons et de leurs adjournemens	1
2. Comment le Bailly tenoit sa court et quans francs hommes il y devoit avoir.	2
3. Combien il doit avoir de sergent à cheval. . .	2
4. Le Bailly doit avoir ung clerc	3
5. Le Bailly doit avoir ung procureur pour le seigneur	3
6. L'ordonnance de la franche-vérité.	3
7. Privilege des Barons.	3
8. Encores des Barons..	3
9. La franche-vérité.	4

II.

Pages

10. L'ordonnance des francs hommes par quatre articles. 4
11. Le féé et salaire du Bailly. 5
12. Le féé et salaire du clerc. 6
13. Jugement pour la confession de partie. 7
14. Salaire des advocats 7
15. L'admende de celluy qui fait faulx clayme. . . 7
16. L'amende du deffendeur qui denye la debte. . 7
17. L'admende de ceulx qui accordent sans court . 8
18. Délaiz acoustumez pour plaiz et defaulx. . . . 8
19. Pugnicion d'un malfaicteur. 8
20. Remede pour bannys. 9
21. Le féé et salaire des francs hommes, quand ung prisonnier est quictés 9
22. Le féé et salaire des dits francs hommes, se le prisonnier estoit penduz 10
23. Se le prisonnier estoit clerc. 10
24. Liberté des francs hommes et bourgoys de la ville. 10
25. Salaire des sergens. 10
26. Extorcion des sergens 11
27. Le droit du cheppier. 11
28. Le cheppage 11
29. Le repast du prisonnier. 12
30. Se le prisonnier est à sa propre table 12
31. La charge du cheppier en cause de debte . . . 12
32. La charge du dit cheppier en cause de cas de crime 12

Pages

33. Le prisonnier jugié à mort 13
34. Se le franc homme estoit commissaire en un procès. 13
35. Se ung franc homme alloit à Saint-Omer pour avoir conseil 13
36. Si les francs hommes besoignent pour le seigneur. 14

II. — *De l'élection, serement et plaiz des eschevins. — Des Bourgoys et de leur serement. — Des droiz et sallaires des bailly et eschevins* (tit. 37 48).

37. Election des eschevins 14
38. Le serement des eschevins 14
39. Comment eschevins tenoient leurs plaiz. . . . 15
40. Le seigneur appelle, le varlet de l'eschevinaige et ung aman. 15
41. Bourgoys et leur serement 15
42. Quelles personnes viendront à la vérité et le féé et salaire du Bailly et l'admende de ceux qui sont absens 16
43. Le droit du bailly et des eschevins se aucune maison est vendue. 17
44. Les droiz du bailly et eschevins sur les admendes 17
45. Comment le Bailly et eschevins n'auront rien pour le seigneur. 17
46. Se aucun destourboit les plez 18

IV.

Pages

47. Le féé et salaire du bailly se le prisonnier est mort 18
48. Le fé et salaire du bailly et eschevins se le prisonnier estoit purgiez. 18

III. — *De plusieurs denrées et marchandises sur lesquelles avoit coratiers et regards (hommes de la Keure et surveillants) (tit. 49-57).*

49. Les noms des officiers de la ville. 19
50. Coraterie de pain. 20
51. Coraterie de vin. 22
52. Coraterie de char 24
53. Coraterie de poisson 26
54. Coraterie de cuir pour soliers et autrement . . 27
55. Coraterie de bled et mesurage d'icelluy. . . . 29
56. Coraterie de potiers de terre 30
57. Coraterie de toutes manieres de drapperies . . 35

IV. — *Estatutz et ordonnances pour l'eschevinage (titres 58-77).*

58. Contre ceulx qui mectent le fiens sur la rue. . 40
59. Pour le bourdel 41
60. Encontre ribauldes. 41
61. Pour faulx chartriers. 41
62. Des mesures, des poiz et balances 41
63. De remouvoir les palez et bondes. 41

Pages
64. L'office du barbier. 42
65. Pour les fossez de la ville. 42
66. Pour les joueurs de dez. 42
67. Pour le marchié. 42
68. Que nul ne mecte feu ne cendres parmy les rues. 43
69. Pour les hayes et jardins 43
70. Pour les chargeurs de vin. 44
71. Pour labouraiges de terre. 44
72. Coraterie au mois de mars 44
73. Pour les fontaines 45
74. Pour le mesuraige de bled 45
75. Pour l'admendement des chemins 46
76. Pour le prouffit des marais 46
77. Et pour la communité 46

V. — *Le ban d'Aoust fait par les barons* (1344) (tit. 78-128).

78. Que nul ne aille en son champ devant soleil levant, ne après soleil couchant 47
79. L'admende de celluy qui est prins par nuyt ès champs 48
80. Chacun peut arrester en son propre bled . . . 48
81. Chacun peut aller en son propre champ par nuyt. 48
82. Chacun peut oster bestes hors de son dommaige par nuyt. 49

		Pages
83.	Se aucun enffant prend le bled d'aultruy . . .	49
84.	Se aucun allant par nuyt est prins hors du droit chemin.	49
85.	Que nul ne syee en sa charrecte par derrière .	49
86.	Que nul ne aille en aultruy jardin l'an durant .	50
87.	Pour feu et cendres	50
88.	L'ordonnance des glaneurs.	50
89.	Que nul ne donne gerbes à aultruy	50
90.	Que nul ne fasse pigner, carder ne filler en aoust	50
91.	Pour les cuilleurs de dysmes	51
92.	Pour les bolengiers	51
93.	Quel nul ait colombier	51
94.	Que nul ne porte armes	52
95.	Pour les ribauldes.	52
96.	Encontre le jeu des detz	53
97.	Pour la droite mesure	53
98.	Que nul ne preigne coulons	53
99.	Que nul ne destourbe les charruez.	53
100.	Que nul passant de pyé ne porte espée hors chemin.	53
101.	Pour l'admendement des chemins	54
102.	Pour le mesurer des bledz	54
103.	Que nul ne vende fers de charuez	54
104.	Pour les rons fossez parmy les chemins. . . .	54
105.	Pour les bestes prinses en boys	55
106.	Pour le musnier.	55
107.	Que nul ne siffle par nuyt.	55

108. Comment le sergent seroit creu par son serement 55
109. Que nul ne preigne œufz aux marais 55
110. Le sergent ne peut estre avant-parlier 56
111. Pour bestes prinses en pastures 56
112. Nul ne peut estacher sa beste à lyen par le chemin 56
113. Que nul ne carie sans cordel 56
114. Que nul ne coppe boys 56
115. Que nul ne tiengne maulvais hostel 57
116. Que nul ne carie devant soleil ne après . . . 57
117. Se aucun garde ses bestes en boys, ou que elles soient eschappées 57
118. Se aucun rompoit par nuyt aucunes maisons . 57
119. Se aucun enfraint la main du seigneur 58
120. De l'office du sergent par IIII. articles ensuyvans 58
121. Des brasseurs 59
122. Qui vendra beuvraige il doit mectre l'enseigne dehors la maison 59
123. Qui fait riot ou débat 59
124. Que nul ne mecte fyens sur les rues 59
125. Que nul excommeniez ne entre dedens le moustier 59
126. Des fontaines 60
127. Que nul ne siee en taverne après X heures . . 60
128. Quel temps et combien dure le ban d'aoust . . 60

VI. — *Autres ordonnances des barons pour le commun prouffit* (lit. 129-157).

	Page
129. L'ordonnance de poyser pain	60
130. Comment le tavernier leaulment peut et doit estre creu par son serement	61
131. Du Bailly et clerc des barons, et comment le clerc doit user de son seing manuel.	61
132. Qui oppose et dechiet de son opposition.	61
133. Le franc homme ne doit estre avant-parlier.	61
134. Quelz sergens doyvent entrer en la seigneurie des barons.	61
135. Comment chascun peut garder ses bleds soir et matin.	62
136. Nul sayeur ne sayresse de bledz ne doit emporter gerbe du champ.	62
137. Que nul charretier ne donne à mengier à ses bestes	62
138. De la manière de succession et particion.	63
139. Pour les orphenins	92
140. Salaire des arbitres	63
141. Pour femme tençant.	64
142. Punicion de ceulx qui vendent maulvais lyn.	64
143. Ordonnance pour les balances.	64
144. Que nul ne gecte pierres ne cailloux contre le moustier.	64
145. Pour ceulx qui font les chandelles de suif.	64
146. Des joueurs aux bolles.	65

147. Nul estrangier ne fasse pasturer ses bestes en l'eschevinage. 65
148. Pour ceulx qui tirent le vin hors des caves ou de celliers 65
149. Des ensoinnes. 65
150. Des censiers qui sont arrière de leurs rentes. . 65
151. Comment les tesmoings seront examinez . . . 66
152. Des coustz et frais de justice. 66
153. Des ensoinnes. 67
154. Qui feroit noize par nuyt en taverne 67
155. Comment les sergens pourront porter toutes manières d'armures. 67
156. Que nul bastel ne parte de terre pour aller par nuyt en l'eaue. 67
157. Comment tous bastelz seront fermez par nuyt . 68
158. Comment chascun digne de foy peut reporter et présenter 68

VII. — *Les articles de la feste de Guysnes* (tit. 159-175).

159. La franche feste de Saint Pierre en aoust . . . 68
160. La franchise de la feste. 69
161. Que nul ne destourbe la feste 69
162. Que nul ne herbarge ne loge bannys 69
163. Que nul ne porte armures en la feste. 69
164. Des balances et poys. 70
165. Que toutes aulnes soyent bonnes. 70
166. Chacun doit aulner justement. 70

		Pages
167.	Que toutes mesures soyent bonnes	70
168.	Que chacun mesure bien et justement	70
169.	Que nul ne mesle vin	71.
170.	Que chacun mesure byère et cervoyse bien jusment	71
171.	Que toutes mesures soyent bonnes	71
172.	Que chacun poyse par le poys de la ville	71
173.	L'ordonnance des estaulx en la dicte feste	72
174.	L'ordonnance des payements en la dicte feste	72
175.	Que chacun paye son tolieu	72

VIII. — *Travers de Guysnes* (tit. 176).

176.	Ce sont les droictures du travers de Guysnes lequel travers est tout entièrement au Seigneur	73

IX. — *L'usaige de la loy de l'eschevinage* (tit. 177-187).

177.	Qui tyre hors de la guaynne ou fourrel ung coustel à poincte	74
178.	Se aucun ferist ung aultre d'ung baston ferré	74
179.	Se aucun ferist ung aultre de son poing	74
180.	Se aucun ferist ung aultre d'une pierre	74
181.	Se ung homme gectoit vin au visaige d'ung aultre	74
182.	Qui mectra la main au bailly, sergent ou eschevin	75

	Pages
183. Comment bourgoys sont quictes de tonlieu	75
184. Qui roberoit marchans	75
185. Se ung homme tue ung aultre	75
186. Se aucun embloit des biens	75
187. D'un vaissel de charge	75

X. — *Maletotes de Guysnes* (tit. 188-189).

188. Comment bourgoys sont quictes de toutes maletotes	76
189. Item, en la franche feste chacun estal et chascune beste doyvent doubler, ainsi que cy-après est specifié, dit et declairé	80

XI. — *Les coustumes de delfage.*

190. Droits à payer par chacun bastel	82

XII. — *Autres coustumes et droitz à payer* (tit. 191-196).

191. Pour le deffault et contumasse d'ung homme deffaillant en court	84
192. L'ordonnance des brasseurs	84
193. Se aucun vendoit bestes mises en sa maison, à savoir s'il doit tonlieu ou non	85
194. Du rachapt des biens vendus par la voulenté de partie	85
195. Et s'ilz sont vendus par justice	85
196. Le droit du seigneur de ceulx qui vont de vie à mort en la conté	86

XII.

XIII. — *La loy des bastars.*

Pages

197. — Poinctz trouvez selon les coustumes du pays sur les bastars 87

XIV. — *Des tuteurs des orphains.*

198. Du gouvernement et administracion des mineurs d'aaige orphains. 88

XV. — *Ordonnances sur divers cas* (tit. 199-209).

199. Se aucun eschevin revelle le secret de la court ou dit villenye au bailly, leur procès pendant, etc. 89
200. Se aucun navroit ou baptoit son adversaire, etc. 90
201. Se aucun disoit villennie au clerc de la court . 90
202. L'ordonnance des garennes. 91
203. L'ordonnance des volilles et perdrix 91
204. Se aucun peut aliéner sa terre hors la conté de Guysnes sans congié du seigneur, etc. . . . 91
205. Se aucun disoit encontre l'escripture du clerc. 92
206. Se aucun veult jurer pouvreté. 93
207. Que nul ne vende sinon par mesure scellée . . 93
208. Le salaire du bailly se aucun se purge de cas de crime. 93
209. Le bailly n'a riens pour lever ung corps tuez. . 94

XVI. — *La chartre de la feste de Guysnes après Pasques.*

210. Edwardus (III) Rex Anglie concedit Burgensi-

XIII.

Pages

bus ville sue de Guisnes unam feriam singulis annis in quindena pasche (1369) . . . 91

XVII. — *Les coustumes, missions, fraiz et despens des parties et de leurs advocatz.*

211. Ce qui doit estre payé par chacun jour 95

XVIII. — *Quelles choses sont chastelz et l'ordonnance de particion.*

212. Quelles choses sont chastelz et comment les biens doivent estre partis sauf le chief manoir qui est à l'aisné. 96

XIX. — *Comment on doit appeller et des coustz et despens.*

213. Comment on doit appeller 97
214. Des coustz et despenz. 98

XX. — *Les coustumes de l'eschevinage de la conté de Guysnes* (tit. 215-236).

215. Comment le bailly de l'eschevinaige tenoit le viestaire et l'office de l'aman 99
216. Les eschevins ont haute justice de leurs bourgoys et habitans de l'eschevinaige 100
217. Se aucun est arresté dedens l'eschevinaige par le souverain bailly et ses sergens, il doit

XIV.

                                                                          Pages

      estre délivré au bailly et aman de l'eschevinaige 100
218. La liberté du souverain bailly en la franche feste 100
219. La liberté du bailly de l'eschevinage en la franche feste. 101
220. Le bailly souverain ne ses sergens ne pourroient arrester en l'eschevinage. 101
221. Le sergent du bailly souverain ne peut arrester en l'eschevinage sans congié du bailly du dit eschevinage 101
222. Le procès de la requeste du bailly de l'eschevinage faicte au souverain bailly pour renvoyer les Bourgoys au viestare 101
223. Uug bourgoys ne peut faire adjourner aultre bourgoys devant le souverain bailly 102
224. Se ung bourgoys fust arresté à Saint-Omer . . 102
225. Se ung soubz manant en l'eschevinage fust arresté par l'aman, et disoit qu'il est bourgoys et il ne l'est mie. 102
226. Ung habitant non bourgoys ne peut cryer bourgoisie. 103
227. Comment ung bourgoys doit aydier ung aultre. 103
228. Se ung bourgoys a fait aucune noise ou débat pourquoy il soit mis en prison 103
229. Se ung bourgoys navrast ung autre à la mort . 104
230. Nul ne peut faire mestier de bourgoys sans congié. 104

231. Quel droit ung bourgoys doit payer à son entrée 104
232. Quans eschevins doyvent estre et leurs seremens 104
233. Du serement du Bailly 105
234. Se ung eschevin alloit de vie à trespas 105
235. Comment le varlet des eschevins doit faire son office 105
236. La response d'ung homme adjourné devant eschevins 105

XXI. — *L'Ordonnance de la vierscare* (tit. 237-272).

237. Comment le bailly en la vierscare tenoit ung banc, et comment l'aman et conseil du Seigneur, etc. 106
238. Comment le bailly en la viestare sera assis tout seul sur un bancq, et VII. eschevins seront sur ung autre bancq 106
239. Sept vieilz eschevins doyvent seoir sur ung autre bancq 107
240. Quans eschevins pevent bannir le viestare . . . 107
241. Comment le viestare doit commencer 107
242. Comment l'aman doit bannir le viestare 108
243. Nul ne peut parler sans conseil 108
244. Le droit et le salaire du clerc en la viestare . . 108
245. Comment la partie doit requerir conseil . . . 108
246. Comment l'advocat doit parler pour son maistre. 109

XVI.

	Pages
247. Après le viestare bannye nul eschevin ne clerc ne se peut lever du bancq	109
248. Comment l'aman doit arrester.	109
249. Le procès des parties est ou jugement des eschevins	110
250. Comment la partie arrestée doit congnoistre ou dényer la debte	110
251. La manière du serement des parties en la viestare.	111
252. Se aucun est arresté par l'aman pour debte ou pour heritaige.	111
253. Le conjurement du bailly en la viestare.	111
254. Quantes preuves sont necessaires en la viestare.	112
255. Se ung bourgoys fait adjourner ung autre comment le bourgoys doit faire et le privilège du bourgoys.	112
256. Comment ung manant non bourgoys doit estre arresté et non adjourné par l'aman.	115
257. Comment l'aman peut arrester biens meubles.	115
258. Comment la partie doit poursuyr les biens en la viestare.	116
259. Comment la partie doit estre cryée par trois dimenches pour deffendre ses biens et comment après les biens seront vendus par justice.	116
260. Les causes civilles ne doyvent estre plaidées les jours des cas et causes criminelles	117
261. Comment le bailly et eschevins tenoient leur viestare sur la mort et bannnissement.	117

262. Quans respiz les bailly et eschevins ont eu ung procès en la viestare. 117
263. Se aucun disoit encontre les chartres des eschevins. 118
264. Comment pour debte congneu les eschevins et aman pevent faire exécucion sur les gaiges d'ung bourgois. 118
265. Se aucuns bourgoys ou soubz manans sont en procès en autre seigneurie pour le délict . . 118
266. Se deux bourgoys ou manans avoient combatu dedens autre seigneurie, et retournoyent sans estre prins, savoir auquel seigneur apartient l'admende. 119
267. Comment ung peut arrester ung aultre. . . . 119
268. Comment les baillifz et receveurs et autres officiers du bailliaige pourront faire arrester aucuns pour les choses concernans et appartenans leurs offices. 120
269. Comment ung clerc, advocat, procureur ou sergent, pevent avoir exécucion sur leurs salaires 120
270. Encores pour demander les salaires des advocatz et procureurs. 121
271. Comment ung qui appelle d'ung procès doit trouver pleiges pour poursuyr 121
272. Previlège pour demander les salaires des officiers 122

XXII. — *Assises selon la coustume d'Ardres et autres droicts* (tit. 273-282).

Pages

273. Ensuyvent les assises selon la coustume d'Ardre qui apartient à la réfection de la ville. . 122
274. Les droctures apartenans aux eschevins . . . 123
275. Ung homme peut estre bourgoys pour V. souls parisis de rente 123
276. Se ung bourgoys trespassoit et ses hoirs demourassent hors du pays. 124
277. Se ung bourgoys peut vendre sa rente à ung autre bourgoys. 124
278. Se ung bourgoys trespassoit ayant biens en aultres seigneuries. 124
279. Se une bourgoyse prent ung estrangier en mariaige. 124
280. Nul ne peut estre bourgoys en deux villes. . . 125
281. Se ung bourgoys banny vient à Guisnes. . . . 125
282. Le droit du seigneur de vin ou cervoyse vendus. 125

XXIII. — *Encores les articles du ban d'aoust* (tit. 283-297).

283. Se ung désobéissoit au seigneur 125
284. Ung franc homme ne peut estre advocat ne procureur. 126
285. Les sergens de la haulte justice seront creuz par leur serement. 126

Pages

286. Comment les taverniers et autres seront creuz par leur serement. 126

287. Nul seigneur, ne nul baron ne pevent tenir les plaiz le dimanche. 126

288. Après que ung a congueu ou denyé, en quelle admende est la partie qui délaisse le poursuyr 127

289. Comment toutes cours seront enregistrées. . . 127

290. Le clerc doit signer devant que on seelle . . . 127

291. Le clerc doit enregistrer devant qu'il passe dessoubz le seel 127

292. Comment les XV^{nes} seront proclamées encontre ceulx qui auront fait débat, et le salaire du clerc et du sergent 128

293. Que nul ne tiengne harnas de fillay. 128

294. Que nul ne preigne les oyseaux. 129

295. Que nulz ne frappe aultruy 129

296. Contre celluy qui fait noise et débat 129

297. Le sergent à cheval peut entrer en la seigneurie des barons 129

XXIV. — *Des arrestations pour quelles causes et en quelz endroictz* (tit. 298-303).

298. Comment ung manant peut arrester l'autre hors de la dicte conté 130

299. Ung ne peut faire arrester l'autre de la conté pour ung procès jugié en la dicte conté. . . 130

XX.

Pages

300. Celui qui a perdu le procès ne doit avoir nulz despens 131
301. Se ung bourgoys de Calais fait arrester ung soubzmanant de Guysnes 131
302. Se ung soubzmanant fait arrester l'autre soubzmanant à Calais. 131
303. L'admende encontre celluy qui a fait tel arrest. 132

XXV. — *Octroy d'Assises par Henry VI Roy de France et d'Angleterre 1433 (tit. 304.)*

304. Les assises de la ville d'Ardre qui doyvent apartenir en tel cas à la ville de Guysnes par la grace du seigneur 132

XXVI. — *Franchises et libertez octroïees par le conte de Guysnes (tit. 305.)*

305. Ce sont les franchises et libertés que donna le conte de Guysnes à ses hommes et barons (1273). 136

XXVII. — *Choses nottoires duement recongneues (tit. 306-311).*

306 Nul homme ne peut faire mestier dedens la ville s'il ne fait serement à la dicte ville. . . 142

307. L'ordonnance de la balance de la ville au prouffit du seigneur 142

308. Nul homme de religion ne peut faire Warpe ne congnoissance devant loy. 142

309. Le père ne la mère ne doyvent estre contrains pour le fourfait de leurs enffans 143

310. Le bourgoys se peut deffendre en sa maison sans admende. 143

311. Le père peut aydier ses enfans et ses enffans leur père sans admende, et semblablement freres et seurs 144

XXVIII. — *Enqueste du pays et les articles avecques les lectres d'icelle et conclusions* (tit. 312-332).

312. Comment ung homme peut estre purgié en quatre cours 144

313. Comment ung homme peut estre purgié au lieu et seigneurie où le délict a esté fait, et à quelles personnes il doit estre certifié par lectres. 145

314. Par quel temps doit estre en prison celluy qui veult estre purgié 145

315. Se ung enforçoit une femme et se mect à l'enqueste du pays 146

316. Comment ung homme prins par suspection peut estre purgiez. 146

317. Le jour que on tient l'enqueste, le prisonnier

Pages

doit estre franchement defferrré et peut demander noms et surnoms des tesmoins. . . 147

318. Les causes pourquoy celluy qui a fait aucun délit doit rapaisier sa partie adverse 148

319. Se ung homme emmaine la femme d'aultruy par le pays, et le mary de la dicte femme les poursuit. 149

320. Excusation pour ung homme qui enmaine la femme d'aultruy 151

321. Ensuyvent les lectres des articles dessus diz, et premièrement commission requisitoire pour purgier ung homme de mort, pour ung cas piteusement advenu 152

322. Relacion du sergent sur la dicte commission d'avoir fait l'adjournement tant à la dicte vesve et amis carnelz du dit mort 145

323. Ung mémoire comment par trois jours on doit publier aux jours de marchié en la halle, ou par trois dimenches en l'église parrochialle, où il n'a point de jour de marchié en une ville, l'enqueste d'ung homme ou femme, par le seigneur du lieu, presens deux eschevins ou deux francs hommes du roy ou d'autre seigneur. 156

324. Relacion du sergent et de deux francs hommes qui ont par les dis trois jours de marchié en la halle, ou trois dimenches en l'église parrochialle publié et cryé la dicte enqueste;

et se doit faire ceste relacion par les dis sergent et francs hommes de bouche sans escrip, en plain jugement. 157

325. Lectres de la renonciation des parens et amis charnelz du mort, quand partie a fait son traiclié de paix aus dis amys de leur poursuicte 158

326. Se les amys d'ung mort ne veullent poursuyr . 160

327. Le jour que l'enqueste doit estre ouverte pour toutes gens venir 161

328. Les conclusions comment ont doit estre purgiez. 162

329. Lectres de l'absolution de l'enqueste dessus escripte et jugée par sentence de jugement. . 163

330. Le salaire du bailly, des francs hommes et du clerc pour tenir l'enqueste 168

331. Un clerc ne peut estre jugié par justice laye. . 168

332. Se ung homme est blécié par un archier . . . 168

XXIX. — *Ensuyvent les articles d'un homme qui accuse ung autre de cryme à justice* (tit. 333-336).

333. Ce que doibt faire le bailly à qui ung cryme est annuncié. 169

334. La pugnicion de celluy qui accuse ung autre sans cause 170

335. L'admende du seigneur en cause de cryme, et comment le cryme est hors par eslargissement de prison 170

Pages

336. Se aucune personne laissoit de poursuyr son accusation, comment il doit admender au seigneur, au bailly et à la partie. 171

XXX. — *Des donations et ordonnances de testament* (til. 337-347).

337. Ensuyvent les questions d'une personne de loyal mariage gisant en son lyt mortel, s'il peut donner ses biens meubles et héritaiges. 172
338. Comment ung homme peut deshériter son hoir. 172
339. Comment ung estant en son lyt mortel peut donner ses héritaiges qu'il a acquestez . . . 172
340. Comment ung homme marié peut donner ses propres acquestz et sa femme aussi 173
341. Se ung homme peut donner à sa femme . . . 173
342. Comment ung homme peut donner à sa femme et la femme à son mary 173
343. Si ung homme ou femme gisant en son lyt mortel peut donner pour le salut de son ame et comment. 174
344. Quelle somme d'argent peut donner une personne pour le salut de son ame 174
345. Comment le père et la mère pevent partir sur leur lyt, leurs biens à leurs enffant 175
346. Comment une personne peut chargier son héritaige pour certaine somme d'argent, et comment le seigneur doit estre quintië. . . 175

347. Se ung homme avoit esté marié à deux femmes et il eust plusieurs enffants des dictes deux femmes, comment doit estre départi son héritaige. 176

XXXI. — *Ensuyvent les articles d'un bastard dont il y a plusieurs manières de bastards* (tit. 348-359).

348. Bastars en avotrie. 176
349. Bastars de prestres et de nonnains 177
350. Bastars d'ung homme marié et de femme non marié 177
351. Bastars d'un chevalier et femme non mariée. . 177
352. Bastars de jeunes gens non mariez. 177
353. Comment le bastard peut donner en son lyt mortel. 177
354. Se ung bastard donnoit et avoit donné ses biens en sa plaine vie 178
355. Se ung bastard peut donner à son fils bastard et comment 179
356. Se ung bastard n'a nulz enffans en mariaige. . 179
357. Se ung bastard ou bastarde est hoir de son père ou de sa mère, selon les coustumes de la conté de Guysnes. 179
358. Se une fille bastarde doit partir avecques sa seur non bastarde. 180
359. Conclusion de la prouchaine question dessus escripte 180

XXXII. — *Les articles pour appeller* (tit. 360-361).

                                                                       Pages

360. De l'appel devant les pers de la conté. 181

361. Ensuyvent les noms des XII. pers de la conté de Guysnes. 181

XXXIII. — *Des éritaiges et successions* (tit. 362-364).

362. La déterminacion se l'éritaige vient de par le père ou de par la mère, et comment hoir peut succéder. 182

363. Se l'éritaige vient de par le père. 183

364. Comment le hoir peut succeder ès deux articles dessusdis 183

XXXIV. — *Du droict du seigneur sur bestes estranges et chemins* (tit. 365-367).

365. Du droict du seigneur sur bestes estranges (*étrangères*) perdues. 184

366. Se aucun prent à garder bestes d'estrangiers sans congié du seigneur 184

367. Comment le seigneur doit admender les chemins en deffault des tenans. 185

XXXV. — *De quiconque bapt navre ou tue, ou commet larrecin, ou garde les chemins pour baptre ou voler* (tit. 368-375).

368. Ensuyvent les articles qui fait à sa concubine;

	Pages
à sa femme ou à son varlet aucun empes-chement.	185
369. Se aucun navroit son varlet ou sa chamberière.	186
370. Se ung homme bapt sa femme à sang courant.	186
371. Se aucun tuoit sa femme.	186
372. Se ung homme marié apportoit son larrecin en sa maison, sa femme n'en seroit tenue coulpable.	186
373. Se ung marié tenoit varletz ou chamberières larrons en sa maison.	187
374. Se aucun gardoit les chemins pour baptre ung autre et il est prins.	187
375. Se celluy ou ceulx qui ainsi garderoient les chemins ne povoient estre prins.	188

XXXVI. — *Des droictz de vente et reliefs deus au seigneur* (tit. 376-382).

376. Des droictures et relief, quant une personne vent sa terre ou seigneurie, et comment il doit relever à son seigneur.	188
377. Se aucun vendoit sa terre devant autre justice que la justice ou seroit sa dicte terre située et assise.	189
378. Le relief d'une Baronnie de Guisnes.	189
379. Les reliefs de ceulx qui tiennent XXX ou XL mesures de terre.	189
380. L'autre manière de relief.	190
381. Se aucun achapte terre ou seigneurie sans en	

XXVIII.

Pages

donner la congnoissance au seigneur par XXX ou XL ans.................. 190

382. Se aucun tenoit aucune seigneurie XX ou XXX ans sans relief............... 191

XXXVII. — *Articles de la franchise de saincte église* (tit. 383-391).

383. De celluy qui doubte d'estre arresté et va en ung atre................... 191
384. Ung homme peut demourer en l'église ou en l'atre XL jours et non plus......... 191
385. Se aucun est banny, il peut demourer en l'église..................... 192
386. Se aucune personne faisoit sacrilège en l'église . 192
387. Comment l'atre peut estre interdit et non pas l'église.................... 192
388. Se l'église est interdit, l'atre est interdit.... 193
389. Se aucun après qu'il est à refuge en l'église navroit ung autre hors l'atre......... 193
390. Se aucun tout armé a refuge en l'église.... 193
391. Ung traitre n'est point franc en l'église.... 193

XXVIII. — *Ensuyvent les articles sur plusieurs choses et manieres usées et acoustumées faire en la conté de Guysnes touchant fait de bannissement, d'omicide, et de larecin, bannys de plusieurs pays* (titres 392-404).

392. Une personne bannye d'une conté pour omi-

XXIX.

Pages

cide peut bien aller demourer en une autre conté. 194

393. Ung banny peut demourer en la conté de Guysnes, et pour quelles causes et raisons . 194

394. Comment les bannys pevent demourer en la conté de Guysnes seurement et sauvement . 195

395. Les salaires des francs hommes et du clerc, d'ung homme qui seroit banny pour avoir dit maulvais lengaige. 195

396. Le seigneur n'a nulle admende d'ung banny hors de la conté. 196

397. Ung banny hors de la conté ne doit payer nulz dépens de prison 196

398. Se on bannist aucune personne hors de la conté, le seigneur ou la partie payeront les despens. 197

399. Le juste procès, comment ung homme doit estre banny. 197

400. Ung homme banny ne doit perdre nulz de ses biens 198

401. Se aucun est banny hors du royaulme de France. 198

402. La justice doit garder secretement l'onneur des bannys. 198

403. La justice laye ne peut bannir ung clerc, ne ung prestre fors de lite magesté. 199

404. Comment une justice peut poursuyr ung banny devant autre justice ou il demeure pour l'admende. 199

XXX.

XXXIX. — *Ensuyvent les articles apartenans à homme mis en prison tant pour cryme comme pour debte* (tit. 405-409).

Pages

405. Quant un debteur mis en prison pour debte s'enfuyt, la garde des prisons doit payer la somme 200
406. L'admende de celluy qui partiroit de la ville quant il en seroit party après que on luy auroit deffendu. 200
407. Se ung prisonnier eschappe hors de prison . . 201
408. Se aucun prisonnier estoit bien enferré par le regard de la justice et après s'enfuyst . . . 201
409. Ung chepier doit garder l'omme de son seigneur. 201

XL. — *Ensuyvent autres articles pour tesmoings produis bons ou malvais* (tit. 410-417).

410. Par deux tesmoings vraiz ou peut bien jugier . 202
411. Se on peut jugier par trois tesmoings depposans par oyr dire par commune voix 202
412. Par informacion des tesmoings le bailly peut emprisonner ung homme. 202
413. Comment faulx et maulvais tesmoings seront pugnis. 202
414. Comment faulx tesmoings doyvent satisfaire la partie. 203

415. Se faulx tesmoings s'enfuyent, comment ilz
doyvent estre bannys sur la langue 204

416. Douze hommes en ung lignaige tesmoings en
une chose sont ung tesmoing et non plus. . 204

417. Comment tesmoings pevent débattre de leur
deposicion 205

XLI. — *Ensuyvent les articles comme se aucun fust mis à mort en la maison ou maisons d'aucun* (tit. 418-422).

418. Tout maistre d'ung hostel où aucun est mis à
mort doibt le faire sçavoir par cry sur peine
d'estre en dangier envers la justice 205

419. Comment ung homme peut estre en dangier
par sa renommée. 206

420. Se ung homme fust occis en une taverne. . . . 206

421. Se aucun fust occis en la maison d'ung notable
homme. 206

422. Comment ung homme doit faire quant son
varlet est occis par son chariot ou charrecte. 206

XLII. — *Ensuit le stille, coustume et usaige du pays, comment ung homme vesve et une femme vesve doyvent partir l'ung contre l'autre, après le trespas l'ung de l'autre, puis qu'ilz sont ensemble par mariaige et bien ayent enffans ensemble* (tit. 423-426).

423. Que quant l'ung des conjoinctes fait ung tres

	Pages
grand don a aultruy le survivant doibt en prendre et avoir autant, et après ce partir par moictié avec les hoirs du defunct.	208
424. De plusieurs choses apartenans à ung trespassé	208
425. Se ung riche homme prend une pouvre femme, et se une riche femme prent ung pouvre homme en mariage.	209
426. Comment à la requeste que le mary fait a sa femme elle peut donner, ou à la requeste que la femme fait à son mary, il peut donner semblablement de sa part par leur testament l'ung à l'autre	209

XLIII. — *Ensuyvent les articles par quelle manière enffans et hoirs doyvent partir en biens meubles et héritaiges les ungs contre les autres* (tit. 427-432).

427. Que l'enffant d'ung puisné survivant à son père le représente en succession de tous heritaiges et en prent sa part sauf pour le fief qui est a laisné	210
428. Comment le père et la mère seront héritiers de leurs enffans en l'eschevinage, et en la conté de Guisnes.	210
429. Comment le seigneur partira contre la vesve ès biens de son mary qui sera bastard.	211
430. Comment le seigneur seroit hoir en deffault	

que héritiers ne se appairroit dedens ung an. 211

431. Comment les hoirs qui tiennent rente héréditable doyvent relever et dedens quel jour, et comment le seigneur peut contraindre pour son relief 212

432. Se ung homme donnoit à sa fille cent francs en mariaige, et la ditte fille trespassoit sans avoir enfans, son père et sa mère seroit ses hoirs. 213

XLIIII. — *Ensuyvent les articles comment et en quelle manière une loy peut et doit rappeller une personne bannye d'une ville ou d'ung pays, mais que la dicte loy et justice en soit requise par la partie bannye ou de ses parens et amys* (tit. 433-439).

433. Le bailly ne peut rappeller une personne bannye que par le consentement des francs hommes et eschevins qui icelle personne auront banny. 213

434. Se une personne est banny à temps, il ne peut estre rappellé devant le dit temps 214

435. Comment une personne bannye sur sa teste etc., peut estre rappellée à la voulenté du seigneur. 214

436. Comment ung banny pour ung an et jour ne peut revenir sans la voulenté de la loy. . . . 214

> 437. Comment ung banny à tousjours ne peut revenir sans lectres patentes de son seigneur .. 215
>
> 438. Comment ung bourgoys doit estre banny ... 215
>
> 439. Nul bailly seul ne peut faire rappel sans hommes. 216

XLV. — *Ensuyvent les articles d'une personne faisant son testament en son bon sens et mémoire de sa derrenière voulenté, comment et par quelle manière le seigneur et les testamenteurs se doyvent convenir en ce* (tit. 440-446).

> 440. Comment le don du mary à la femme et le don de la femme au mary ne sont vallables que du consentement de leurs hoirs 216
>
> 441. Se ung homme a donné par avant mariaige .. 217
>
> 442. Comment le testament d'ung homme peut et doit estre decretez devant la loy, et comment les testamenteurs en doyvent rendre compte 217
>
> 443. Comment la loy doit faire se ung homme trespassoit sans faire testament 217
>
> 444. Comment ung homme peut eslire sa femme à testamenteur 218
>
> 445. Comment le derrenier vivant partira aux biens du trespassé et aux debtes 218
>
> 446. Quelles choses sont et appartiennent à testament esquelles choses le derrenier vivant ne seroit point chargié 219

XLVI. — *Ensuyvent autres articles comment la loy et justice de la ville se doit gouverner après le tres pas d'ung homme et d'une femme puis qu'ilz ont hoirs de loyal mariaige, ayans leur aage ou soyent mineurs d'ans ou non, ayans nulz enffans et l'omme ou la femme demeure en vie* (tit. 447-455).

447. L'ordonnance des inventoires 219

448. Quelle personne doit garder l'inventoire fait par la loy. 220

449. Se les exécuteurs faisoient particion sans congié de la loy. 220

450. Comment les exécuteurs doyvent traicter la vesve gracieusement, et luy faire doulcement etc, quant ilz sont décretez par la loy. 221

451. Quelles choses les testamenteurs doyvent avoir en leur garde, et se aucune chose est encore redevables par don de mariaige . 222

452. Se l'inventoire est fait par la loy comment la vesve sera creue par son serement. . 223

453. Comment la vesve et hoirs pevent contraindre les exécuteurs pour rendre le compte. . . . 223

454. Comment la vesve seroit contraincte par la loy et justice de rendre la moictié des biens du trespassé et non par force ne autrement 224

XXXVI.

Page
455. Comment les exécuteurs doyvent rendre pleiges de paix et pour la partie de la vesve et hoirs. 224

EXPLICIT

LA TABLE DE CE PRÉSENT LIVRE.

GLOSSAIRE.

A.

Acquester, acquérir pendant le mariage au profit de la communauté.

Affolé, estropié, privé d'un membre.

Allemandes, amandes, (fruits).

Ansres, oies, *anseres*.

Appeaulx, cédule, ordonnance du bailli portant ajournement.

Artrendure, trémie d'un moulin.

Avant-parlier, procureur, celui qui prenait la parole pour un plaideur ou au nom des échevins.

Avotrie (avoutrie, avoutire), adultère. Du flamand *overtrée*, transgression, prévarication.

B.

Bacon, lard. Du flamand *bacck*, porc.

Bail, administration, tutelle.

Bailles, barrières.

Bargaingner, errer çà et là, notamment sur un marché, sans s'y fixer.

Bastel, bateau.

Bihaut, le milieu d'une balance où s'arrête l'aiguille, lorsqu'elle est d'aplomb.

Billet, bille de bois.

Bourresse, femme employée à tondre le drap.

Brouche, broc.

C.

Cambaige, droit sur la brasserie.

---

* Nous avons cru devoir ajouter ici un glossaire pour l'intelligence des mots les moins connus.   A. Cornou.

Cambrelage, pour chambelage, droit seigneurial qui avait pour origine la libéralité faite au chambelan.

Carderesse, cardeuse.

Cauch, chaux.

Cauchier, chaufournier, chaulier.

Chastel, biens meubles ou réputés tels par la coutume.

Chemys, champs ensemencés.

Chepier, geôlier.

Clain, *clayme*, demande faite en justice, plainte.

Clower, endroit où les potiers font sécher la poterie avant de la mettre au four.

Compenage, comestibles, ce qu'on mange avec le pain, *cum pane*.

Conyns, lapins de garenne.

Coulons, pigeons de colombier.

Coraterie, maîtrise, règlement particulier aux hommes d'une même profession.

Coratier, égard, expert juré, chargé d'examiner les denrées ou les marchandises dans chaque métier (*).

Crage, craie, marne.

D.

Delfage, droit de transport, (v. sur l'étymologie de ce mot la note de la page 82).

Derrain, dernier.

Dessever, se dévêtir, d'où le mot *desvet*, équivalant à celui de dessaisine. *Dessever et werpir l'ung de l'aultre par loy* (p. 63), était l'acte par lequel les cohéritiers d'une succession la divisaient entr'eux et échangaient leur droit indivis sur la totalité, pour un droit exclusif sur le lot qui leur était assigné.

Drappeaulx, vêtements de femmes, linges et étoffes à l'usage du corps.

E.

Ecquebant, mèche ou torche de résine (du flamand *hersch-bandt*, ou *hersch-brandt*), v. p. 20.

Embler, dérober.

Ensoînes, essoines, excuse proposée en justice pour faire remettre ou différer une assignation, sans prendre l'engagement de venir à un jour certain.

Esborrer, tondre le drap.

(*) Voir à la page LXXIII de l'introduction ce que dit M. Tailliar des *Coratiers*. Le mot *Keure* ou *Core* était synonime du mot roman *Loy*. Il désignait tout à la fois la loi fondamentale qui régissait l'échevinage

Escous, aller escous, être à son déclin, soleil couchant.

Estade, rivage, bord de la rivière. Du flamand *stade* port, quai. Ce mot était également usité à Saint-Omer pour désigner les quais.

Estaut, estaque, poteau, pieu, indiquant la limite du comté; barrière où l'on payait les droits de travers et autres à l'entrée du comté.

Esticquer, ficher en terre.

Estriver, lutter, se battre.

Etope, matière dont on fait une étoffe.

F.

Fault (il), troisième personne (indicatif) du verbe *faillir*, manquer à, faire défaut.

Fée, appointement. De l'ancien mot *feo, foa, fode*, nourriture, ce qui est donné pour la nourriture, prébende, solde, salaire, appointement. C'est de ce mot que quelques auteurs font venir le mot *fief*.

Fenez, grains mêlés.

Fiert (il), troisième personne (indicatif) du verbe *férir*, frapper.

Féru, participe passé du même verbe, frappé.

Filay (à tout), charette ou charriot à tout usage, propre à transporter toute espèce de denrées et de marchandises. Du verbe flamand *veylen*, exposer, mettre en vente.

Filteresse, fileuse.

Foringier, retraire un immeuble donné à cens, le reprendre au censier pour en jouir soi-même et en disposer.

Foursené, se dit d'un animal en chaleur, dans son rut.

Froite, frette, coûtre de charrue.

Francs-hommes, hommes de fief, ceux qui possédaient une terre de noble tenement.

Fyens, fumiers.

G.

Gantier, jantier.

l'échevinage lui-même, le collège des échevins et les statuts ou réglements qu'ils avaient établis. De là les mots *Keur-herr* qui, dans le Pays de Langle, servait à désigner les juges criminels de la *Keure*, le mot *Cœurier* que portaient, à Tournehem, les égards ou priseurs de denrées, celui de *Keur-broeder* ou frère de Loy qu'on donnait dans le même Pays de Langle, la chatellenie de Bourbourg et le Pays Franc, à tous ceux qui étaient compris dans la même juridiction; de là aussi le nom de *Merc-*

Garnisons, fruits et récoltes pendants par branches et par racines, *avêtis*.

Glætz, bois fendu, *glauwe*.

Godalle, bière forte.

H.

Harnas, harnais, équipage pour la chasse aux petits oiseaux ou au gibier.

Herbager, héberger, donner à manger, moyennant salaire, comme font les aubergistes et les hôteliers.

Hostes, serfs cultivateurs, résidant sur une terre déterminée.

Hostel, demeure, habitation.

Hu, *cry et hu*, cri pour repousser quelqu'un et le forcer à s'éloigner.

Huche, sorte de grand coffre de bois où l'on pétrit le pain et où on le serre.

I.

Intendit, allégation, mise en fait principale.

Induce, délai pendant lequel le débiteur saisi pouvait payer pour empêcher la vente de ses biens.

K.

Keneve, chanvre.

L.

Lait fait, délit.

Langhiet, languette, aiguille d'une balance.

Layre-Rue, l'une des rues de Guînes.

Lite-majesté, lèse-majesté.

Lymons, brancards d'un chariot ou d'une voiture.

Lyons, pièce de monnaie de la valeur d'un sou et d'un sou et demi.

M.

Marigliers, *marglisiers*, marguilliers.

Marschip, bateau de marché. Du flamand *marckt*, marché, et *schip*, bateau. Audruicq avait aussi son *marschip* ou *marcktschip*. C'est par erreur qu'à la page 123 ce mot a été interprété par *droit de marché*.

Méhaing, mutilation de membre.

Meschiefs, malheurs, mauvaises aventures.

Mesnie, *maisgnie*, famille, ménage.

Curicium ou Keure de Merck dont se servait Lambert d'Ardres pour désigner la vicomté ou échevinage que formaient entr'eux les villages de la terre de Merch. Nous partageons entièrement l'opinion de M. Tailliar sur l'antériorité de l'existence de la commune. Les *Ghildes* ne sont venues qu'après la réunion des hommes libres sous une Loy commune qui les

Mire, médecin.
Moustiers, monastères.
Moyson, longueur que devait avoir une pièce de draps d'après les réglements.
Murdre, meurtre.
Murdry, tué, assassiné.
Mynagier, mesureur juré.

N.

Navecte, graine de colza.
Newnan, en latin *Nieuenna*, *Nieunne*. Le pont de Nieulay, où l'on payait le droit de travers. On trouve sur les cartes anglaises du Calaisis ce pont désigné sous le nom de *Niewnambridge*.
Noysans, ceux qui cherchent noise, querelle.

O.

Orbes (coups), coups, blessures faites avec le poing ou une arme contondante, sans effusion de sang.

P.

Pale, pièce de bois qui retient les eaux d'une écluse.
Partir, partager.
Pigneresse, peigneuse.
Pleige, caution.
Polquin, *polkin*, mesure de capacité pour les céréales, rasière, contenant, pour le blé, environ 126 litres et, pour l'avoine, environ 130 litres.
Porters, bourgeois. Ce mot est flamand.
Poulrain, poulain.
Pritez, droit que les marchands payaient pour leur place au marché.
Proïer, grapiller, marauder.

Q.

Quene, cruchon de vin, broc.

R.

Rais, *roiz*, rets, filets.
Regarder, inspecter.
Renez, charge d'un cheval.
Repairer (se), se retirer, demeurer, habiter.
Riot, rixe, querelle accompagnée de voies de faits.
Riveter, bluter.
Rost de poys, feu que l'on fait avec la plante des pois sèche pour en avoir la cendre.

protégeait. Cette Loy commune nous l'avons montrée, pour ainsi dire, à son état natif dans le *Menschewick* du Pays de Bredenarde (*Aperçu historique*, p. xxviii), et nous avons cru en voir l'origine dans la liberté que les anciens colons, *ingénus* ou *tenants*, avaient toujours conservée dans cette contrée, même après l'établissement de la féodalité, sous la dynastie de Sifrid. Loin de chercher à opprimer cette classe d'hommes qui formait

S.

Salrer, ensacher.
Sayeur, sayeresse, moissonneur, moissonneuse, qui coupe le blé.
Seigné, signé, marqué.
Serevoyse, cervoise, bière.
Siéer, s'asseoir.

T.

Tavelier, membre du bureau de bienfaisance, administrateur de la *table* des pauvres.
Taye, bisaïeule ; dans le Boulonnais, *tayonne*.
Tençans, disputant.
Tencier, disputer, quereller, battre.
Tenans, tenanciers, cultivateurs qui tenaient les terres en censive.
Tistre, tisser le drap.
Tolnare ! cri que devait pousser celui qui avait acheté ou vendu une chose soumise au droit de tonlieu.
Trespasser, passer, voyager à traver une contrée, sans s'y arrêter.

V.

Veiches, vesces.
Vestir sa court, avoir au moins trois hommes de fiefs dépendant de sa seigneurie pour tenir une cour féodale.
Vierscare, tribunal. Du flamand *vier*, quatre, et *schare*, assemblée. On donnait ce nom aux tribunaux parce que, suivant Kilian, les assemblées judiciaires se composaient de quatre sortes de personnes : les juges, le demandeur, le défendeur et le ministère public, c'est-à-dire l'officier du seigneur ou du roi.
Voirres, verres.

W.

Warat, fèves mêlées de pois.

---

la masse de la population, les comtes de Guines, imitant en cela les comtes de Flandre et éprouvant comme eux le besoin de peupler leurs villes naissantes, ont cherché au contraire à attirer les hommes libres dans ces nouveaux centres, non-seulement en favorisant le développement de l'institution communale et de l'industrie, mais encore en leur accordan toutes sortes de privilèges et d'exemptions, tels que la modération ou l'exonération complète des droits de relief et de double rente, des droits de travers et autres.   A. COURTOIS.

Werp, dessaisine.

Werpir, se dessaisir d'un héritage pour en saisir l'acquéreur ou le donataire.

Werpicion, action de donner la saisine et la dessaisine d'un héritage.

Whegiet, exportation.

Y.

Ystre, sortir.

Z.

Zelrp (schelpe), joncs des dunes, ajoncs.

A. COURTOIS.

ERRATA.

Page XII.   Au lieu de: Arnould-le-Jeune *fils*, lisez **PETIT-FILS**.

Page 91.   Au lieu de : *Si aucun peue aliéner sv terre*, etc., lisez, **SA TERRE**.

Page 113.   Passez cette page et la suivante pour reprendre, à la page 115, le n° 256. La fin du n° 249 et les n°ˢ 250, 251, 252, 253, 254 et 255 ont été répétés par erreur.

Pages 122 et 125.   Au lieu du mot: *queue de vin*, lisez, **QUENE DE VIN**.

Page 156, ligne 18.   Au lieu de : *mienue*, lisez, **MIENNE**.

Page 158.   Au lieu de : *Willam de Ronche*, lisez, **WILLAM DE LOUCHES**.

Page 163.   Lisez de même **WILLAM DE LOUCHES**, au lieu de *William de Roche*.

TABLE GÉNÉRALE.

Notice sur le manuscrit de la bibliothèque impériale intitulé : Le Livre des Usaiges et anciennes Coustumes de la Conté de Guysnes, par M. Tailliar. . p.   v

Aperçu historique sur le comté de Guînes et ses institutions, par M. Courtois. . . . . p.   xi

Introduction, par M. Tailliar. . . . . p.   xliii

Le Livre des Usaiges et anciennes Coustumes de la Conté de Guysnes. . . . . p.   1

Table des matières. . . . . p.   i

Glossaire. . . . . p.   xxxvi

Errata . . . . p.   xliv

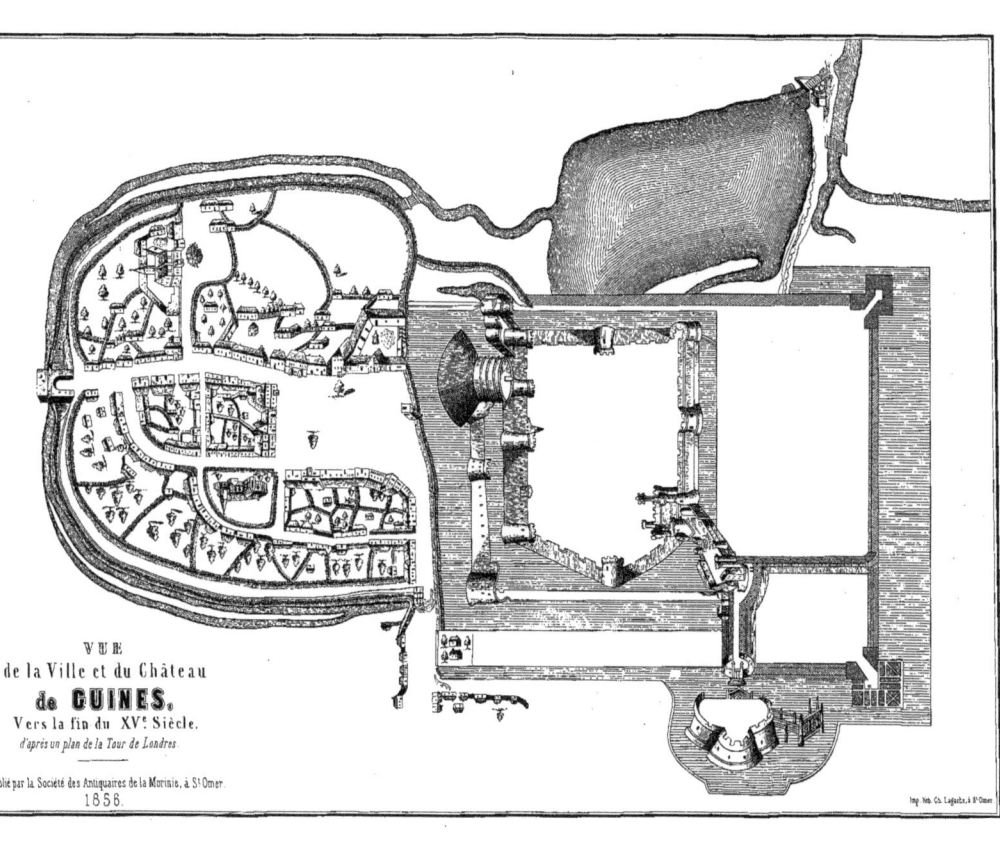

VUE
de la Ville et du Château
de GUINES,
Vers la fin du XV.e Siècle.
d'après un plan de la Tour de Londres.

Publié par la Société des Antiquaires de la Morinie, à S.t Omer.
1856.

www.ingramcontent.com/pod-product-compliance
Lightning Source LLC
Chambersburg PA
CBHW050802170426
43202CB00013B/2533